MYŚL!

...I BOGAĆ SIĘ

… Każde dokonanie, wszystkie zdobyte przez ludzi bogactwa mają swe źródła w ich myślach …

Andrew Carnegie

Napoleon Hill

MYŚL! ...I BOGAĆ SIĘ

PODRĘCZNIK CZŁOWIEKA INTERESU

PLUME

Published by the Penguin Group
Penguin Books USA Inc 375 Hudson Street
New York, New York 10014 USA

Tytuł oryginału
Think and Grow Rich Action Pack

Przekład
Wacław Sadkowski

Redakcja i korekta
Zespół

Projekt okładki
Marek Zadworny

Wszelkich informacji udziela:
Wydawnictwo Studio EMKA
ul. Królowej Aldony 6, 03-928 Warszawa
tel./fax 22 628 08 38, 616 00 67
wydawnictwo@studioemka.com.pl
www.studioemka.com.pl

ISBN 978-83-62304-66-0

Druk i oprawa: READ ME
92-403 Łódź, ul. Olechowska 83

Spis treści

Od wydawcy ... 9

Przedmowa ... 10

I MYŚL JEST REALNĄ SIŁĄ ... 15

Edison spojrzał mu w oczy... Szczęście puka do kuchennych drzwi... O człowieku, który przedwcześnie zrezygnował... Sukces sąsiaduje o miedzę z porażką... O dziecku, które zdobyło przewagę nad dorosłym... „TAK" ukryte za „NIE"... Dzięki cennemu pomysłowi osiągniesz sukces... Chcę tego i będę to miał... Poeta wypowiedział prawdę... Młody człowiek jasno widzi swój życiowy cel...

II Pierwszy krok do bogactwa: ŻĄDZA BOGACTWA ... 28

Nie wolno się wycofać... Spal za sobą mosty... Sześć kroków wiodących od żądzy bogactwa do pieniędzy... Zasady postępowania warte stu milionów dolarów... Śmiałe marzenia mogą się przekształcić w rzeczywistość... Żądza sukcesu ośmiela marzenia... Żądza przekracza granice „niemożliwego"... Znajdujemy sposób... Nic go nie powstrzyma... Zwrotny moment w uzyskiwaniu zdolności słuchowych... Głuchy chłopiec udziela pomocy innym... Żądza dokonuje cudu w życiu śpiewaczki...

III Drugi krok do bogactwa: WIARA W SIEBIE ... 42

Wiara oczekuje abyś ją odnalazł... Nie ma czegoś takiego jak pech... Wiara nadaje myślom siły... Myśli, które mają zapanować nad twoim umysłem... Pięć dróg wiodących do wiary w siebie... Złymi myślami możesz ściągnąć na siebie klęskę... Wspaniałe doświadczenie miłości... Dawaj zanim zaczniesz brać... Bogactwo rodzi się najpierw w twym wnętrzu...

IV Trzeci krok do bogactwa: AUTOSUGESTIA ... 59

Materialna potęga uczuć... Ujrzyj w wyobraźni siebie zdobywającego pieniądze... Inspiracja będzie twym przewodnikiem... Teraz zaczyna działać podświadome myślenie... Dlaczego stajesz się kowalem swego losu...

V Czwarty krok do bogactwa: WIEDZA FACHOWA 66

„Niewiedza" wystarczająca do zbicia fortuny... Wiedzę można zdobyć... Gdzie znajdować wiedzę... Nauka i samodyscyplina... Nigdy nie jest za późno na naukę... Objazdowy księgowy... Broszurka, która zapewniła pracę... Zaoszczędził sobie dziesięciu lat „terminowania"... Świat wielbi zwycięzców... Nie tkwij w dołku... Możesz się dobrze sprzedać...

VI Piąty krok do bogactwa: WYOBRAŹNIA 80

Zmysł syntezy i zmysł twórczy... Pobudzaj swą wyobraźnię... Natura odsłania sekrety szczęścia... Pomysły stają się fortuną... Zabrakło jednego składnika... Zarobił milion dolarów w ciągu tygodnia... Określony cel i dokładne plany...

VII Szósty krok do bogactwa: ZAPLANOWANE DZIAŁANIE 91

Niech porażki cię umacniają... Możesz sprzedawać usługi i pomysły... Od czego zaczyna się przywództwo... Jedenaście sekretów przywództwa... Dlaczego przywódcom zdarza się przegrywać... Wiele dziedzin przywództwa... Pięć sposobów zdobycia dobrej pracy... Jak opracować „wykaz" lub „résumé"... Znajdź sobie pracę, jaka ci odpowiada... Klientela to twój partner... Oferuj siebie na trzy sposoby... Rwacz czy dawca?... Trzydzieści jeden przyczyn przegranej... W jaki sposób prowadzić marketing samego siebie... Czy w zeszłym roku posunąłeś się do przodu?... Dwadzieścia osiem bardzo osobistych pytań... Stracone możliwości zdobywania bogactwa... Zaufaj kapitałowi... Cywilizację zbudowano na bazie kapitału... Wszędzie wokół obfitość, wszędzie mnóstwo możliwości...

VIII Siódmy krok do bogactwa: UMIEJĘTNOŚĆ DECYDOWANIA 125

Dobre rady są tanim towarem... Decyzje o znaczeniu historycznym... Zdarzenie w Bostonie... Umysły jednoczą się w działaniu... Szybka decyzja zmienia bieg historii... Thomas Jefferson odczytuje Deklarację Niepodległości... Siły aktywnego umysłu...

IX Ósmy krok do bogactwa: WYTRWAŁOŚĆ 137

Słabe żądze przynoszą nikłe rezultaty... Magia „świadomości pieniądza"... Masz utajonego przewodnika... Porażka: zdarzenie przejściowe... Każdy może wyrobić w sobie wytrwałość... Ośmiopunktowy „inwentarz wytrwałości"... Wszyscy umieją krytykować... Sami sobie dawali „natchnienie"... Potrzebowali tylko samych siebie... Cztery kroki do wytrwałości... Czy możesz uzyskać wsparcie od Nieograniczonego Rozumu?...

X Dziewiąty krok do bogactwa: SIŁA „TRUSTU MÓZGÓW" 153

Tajemnica sukcesu Andrew Carnegiego... Musisz posłużyć się nie tylko własnym umysłem... Ubóstwo nie wymaga planowania...

XI Dziesiąty krok do bogactwa: TAJEMNICA PRZETWARZANIA ENERGII SEKSUALNEJ 160

Przemożna siła seksu... Czynniki stymulujące umysł — dobre i złe... Twój szósty zmysł — wyobraźnia twórcza... Wzniosły plan myślenia... Głos wewnętrzny... „Wykluwanie się pomysłów"... Źródło geniuszu leży w twym zasięgu... Energia seksualna podlega przetworzeniu... Traci się wiele energii seksualnej... Przyroda dostarcza świetnych bodźców... Seks jako sprzedawca... Zbyt wiele jest nieporozumień wokół seksu... Nauki płynące z pomyślnego roku... Tylko ty sam możesz się przywieść do genialności... Potęga doświadczenia miłosnego... Powszedniość może uśmiercić związek małżeński... W jaki sposób kobiety zdobywają swą władzę...

XII Jedenasty krok do bogactwa: MYŚLENIE PODŚWIADOME 181

Pierwszym dokonaniem musi być myśl... Jak rozwijać uczucia pozytywne... Modlitwa a myślenie podświadome...

XIII Dwunasty krok do bogactwa: MÓZG 188

Kierują nami nieuchwytne siły... Kontakt umysłowy... Wzajemne „dostrojenie" umysłów...

XIV Trzynasty krok do bogactwa: SZÓSTY ZMYSŁ 195

Pierwsza Wielka Przyczyna... Możesz zatrudnić „Niewidzialnych Doradców"... Czas na autosugestię... Wyobraźniowy „gabinet cieni"... Jak inspirować szósty zmysł... Osiągniesz nową wielką moc...

XV SZEŚĆ DEMONÓW LĘKU 203

Lęk jest jedynie stanem umysłu... Drogi wiodące w przeciwnych kierunkach... Przeanalizuj swoje lęki... Sześć zwiastunów lęku przed biedą... „Pieniądze są miernikiem"... Czy obawiasz się krytyki?... Siedem objawów lęku przed krytyką... Czy drżysz o swe zdrowie?... Siedem objawów lęku przed chorobą... Czy lękasz się zawodu miłosnego?... Trzy objawy lęku przed utratą obiektu miłości... Czy lękasz się starości?... Trzy objawy lęku przed starością... Czy lękasz się śmierci?... Trzy objawy lęku przed śmiercią... Przygnębienie jest formą lęku... Myśli samowyniszczające... Czy nie jesteś zbyt podatny na wpływy?... Broń się!... Pomyśl zanim odpowiesz... Co wnosi kontrola myślowa... Czy uciekasz się do tych wykrętów?... Obyczaj zgubny dla życiowego sukcesu...

XVI PODRĘCZNY PORADNIK JAK DOJŚĆ DO BOGACTWA 235

Od Wydawcy

Oto trafia Wam do rąk jedna z tych książek, które wywarły największy wpływ na czytelników. Przedstawia ona sprawdzony plan prowadzący do zdobycia bogactwa. Wyjaśnia, w jaki sposób zastosować ten plan w praktyce, poczynając od tej chwili, od dziś.

Co sprawia, że niektórzy ludzie idą przez życie przebojem, od sukcesu do sukcesu, pomnażając swe dochody i życiowe szczęście — a inni nawet nie próbują o nie zabiegać?

Co sprawia, że ktoś uzyskuje poważne wpływy osobiste, a ktoś inny pozostaje jednostką bez znaczenia? Co jest przyczyną powodującą, iż jeden człowiek znajduje wyjście z każdej sytuacji, toruje sobie drogę przez przeciwności życia, uzyskując spełnienie swych najdroższych marzeń — a drugi załamuje się, przegrywa, nie dochodzi do niczego?

Przed laty autor tej książki, Napoleon Hill, zasiadł do rozmowy z jednym spośród najbogatszych wówczas ludzi na świecie, Andrew Carnegiem, i uzyskał odeń pierwszą zapowiedź wyjawienia tej wielkiej Tajemnicy. Carnegie zachęcił wtedy Hilla do badania, w jaki sposób inni ludzie z tej Tajemnicy korzystali, do studiowania ich metod posługiwania się nią — i do opracowania prostego planu wiodącego do zdobycia bogactwa, który można by przedstawić światu jako Plan Mistrzowski.

MYŚL I BOGAĆ SIĘ ujawnia tę Tajemnicę i przedstawia ów Plan. Od pierwszego wydania tej książki w roku 1937 ukazały się 42 jej kolejne edycje, drukowane w maksymalnym pośpiechu, jakiego wymagało zapotrzebowanie na nią. Wydanie niniejsze dostosowane jest do wymogów chwili obecnej, wyposażono je w specjalne udogodnienia w korzystaniu z tekstu książki, w tym także w krótkie wnioski zamykające każdy z jej rozdziałów, służące odświeżeniu treści danego rozdziału w pamięci.

Tak więc mamy nareszcie prostą, pewną drogę do pokonania *wszelkich* przeciwności, spełnienia *wszelkich* dążeń, zdobycia życiowego sukcesu. Książka ta wstrząśnie Tobą dzięki swej mocy dokonania w Twym życiu głębokiej przemiany. Zrozumiesz dzięki niej, dlaczego niektórzy ludzie dochodzą do wielkich pieniędzy i sukcesów życiowych — bo sam staniesz się jednym z nich.

Przedmowa

W każdym rozdziale tej książki omawiam jedną z przynoszących pieniądze tajemnic, które umożliwiły zdobycie fortuny setkom najbogatszych ludzi na świecie — ludziom, których dokonania życiowe analizowałem przez długie lata.

Na tajemnicę ich sukcesu zwrócił mi uwagę przed ponad pół wiekiem Andrew Carnegie. Ten obrotny, miły w obejściu stary Szkot, cierpliwie wbijał mi ją do głowy, kiedy byłem jeszcze małym chłopcem. A potem osuwał się w głąb swego fotela i z błyskiem rozbawienia w oku sprawdzał, czy mam dość oleju w głowie, aby w pełni docenić to, co mi wyjawił.

A kiedy się już upewnił, że pojąłem jego myśl, zapytał, czy byłbym gotów poświęcić jakieś dwadzieścia lat, albo i więcej, by się przygotować do przedstawienia tej myśli światu, kobietom i mężczyznom, którzy bez poznania tej myśli mogliby zaznać życiowej klęski. Odrzekłem, że się tego podejmę i oto, przy współpracy pana Carnegiego, dotrzymuję tego zobowiązania.

Książka niniejsza wyjawia tę tajemnicę, dowiedzioną doświadczeniem życiowym tysięcy ludzi z różnych dziedzin życia. To właśnie od pana Carnegiego pochodzi pomysł, by ową magiczną formułę, która jemu samemu przyniosła wspaniały życiowy sukces, odnieść do dokonań ludzi, którzy nie mieli czasu zastanawiać się nad sposobem, w jaki dochodzi się do bogactwa; miał on też nadzieję, że będę mógł dowieść słuszności tej formuły, potwierdzonej doświadczeniem każdego z tych mężczyzn i każdej z tych kobiet. Pan Carnegie sądził, że jego teorię będzie się wykładało we wszystkich szkołach i wyrażał przekonanie, iż gdyby uczono jej w należyty sposób, zrewolucjonizowałaby cały system oświatowy w tak znacznym stopniu, że czas przeznaczony na kształcenie młodzieży można by zredukować do połowy.

Autentyczne życiorysy dowodzą zadziwiającej siły Tajemnicy Sukcesu

W rozdziale III poświęconym Wierze w siebie znajdziecie zadziwiającą historię tworzenia gigantycznego koncernu United States Steel Corporation, powołanego do życia i kierowanego przez młodego człowieka, na którego przykładzie pan Carnegie dowodzi, iż jego teoria sprawdza się na *każdym człowieku*, *który ją przyjmie.* Wierne zastosowanie tej tajemnicy przyniosło Charlesowi M. Schwabowi ogromne pieniądze i wpływy. Mówiąc otwarcie, zastosowanie tej formuły przysporzyło panu Schwabowi *sześćset tysięcy dolarów.*

Fakty takie — dobrze znane niemal wszystkim, którzy znali pana Carnegiego — dają czytelnikowi jasne wyobrażenie o tym, co może mu zaoferować lektura tej książki, w jakim stopniu może mu ona *uświadomić, czego naprawdę pragnie.*

Tajemnicę sukcesu przekazano tysiącom mężczyzn i kobiet, którzy zgodnie z życzeniem pana Carnegiego wykorzystali ją dla własnego pożytku. Niektórzy z nich zdobyli dzięki niej fortunę. Inni wykorzystali ją osiągając harmonię w rodzinie. Pewien urzędnik stosował ją tak skutecznie, że zapewniała mu ona dochód przekraczający 75 tysięcy dolarów rocznie*.

Krawiec z Cincinnati, Arthur Nash, postanowił wykorzystać swe bankrutujące przedsiębiorstwo jako „królika doświadczalnego", na którym chciał sprawdzić działanie formuły. Przedsiębiorstwo rozkwitło i przyniosło właścicielom znaczne dochody. I nadal znakomicie prosperuje, mimo iż pan Nash już zmarł. Eksperyment przezeń dokonany uznano za wyjątkowy, a gazety i czasopisma poświęciły mu tyle miejsca, iż za jego wykorzystanie na reklamy musiano by wydać ok. miliona dolarów.

Tajemnicę tę poznał również Stuart Austin Wier, mieszkaniec miasta Dallas w Teksasie. Przyjął ją z takim zapałem, że porzucił uprzedni zawód i podjął studia prawnicze. Czy mu się powiodło? I o tym zdarzeniu opowiem.

Kiedy pracowałem jako akwizytor ogłoszeniowy w LaSalle Extension University, miałem możność przyglądać się, jak rektor tego uniwersytetu, J. G. Chapline, stosując tę formułę przekształcił go w jedną z najznaczniejszych w skali kraju uczelni dla studentów zaocznych.

Tajemnicę, o której tu mówię, charakteryzuję w książce przynajmniej sto razy. Nie nazywam jej wprost, ponieważ wydaje się, iż jest skuteczniejsza, kiedy pozostaje częściowo utajona, choć znajduje się w zasięgu wzroku i kiedy ci, którzy dojrzeli do jej przyjęcia, mogą do niej dotrzeć własnym wysiłkiem.

---

* Ponieważ pierwsze wydanie książki N. Hilla miało miejsce wiele lat temu, pokaźne wówczas sumy dziś wydają się kwotami niewielkimi. Podobnie przytaczane przykłady ówczesnych osiągnięć techniki (cudów techniki) brzmią dziś odlegle.

Właśnie dlatego pan Carnegie zawierzał mi ją tak cierpliwie, nie nazywając jej po imieniu.

Tajemnica przemawia do tych, którzy chcą słuchać

Jeśli jesteś gotów ją przyjąć, odnajdziesz ją przynajmniej w jednym fragmencie każdego rozdziału. Mógłbym skorzystać z przywileju uświadomienia ci, w jaki sposób możesz stwierdzić, że już jesteś przygotowany na jej przyjęcie, ale pozbawiłoby cię to większości korzyści, jakie płyną z dokonania tego odkrycia na własną rękę.

Jeśli poddałeś się zniechęceniu, jeśli przypadło ci w udziale zmagać się z przeciwnościami życia, które przygasiły w tobie ducha, jeśli próby sprostania wyzwaniom życia, jakie podejmowałeś, zakończyły się klęską, albo też jeśli doznałeś upośledzeń w wyniku choroby lub fizycznych okaleczeń, niech przykład mojego syna i jego sposób zastosowania teorii Carnegiego wyda ci się oazą na „pustyni straconych nadziei".

Tajemnicę tę wykorzystywał w szerokim zakresie prezydent Woodrow Wilson w czasie I wojny światowej. Przekazywano ją żołnierzom w czasie szkolenia, jakie odbywali przed wyruszeniem na front. Prezydent Wilson zwierzył mi się, że w znacznym stopniu dopomogła ona w zbieraniu funduszów na cele wojenne.

Szczególną właściwością tej tajemnicy jest to, że ci, którzy ją poznali i zastosowali się do niej, zostali wciągnięci na drogę do życiowego sukcesu. Jeśli w to wątpisz, przypatrz się nazwiskom ludzi, jakich tu wspominam; weź z nich przykład, a przekonasz się, że to prawda.

Na świecie niczego nie dostaje się za darmo!

Tajemnicy, o której mówię, nie można uzyskać za darmo, ale cena, jaką trzeba za nią zapłacić, jest niewspółmierna do jej wartości. I za żadną cenę nie można tej tajemnicy udostępnić tym, którzy jej z własnej woli nie poszukują. Nie może też być ona nikomu odstąpiona ani sprzedana, ponieważ w istocie składa się z dwóch części. Jedna z tych części znajduje się już w posiadaniu tych, którzy są wewnętrznie przygotowani na przyjęcie całej tajemnicy.

Tajemnica ta odpowiada potrzebom i możliwościom wszystkich, którzy przygotowani są na jej przyjęcie. Poziom wykształcenia nie ma tu nic do rzeczy. Na długo przed mym przyjściem na świat, tajemnicę tę posiadł T. A. Edison i posłużył się nią tak mądrze, że stał się czołowym w skali światowej wynalazcą, choć tylko przez trzy miesiące chodził do szkoły.

Tajemnicę tę przyjął również Edwin C. Barnes, przedsiębiorca powiązany z Edisonem. Zastosował ją tak skutecznie, że chociaż pierwotnie nie zarabiał więcej niż 12 tysięcy dolarów rocznie, przeszedł na wcześniejszą emeryturę jako posiadacz olbrzymiej fortuny. Historię jego życia przedstawiam w początkowej części rozdziału I. Przekona cię ona, że bogactwo nie jest dla ciebie nieosiągalne, że możesz stać się tym kim chcesz, że pieniądze, sława, uznanie i szczęście mogą się stać udziałem tych, którzy są naprawdę zdecydowani je zdobyć.

Skąd o tym wiem? Odpowiedź na to pytanie znajdziesz zanim doczytasz tę książkę do końca. Możesz ją znaleźć równie dobrze w pierwszym rozdziale, jak i na ostatniej stronie.

W trakcie prowadzonych, na życzenie Carnegiego, przez dwadzieścia jeden lat badań przeanalizowałem dokonania życiowe setek znanych ludzi, z których wielu wyznało, iż zbiło majątek dzięki tajemnicy Carnegiego; wymienię tu przykładowo kilkadziesiąt nazwisk:

Henry Ford	William Wrigley junior	John Wanamaker
James J. Hill	George S. Parker	E. M. Statler
Henry L. Doherty	Cyrus H. K. Curtis	George Eastman
Charles M. Schwab	Harris F. Williams	King Gillette
Daniel Willard	dr Frank Gunsaulus	Ralph A. Weeks
Arthur Nash	John D. Rockefeller	Thomas A. Edison
Frank A. Vanderlip	Theodore Roosevelt	John W. Davis
Elbert Hubbard	Wilbur Wright	J. G. Chapline
dr Frank Crane	J. Odgen Armour	Arthur Brisbane
Woodrow Wilson	William Howard Taft	Luther Burbank
Edward W. Bok	Frank A. Munsay	Ebert H. Gary
George M. Alexander	Clarence Darrow	John H. Patterson
Julius Rosenwald	Stuart Arthur Wier	F. W. Woolworth
płk Robert A. Dollar	Edward A. Filene	Edwin C. Barnes
William Jennigs Bryan	dr David Starr Jordan	
sędzia Daniel T. Writht		
senator Jennings Randolph		
dr Alexander Graham Bell		

Nazwiska te stanowią tylko małą część owych setek wybitnych Amerykanów, których dokonania finansowe oraz inne dowodzą, iż ci, co pojęli i zastosowali w swym działaniu tajemnicę Carnegiego, osiągają wysoki poziom życia. Nie zdarzyło mi się usłyszeć o nikim takim, kto przyjmując tę tajemnicę nie osiągnąłby sukcesu w jakiejś wybranej przez siebie dziedzinie. I nie znam też nikogo, kto by się wybił lub doszedł do bogactwa nie w wyniku zastosowania tej tajemnicy. Wyciągnąłem z tych dwóch faktów wniosek, iż owa tajemnica jest — jako część wiedzy niezbędnej dla uformowania zdecydowanej postawy życiowej — ważniejsza od wszystkiego, co można uzyskać poprzez to, co się popularnie nazywa „wykształceniem".

Cóż to bowiem jest wykształcenie? Pytanie to wymagałoby szczegółowej odpowiedzi.

Zwrotny moment w twoim życiu

Tak więc tajemnica, o której mówię, w ten czy w inny sposób wyłoni się z kart tej książki i stanie do twej dyspozycji, jeśli tylko jesteś przygotowany na jej przyjęcie. Rozpoznasz ją, kiedy tylko ci się objawi. A kiedy się to zdarzy, czy stanie się to za sprawą rozdziału pierwszego czy ostatniego, zatrzymaj się na chwilę, przestań czytać, pozwól, aby ci się przedstawiła — i wypij z tej okazji kieliszeczek czegoś, co lubisz, dla uczczenia najważniejszej chwili twego życia, jego zwrotnego momentu.

Czytając tę książkę pamiętaj też, że przedstawia ona fakty a nie zmyślenia, a jej celem jest przekazanie prawdy uniwersalnej, z której wszyscy przygotowani na jej przyjęcie dowiedzą się, co robić ze swym życiem i *jak* osiągnąć życiowy cel. Znajdą też w niej bodziec potrzebny do rozpoczęcia nowego życia.

Czy mogę ci, Czytelniku, tytułem ostatniego słowa tej przedmowy zaproponować sposób, w jaki będziesz mógł rozpoznać tajemnicę Carnegiego? Otóż *każde dokonanie, wszystkie zdobyte przez ludzi bogactwa mają swe źródła w ich myślach!* Jeśli jesteś przygotowany na przyjęcie tej tajemnicy, już posiadłeś ją w połowie, drugą połowę rozpoznasz z pewnością w chwili, gdy dotrze do twego umysłu.

Napoleon Hill

I MYŚL JEST REALNĄ SIŁĄ

Siłą, która przynosi sukces, jest potęga twego umysłu. Jak sprawić, by życie odpowiadało TAK na twoje zamierzenia i ambicje.

„Myśl jest realną siłą" i naprawdę staje się potęgą, kiedy służy ścisłemu wyznaczaniu celu, dyscypliny postępowania i gorącej żądzy przetworzenia pomysłów w bogactwo lub inne dobra materialne.

Edwin C. Barnes przekonał się przed paroma laty, jak głęboką prawdą jest to, że ludzie są w stanie *skupić myśl na dojściu do bogactwa i zdobyć je.* To przeświadczenie wyrobił w sobie nie w wyniku przesiadywania w fotelu i dumania. Dojrzewało ono w nim stopniowo, krok po kroku, od chwili, kiedy gorąco zapragnął związać się interesami z wielkim Edisonem.

Główną cechą tego pragnienia żywionego przez Barnesa było to, iż miało ono *określony charakter.* Chciał on współpracować *z* Edisonem, a nie pracować *dla* Edisona. Proszę się uważnie przypatrzyć, w jaki sposób zabrał się on do przetworzenia swych zamysłów w rzeczywistość; pozwoli to lepiej zrozumieć zasady, których stosowanie doprowadza do bogactwa.

Kiedy zrodziło się w nim owo pragnienie, czy też impuls myślowy, nie miał możności zrealizowania go. Stały mu na przeszkodzie dwie poważne trudności. Nie znał Edisona i nie miał pieniędzy na bilet do East Orange w stanie New Jersey.

Większość ludzi, którzy mogliby odczuć podobne pragnienie, poczułaby się w obliczu tych trudności niezdolna do jego zrealizowania. Ale to co zrodziło się w myśli Barnesa nie było zwykłą zachcianką!

Edison spojrzał mu w oczy...

Zjawił się w laboratorium Edisona i przedstawił jako człowiek, który chce robić z wynalazcą wspólne interesy. Po latach pan Edison tak wspominał ich pierwszą rozmowę:

„Wyglądał jak zwykły włóczęga, *miał coś w wyrazie twarzy, co sprawiało wrażenie, że jest człowiekiem zdecydowanym osiągnąć cel, dla którego do mnie przybył.* Po latach doświadczeń z różnymi ludźmi przekonałem się, że jeśli ktoś pożąda czegoś tak mocno, że dla osiągnięcia tego celu gotów jest postawić na szali całą swą przyszłość, to z pewnością osiągnie to, czego pragnął. Dałem mu możliwość przedstawienia jego zamiarów, *ponieważ pojąłem, że całą swą energię wewnętrzną podporządkował celowi, od którego nie odstąpi, aż go osiągnie.* Późniejsze wydarzenia dowiodły, że się nie myliłem".

Przecież nie wygląd zewnętrzny tego młodego człowieka dopomógł mu w pozyskaniu zgody Edisona — przeciwnie, wygląd ten przemawiał przeciw niemu. Zdecydowała o tym siła jego *myśli.*

Barnes nie stał się wspólnikiem Edisona w wyniku pierwszej z nim rozmowy. Najpierw dostał pracę w biurze u Edisona z pensją raczej skromną.

Mijały miesiące. Nic nie zdawało się przybliżać Barnesa do realizacji zamiaru, który uznawał za *główny cel życiowy.* Coś się jednak zmieniało w umyśle Barnesa. Uporczywie pogłębiał w sobie wolę stania się wspólnikiem Edisona.

Psychologowie słusznie twierdzą, iż „kiedy ktoś jest naprawdę wewnętrznie przygotowany do czegoś, objawia tę gotowość swym zachowaniem". Barnes był wewnętrznie przygotowany do zawiązania spółki z Edisonem, co więcej, był zdecydowany trwać w tej gotowości aż do chwili, w której będzie mógł spełnić swój zamiar.

Nigdy sobie nie wmawiał: A po cóż mi właściwie to wszystko? Zmienię plany i poszukam sobie posady sprzedawcy. Powtarzał natomiast: Przyjechałem tu, aby robić interesy z Edisonem i osiągnę ten cel, choćbym miał na to poświęcić całe życie. *Tak właśnie myślał!* Jakież wspaniałe historie mieliby o sobie do opowiedzenia różni ludzie, gdyby umieli wytknąć sobie wyraźny cel i trwać przy nim aż do czasu, kiedy wypełni on całkowicie ich świat wewnętrzny!

Być może młody wówczas Barnes nie zdawał sobie jeszcze z tego sprawy, ale jego upór i wytrwała wierność wyraźnie określonemu pragnieniu, doprowadziły do usunięcia wszelkich trudności i zrealizowania jego zamiarów.

Szczęście puka do kuchennych drzwi

Możliwość tej realizacji pojawiła się pod inną postacią niż Barnes oczekiwał i nadeszła z niespodziewanej strony. Takie to bywają kaprysy szczęścia. Potrafi ono zapukać do kuchennych drzwi albo pojawić się pod postacią nieszczęścia czy też przejściowego niepowodzenia. Być może dlatego właśnie tak wielu ludzi nie umie rozpoznać szczęśliwej szansy.

Edison kończył właśnie prace nad udoskonaleniem nowego urządzenia biurowego, które nazywano wówczas dyktafonem Edisona. Dystrybutorzy jego wyrobów nie byli tym urządzeniem zachwyceni. Nie wierzyli w możliwość sprzedawania go z poważniejszym zyskiem.

Barnes był przekonany, że potrafi skutecznie sprzedawać dyktafon Edisona. Zaproponował wynalazcy swe usługi i uzyskał jego zgodę. Podjął się sprzedaży tego urządzenia i sprzedawał je tak skutecznie, że Edison podpisał z nim kontrakt na rozprowadzanie dyktafonu na cały kraj. W wyniku tego kontraktu Barnes stał się człowiekiem bogatym, ale dokonał rzeczy znacznie większej. Dowiódł, że człowiek *może sam dojść do bogactwa*.

Nie wiem dokładnie, ile Barnes zarobił na tym kontrakcie i nie ma sposobu, żeby się tego dowiedzieć. Może były to dwa, a może trzy miliony dolarów, ale niezależnie od tego, jak znaczna była ta suma, nie da się ona porównać do znacznie większego dokonania, jakim było uzyskanie dokładnej wiedzy o tym, że *nieuchwytny impuls myślowy może być przetworzony w walory materialne* poprzez zastosowanie pewnych znanych zasad.

Barnes po prostu *wymyślił* siebie jako partnera wielkiego Edisona! Wymyślił sobie wielką fortunę. U początków swej kariery nie rozporządzał niczym oprócz świadomości tego, czego pragnie i zdecydowania w dążeniu do tego celu, aż do jego osiągnięcia.

O człowieku, który przedwcześnie zrezygnował

Jedną z najpowszechniejszych przyczyn klęski życiowej jest zwyczaj odstępowania od zamierzeń pod wpływem *przejściowych porażek*. Każdy z nas ma na sumieniu przynajmniej jeden taki grzech.

Wuj R. U. Darby'ego ogarnięty został „gorączką złota" w okresie jej wybuchu i wyruszył na Zachód, aby je wydobywać i wzbogacić się w ten sposób. Nikt mu nigdy nie wytłumaczył, że *więcej złota odkryto w umysłach ludzi niż wydobyto kiedykolwiek z ziemi.* Wytyczył sobie działkę i rozpoczął kopanie.

Po tygodniu poraziło go odkrycie lśniącej rudy. Potrzebna była mu maszyna do wydobywania jej na powierzchnię. Zamaskował więc szyb i wyruszył do swego rodzinnego Williamsburga w stanie Maryland, aby powiadomić o swym odkryciu krewnych i sąsiadów. Złożyli się wspólnie na zakup odpowiednich urządzeń i wysłali je na Zachód. Wuj wraz z Darbym przystąpili do pracy w kopalni.

Kiedy pierwszy wóz wypełniony wykopaną rudą dotarł do wytapiacza, okazało się, że jest to najbogatsza ruda w całym Colorado! Kilka dalszych wozów z rudą potwierdziło tę opinię. Spodziewano się nieprawdopodobnych wręcz zysków.

Pogłębiono wykopy, a nadzieje Darby'ego i wuja pięły się coraz bardziej w górę. Aż stało się coś nieoczekiwanego. Żyłki złotej rudy zanikły! Dotarli do końca złoża i nie odnaleźli już więcej złotej rudy. Ryli w ziemi coraz rozpaczliwiej poszukując żyły — bez skutku.

W końcu zdecydowali się *zrezygnować* z dalszych poszukiwań.

Za kilkaset dolarów sprzedali pośrednikowi wszystkie urządzenia wydobywcze i wyruszyli pociągiem w drogę powrotną. Pośrednik zlecił inżynierowi górnictwa obejrzenie kopalni i przeprowadzenie pewnych obliczeń. Inżynier ów uznał, że poszukiwania prowadzone przez poprzednich właścicieli nie przyniosły rezultatu, ponieważ nie wiedzieli oni o tzw. zwodniczych liniach. Jego wyliczenia wskazywały, że żyła powinna się znajdować *o niecały metr pod miejscem, w którym wuj Darby'ego zaniechał dalszego drążenia.* I tam właśnie ją odnaleziono!

Pośrednik zarobił na tej żyle miliony dolarów, ponieważ wiedział przynajmniej tyle, że trzeba zasięgnąć rady u fachowca, zanim się zrezygnuje.

Sukces sąsiaduje o miedzę z porażką

Pan Darby wielokrotnie rozmyślał nad swą stratą, *zanim dokonał odkrycia,* że pragnienie czegoś może być zamienione na złoto. Odkrycia tego dokonał, kiedy zajął się sprzedażą ubezpieczeń na życie.

Darby miał w pamięci utratę wielkiej fortuny wskutek przedwczesnej rezygnacji z poszukiwań i wspomagał się teraz wyniesioną z tych doświadczeń metodą, polegającą na powtarzaniu sobie: Zrezygnowałem wtedy znajdując się o metr od złotej żyły, ale nigdy nie zrezygnuję z przekonania kogoś do zakupu ubezpieczenia, *kto mi na początku mówi — nie.*

Darby stał się jednym z tych niewielu agentów ubezpieczeniowych, którzy potrafią sprzedać polisy za sumę ponad miliona dolarów rocznie. Zawdzięczał to swemu przywiązaniu do „lekcji", jaką wyciągnął z przedwczesnej rezygnacji w przemyśle wydobywczym.

Jest rzeczą dowiedzioną, że zanim się odniesie życiowy sukces, natknąć się wypadnie na przejściowe porażki, a może nawet i na bolesną klęskę. Kiedy człowieka przygniatają niepowodzenia, najprostszą i najlogiczniejszą reakcją wydaje się rezygnacja. I tak właśnie zachowuje się większość ludzi.

Ponad pięciuset najszczęśliwszych w interesach ludzi w Ameryce wyznało autorowi, że najpomyślniejsze sukcesy osiągali znajdując się o krok od porażek, które by ich powaliły. Klęska jest przebiegłym kawalarzem o wyrobionym zmyśle ironii; znajduje ona szczególne upodobanie w dopadaniu ludzi w chwili, gdy wydają się mieć sukces w zasięgu ręki.

O dziecku, które zdobyło przewagę nad dorosłym

W niedługi czas po tym, jak pan Darby zdobył ów dyplom w „Instytucie Mocnych Kopniaków Losu" i zdecydował się wykorzystać swe doświadczenie z przemysłu wydobywczego, zdarzyło mu się być świadkiem pewnej sytuacji, która go przekonała, że „NIE" niekoniecznie musi oznaczać odmowę.

Pewnego popołudnia dopomagał swemu stryjowi przy mieleniu zboża w dość staroświeckim młynie. Stryj zarządzał dużą farmą, na której pracowała też pewna liczba kolorowych dzierżawców. W jakiejś chwili drzwi otworzyły się i weszło murzyńskie dziecko, córeczka jednego z dzierżawców.

Stryj spostrzegł dziecko i zapytał szorstkim tonem:

— Czego chcesz?

Dziecko odpowiedziało niepewnie:

— Mamusia mnie przysłała, żeby pan dał mi dla niej pięćdziesiąt centów.

— Nie ma mowy. Zmykaj do domu.

— Dobrze, psze pana — odpowiedziało dziecko. *Ale nie ruszyło się z miejsca.*

Stryj pana Darby'ego tak był pochłonięty pracą, że nie zwrócił uwagi na to, iż dziecko nie wyszło z młyna. Kiedy je wreszcie spostrzegł, ofuknął dziewczynkę:

— Mówiłem ci, żebyś wracała do domu. Zmykaj stąd, bo ci przyłożę.

Dziewczynka odpowiedziała — Dobrze, psze pana — ale *nawet nie drgnęła.*

Stryj odstawił na bok worek zboża, który zamierzał właśnie wsypać do bębna młyńskiego, złapał jakiś kij leżący pod ręką i z groźną miną ruszył w stronę dziecka.

Darby wstrzymał oddech. Był pewien, że za chwilę stanie się świadkiem morderstwa. Znał gwałtowne usposobienie stryja.

Kiedy ten znalazł się przy wejściu, gdzie stało dziecko, dziewczynka postąpiła o krok naprzód i zawołała rozpaczliwie:

— *Mamusia musi dostać te pięćdziesiąt centów!*

Stryj zatrzymał się naprzeciw dziecka, przez dobrą minutę mu się przyglądał, a potem odłożył kij, sięgnął do kieszeni, wyjął z niej półdolarówkę i podał dziewczynce.

Dziecko wzięło monetę do ręki, odwróciło się powoli w stronę drzwi nie spoglądając ani razu na mężczyznę, *nad którym właśnie zdobyło przewagę.* Kiedy dziewczynka wyszła, stryj pana Darby'ego przysiadł na jednej ze skrzyń stojących na podłodze i przez jakieś dziesięć minut gapił się przez okno. Rozmyślał z nabożną czcią o nauczce, jakiej mu udzielono.

Pan Darby również rozmyślał o tym zdarzeniu. Po raz pierwszy w życiu zetknął się oto z sytuacją, w której murzyńskie dziecko *pokierowało* postępowaniem dorosłego białego człowieka. W jaki sposób ta dziewczynka tego dokonała? Co się takiego zdarzyło w umyśle stryja, co sprawiło, że zapanował nad swą gwałtownością i stał się łagodny jak baranek? Jakiej to tajemnej mocy użyło dziecko, aby zapanować nad sytuacją? Takie oto pytania drążyły myśl Darby'ego, ale odpowiedź na nie znalazł dopiero po latach, kiedy mi opowiadał o całym zdarzeniu.

Dziwnym trafem opowieść o tym niezwykłym zdarzeniu przedstawił autorowi tej książki w starym młynie, w tej samej sieni, w której jego stryj odebrał swą nauczkę.

„TAK" ukryte za „NIE"

Kiedyśmy tak sobie rozmawiali w owym starym młynie, pan Darby zakończył swą opowieść o niezwykłym zwycięstwie dziecka: „Jaki pan z tego wyciągnie wniosek? Jakiej tajemnej siły użyło to dziecko, aby tak całkowicie pokonać mojego stryja?"

Odpowiedź na to pytanie zawiera się w zasadach przedstawionych w tej książce. Jest to odpowiedź pełna i wyczerpująca. Mieści w sobie szczegółowe zalecenia, wystarczające na tyle, by każdego uczynić zdolnym do uzyskania i zastosowania tej siły, którą owo dziecko zawładnęło przez przypadek.

Skup myśli, a dostrzeżesz wyraźnie, jaka to siła pośpieszyła dziecku z pomocą. W następnym rozdziale znajdziesz kolejny przebłysk tej siły. Jeszcze w innym miejscu tej książki natkniesz się na myśl, która pobudzi twe możliwości poznawcze i postawi ci do dyspozycji, dla twego własnego pożytku, tę niepokonalną siłę. Świadomość tej siły może się w tobie zrodzić już po przeczytaniu pierwszego rozdziału tej książki, ale może owładnąć twym umysłem po lekturze któregoś z rozdziałów następnych. Może cię nawiedzić pod postacią odrębnego pomysłu. Ale może też przybrać formę jakiegoś planu działania albo zamysłu. I znów skłonić cię może do powrotu myślą do dawnych twych doświadczeń, minionych klęsk i załamań, byś wyciągnął z nich nauki, dzięki którym odzyskasz to wszystko, coś utracił w wyniku owych przegranych.

Po określeniu przeze mnie natury tej siły, którą niejako mimo woli posłużyła się murzyńska dziewczynka, pan Darby dokonał w myślach szybkiego przeglądu swych doświadczeń zebranych w ciągu trzydziestu lat pracy w charakterze agenta ubezpieczeniowego i otwarcie przyznał, że swe sukcesy na tym polu zawdzięcza w pewnym stopniu lekcji, jaką pobrał od tego dziecka.

Przypomniał też sobie swą życiową pomyłkę, wynikłą z zaniechania poszukiwań o metr od złotej żyły. Oświadczył jednak: „To doświadczenie okazało się błogosławione w swych tragicznych skutkach. Nauczyło mnie *dążyć wytrwale,* nie bacząc na żadne trudy i ta lekcja była niezbędna dla osiągnięcia czegokolwiek w życiu".

Doświadczenia pana Darby'ego są dostatecznie powszechne i jasne, by nadać kierunek całemu jego życiu; stały się więc dla niego równie ważne, jak samo życie. Wyciągnął korzyść z obu tych doświadczeń, ponieważ oba *przeanalizował* i wyciągnął z nich nauki, jakie w sobie kryły. Ale co począć z ludźmi, którzy albo nie mają czasu, albo skłonności do tego, by przemyśleć poniesioną klęskę w celu wyciągnięcia z niej nauki, która może im przynieść życiowy sukces? Gdzie i w jaki sposób nauczył się on sztuki przekuwania klęski w szczeble wiodące do powodzenia?

Książka niniejsza powstała właśnie po to, by udzielić odpowiedzi na te pytania.

Dzięki cennemu pomysłowi osiągniesz sukces

Odpowiedź ta wymaga określenia trzynastu zasad, ale czytając tę książkę pamiętaj, że odpowiedź na pytania, jakie kazały ci się zastanawiać nad osobliwościami życia, odnaleźć możesz *w swym własnym umyśle,* w jakimś pomyśle, planie działań lub zamierzeniu, które zrodzi się w myślach podczas czytania tej książki.

Rozsądny pomysł jest tym, czego potrzeba do osiągnięcia powodzenia. Zasady przedstawione w tej książce dotyczą sposobów i środków formułowania użytecznych pomysłów.

Zanim przystąpimy do charakteryzowania tych zasad, musimy się upewnić, że jesteś gotów na przyjęcie następującego ważnego twierdzenia:

> *Kiedy bogactwa zaczynają spływać, gromadzą się tak szybko i w takiej obfitości, że człowiek zaczyna zachodzić w głowę, gdzie też się ukrywały przez wszystkie poprzednie chude lata.*

Jest to stwierdzenie zadziwiające, tym bardziej, im bliżej przypatrujemy się przyjętemu ogólnie przekonaniu, że bogactwa przypadają w udziale tylko tym, którzy pracowali na nie długo i ciężko.

Kiedy zaczynasz myśleć o bogactwie i zdobywać je, stwierdzasz, że bogactwo bierze początek z pewnego stanu umysłu, ze ściśle określonego zamierzenia, przy niewielkim lub wręcz żadnym nakładzie pracy. Zarówno ty, jak każdy inny człowiek na twoim miejscu, będzie się chciał dowiedzieć, w jaki sposób osiągnąć ten stan umysłu, który przysparza bogactw. Sam poświęciłem dwadzieścia pięć lat na odpowiednie badania, ponieważ chciałem się dowiedzieć, w jaki sposób „osiągnęli ów stan ci, którym się powiodło".

Przypatruj się bardzo uważnie, jak w miarę tego, jak będziesz opanowywał zasady tej filozofii i rozpoczynał wypełniać zalecenia co do sposobu stosowania tych zasad, zacznie się poprawiać twoja sytuacja finansowa, a wszystko, czego się tkniesz, zacznie ci przynosić korzyści. Myślisz, że to niemożliwe? Otóż nie, to jest możliwe!

Jedną z głównych słabości myślenia ludzkiego jest typowe dla przeciętnych jednostek zżycie z pojęciem „niemożliwe". Każdy przeciętniak zna wszystkie reguły, które się nie sprawdzają w życiu. I wszystkie sprawy, których nie można dokonać. Książkę niniejszą napisałem dla tych, którzy poszukują reguł, jakie innym ludziom przyniosły życiowy sukces i którzy pragną *oprzeć całe swoje życie* na tych regułach.

Sukces życiowy przypada tym, którzy wytwarzają w sobie świadomość sukcesu.

Klęska życiowa spada na tych, którzy biernie poddają się świadomości klęski. Założeniem tej książki jest dopomożenie tym wszystkim, którzy pragną nauczyć się sztuki przetwarzania swych umysłów z uległych świadomości klęski w przepojone świadomością sukcesu.

Inną słabością występującą u zbyt wielu ludzi, jest nawyk mierzenia wszystkich i wszystkiego miarką *ich własnych* wrażeń i wierzeń. Niektórzy czytelnicy tej książki będą sądzili, że nie mogą myśleć o bogactwie i dążyć do niego, ponieważ nawyki myślowe przykuły ich do biedy, niedostatku, klęski i załamania.

Ci nieszczęśliwi ludzie przypominają mi pewnego Chińczyka, który przybył do Ameryki, aby uzyskać amerykańskie wykształcenie. Zapisał się na uniwersytet w Chicago. Któregoś dnia rektor Harper natknął się w campusie na owego młodego człowieka ze Wschodu, zatrzymał się, by z nim przez chwilę pogawędzić i zapytał, która z cech Amerykanów, jakie zdołał już zaobserwować, wywarła na nim najsilniejsze wrażenie. „Dziwny układ waszych oczu — odpowiedział student — wasze oczy w ogóle nie są skośne".

No i co powiecie o tym Chińczyku?

Wzdragamy się uwierzyć w to, czego nie rozumiemy. Przyjmujemy głupie założenie, że nasze własne ograniczenia są właściwym zakresem ograniczeń. Pewnie, że oczy innych ludzi „wcale nie są skośne", skoro nie są takie same, jak nasze oczy.

„Chcę tego i będę to miał"

Kiedy Henry Ford postanowił zbudować swój słynny silnik V-8, przyjął jako wstępny projekt silnik z ośmioma cylindrami w jednym rzędzie i polecił inżynierom zaprojektować takie urządzenie. Projekt wykreślono na papierze, ale wszyscy inżynierowie, jak jeden mąż, uznali za po prostu *niemożliwe* zbudowanie ośmiocylindrowego silnika rzędowego jako jednostki.

Ford polecił:

— Skonstruujcie go za wszelką cenę.

— Ależ to niemożliwe — odpowiedzieli.

— Bierzcie się do roboty — rozkazał Ford — i nie przerywajcie jej, aż do chwili, kiedy go zbudujecie, nieważne ile to wam zabierze czasu.

Inżynierowie przystąpili do dzieła. Nie mieli innego wyjścia, jeśli chcieli pozostać pracownikami Forda. Przez sześć miesięcy nie dokonano niczego. Po dalszych sześciu miesiącach nadal nie było żadnego postępu. Inżynierowie starali się wypełnić polecenie szefa na wszelkie możliwe sposoby, ale sprawa wydawała się niewykonalna — „niemożliwa".

Pod koniec roku Ford sprawdził z inżynierami stan robót i znów poinformowali go, że nie znaleźli sposobu, aby spełnić jego polecenie.

— Pracujcie dalej — powiedział Ford — chcę tego i będę to miał.

Podjęli pracę i nagle, jakby za dotknięciem czarodziejskiej różdżki, odkryto cały sekret.

Zdecydowanie Forda znów zwyciężyło.

Może ta historia nie jest ścisła w szczegółach, ale jej sens i istota zostały tu przedstawione dokładnie. Wy, którzy chcecie myśleć o bogactwie i dążyć do niego, wysnujcie z niej, jeśli potraficie, wnioski dotyczące milionów Henry'ego Forda. Nie będziecie musieli sięgać myślą zbyt daleko.

Henry Ford odniósł życiowy sukces, ponieważ pojął i *zastosował* zasady osiągania powodzenia. Jedną z tych zasad jest pragnienie, świadomość tego, ku czemu się dąży. Przypomnijcie sobie tę opowieść, którą przeczytaliście i podkreślcie zdania, w których przedstawiona jest tajemnica jego zdumiewającego osiągnięcia. Jeśli potraficie tego dokonać, jeśli wasz palec wskazujący zdoła odnaleźć ten szczególny zespół zasad, które uczyniły Henry'ego Forda bogatym, jesteście zdolni do dokonania osiągnięć równych jego osiągnięciom w każdej dowolnej dziedzinie, która wam odpowiada.

Poeta wypowiedział prawdę

W słowach: „Jestem kowalem swego losu, kapitanem mej duszy" Henley wyjaśnił nam, że jesteśmy twórcami własnego losu i dowódcami naszych dusz, *ponieważ* jesteśmy władni kontrolować nasze myśli.

Pragnął nam zakomunikować, iż nasze umysły namagnesowane są tymi przewodnimi myślami, które piastujemy w duchu i że — za pomocą środków, z którymi nikt z nas nie jest dostatecznie oswojony — ten „magnetyzm" przyciąga do nas siły, ludzi oraz okoliczności życiowe, które odpowiadają naturze tych naszych przewodnich myśli.

Pragnął nas przekonać, że zanim zaczniemy gromadzić bogactwa w wielkiej obfitości, musimy namagnetyzować nasze myśli silnym pożądaniem bogactw, wyrobić w sobie „świadomość pieniądza", ponieważ pożądanie pieniędzy zrodzi w nas określony plan ich uzyskania.

Ale jako poeta, a nie filozof, Henley ograniczył się do wyrażenia wielkiej prawdy w poetyckiej formie, pozostawiając filozoficzną interpretację swych słów tym, którzy za nimi podążą.

Tak oto krok po kroku prawda sama uchyla przed nami rąbka swej tajemnicy, zanim objawi się, pewna tego, iż zasady przedstawione w tej książce zawierają w sobie tajemnicę zapanowania nad naszym losem materialnym.

Młody człowiek jasno widzi swój życiowy cel

Jesteśmy już przygotowani do rozpatrzenia pierwszej z tych zasad. Utrzymuj umysł w trakcie czytania zdań dotyczących prawdy w pełnej gotowości i pamiętaj, że zasady owe nie są wynalazkiem żadnej konkretnej osoby. Działały one na rzecz wielu ludzi. Możesz je zastosować i ty dla własnego pożytku.

Stwierdzisz, że da się tego dokonać łatwo, bez wysiłku.

Przed kilku laty wygłaszałem wykład inauguracyjny w Salem College, w Salem w Zachodniej Wirginii. Zasadę przedstawioną w następnym rozdziale charakteryzowałem z takim uniesieniem, że pewien student przeddyplomowego rocznika przyjął ją za swoją i włączył do swej filozofii życiowej. Został potem członkiem Kongresu i jedną z ważnych osobistości w rządzie Franklina D. Roosevelta. I wtedy napisał do mnie list, w którym w tak jasny sposób wyraził swe zdanie o zasadzie przedstawionej w następnym rozdziale, że zdecydowałem się przytoczyć jego list jako wstęp do tego rozdziału. Daje on bowiem wyobrażenie o nagrodzie, jaka przypadnie w udziale tym, którzy się do tej zasady zastosują:

„Drogi Mój Napoleonie,
moja działalność w Kongresie, dająca mi wgląd w problemy, jakimi żyje wielu mężczyzn i kobiet, upoważnia mnie do sformułowania pewnej rady, która może okazać się przydatna tysiącom zasługujących na nią ludzi.

W roku 1922, kiedy odbywałem ostatni rok studiów w Salem College, wygłosiłeś tam wykład inauguracyjny. Wykładem tym zasiałeś w mym umyśle pewną ideę, której zawdzięczam to, iż służę obecnie mojemu krajowi i której w znacznym stopniu zawdzięczać będę wszystkie me przyszłe sukcesy życiowe.

Pamiętam tak dokładnie, jakbym to usłyszał wczoraj, Twoją świetną charakterystykę metody, dzięki której Henry Ford, mający nader ubogie wykształcenie i nie mający ani dolara w kieszeni, pozbawiony wpływowych przyjaciół, wspiął się na szczyty. Doszedłem wówczas do przekonania, zanim jeszcze zakończyłeś wykład, że i ja zdobędę tam dla siebie miejsce, nawet gdyby mi przyszło pokonać nie wiem jakie przeciwności.

Tego roku tysiące młodych ludzi ukończą studia, podobnie będzie w następnych latach. Każdy z nich rozglądać się będzie za słowami konkretnej zachęty, takimi jak te, które Tobie zawdzięczam. Będą chcieli wiedzieć, w którą się zwrócić stronę, jaką obrać życiową drogę. Możesz im takiej porady udzielić, ponieważ obdarzyłeś nią już tak wielu ludzi.

Są dziś w Ameryce tysiące ludzi, którzy chcieliby wiedzieć, jak przetworzyć pomysły w żywe pieniądze, ludzi, którzy zaczynają od zera, bez finansowych środków i chcą wyrównać poniesione w wyniku bankructwa straty. Jeśli ktokolwiek może im w tym pomóc, to tym kimś jesteś ty.

Kiedy wydasz swą książkę, chciałbym otrzymać jej pierwszy egzemplarz, jaki wyjdzie z druku, i to opatrzony Twoim autografem.

Z najlepszymi — jak dobrze wiesz — życzeniami
serdecznie Ci oddany — *JENNINGS RANDOLPH*"

Po trzydziestu pięciu latach, jakie upłynęły od mego inauguracyjnego wykładu, miałem przyjemność znaleźć się znów w Salem College, w roku 1957 i wygłosić wykład podczas uroczystości wręczania dyplomów kończącym studia absolwentom. Sam otrzymałem tytuł doktora honoris causa w dziedzinie literatury.

Od roku 1922 śledziłem przebieg kariery zawodowej Jenningsa Randolpha, który stał się jednym z najwybitniejszych w kraju zarządców linii lotniczych, a także wspaniałym mówcą i senatorem ze stanu Zachodnia Wirginia.

WNIOSKI POD ROZWAGĘ:

Możesz być biednie ubrany i bez grosza, jak Edwin Barnes, ale gorąca żądza sukcesu może ci stworzyć życiową szansę.

Im wytrwalej podążasz właściwą drogą, tym bardziej się zbliżasz do sukcesu. Bardzo wielu ludzi rezygnuje w chwili, kiedy ów sukces mają już w zasięgu ręki. Pozostawiają go do wzięcia innym.

Wytknięty cel jest podstawą wszelkich osiągnięć, zarówno mniejszych, jak i większych. Nawet silny mężczyzna może zostać pokonany przez dziecko, które zdąża do celu. Podporządkuj swe nawyki myślowe wadze twego życiowego zadania, a zdołasz osiągnąć nawet to, co się wydaje niemożliwe.

Za przykładem Henry'ego Forda zaszczep swą wiarę i wytrwałość innym, a „niemożliwe" zostanie spełnione.

Możesz osiągnąć wszystko,
co umysł ludzki zdoła wymyślić i w co zdoła uwierzyć.

II *Pierwszy krok do bogactwa: ŻĄDZA BOGACTWA*

Marzenia stają się rzeczywistością, gdy żądza bogactwa przekształca się w konkretne działanie. Żądaj od życia wielkich darów, a ośmielisz je do tego, by ci je przyniosło.

Kiedy przed ponad pięćdziesięciu laty Edwin C. Barnes wysiadł z pociągu towarowego na stacji w East Orange w stanie New Jersey, przypominał wyglądem włóczęgę, ale jego głowę wypełniały myśli godne monarchy!

Umysł jego pracował intensywnie, podczas gdy on maszerował ze stacji kolejowej do biura Thomasa A. Edisona. Wyobrażał sobie, jak *stanie twarzą w twarz z Edisonem.* W myślach przepowiadał sobie prośbę, z jaką się do niego zwróci, aby Edison dał mu szansę spełnienia obsesyjnie wręcz żarliwego pragnienia: aby mógł stać się partnerem wielkiego wynalazcy w interesach.

Pragnienie to nie było *nadzieją!* Nie było też *życzeniem!* Była to żądza, która zawładnęła całym jego jestestwem. Była to żądza dojrzale ukształtowana.

W kilka lat później Edwin C. Barnes znowu stanął twarzą w twarz z Edisonem, w tym samym gabinecie, w którym spotkał wynalazcę po raz pierwszy. Ale wtedy jego żądza stała się już rzeczywistością. *Prowadził z Edisonem wspólne interesy.* Najgorętsze marzenie jego życia stało się rzeczywistością.

Barnes osiągnął życiowy sukces, ponieważ wyznaczył sobie wyraźny cel i poświęcił całą swą energię życiową, skoncentrował wszystkie swe siły na realizacji tego celu.

Nie wolno się wycofać

Pięć lat musiało minąć, zanim zarysowała się przed nim szansa spełnienia życzeń. Innym ludziom wydawał się w tym czasie jedynie drobnym trybikiem w ogromnej maszynerii Edisonowskich przedsięwzięć, ale we własnych myślach przez cały ten czas, od pierwszego dnia po przybyciu do East Orange, był już wspólnikiem wynalazcy.

Jest to wspaniały przykład zdecydowanego pożądania sukcesu życiowego. Barnes osiągnął swój cel, ponieważ tego, by stać się partnerem Edisona w interesach pożądał goręcej niż czegokolwiek innego na świecie. Opracował też plan postępowania dla osiągnięcia tego celu. I spalił za sobą mosty. Trwał przy swej żądzy, która stała się dominującą nad całą osobowością obsesją jego życia, aż — w końcu — stała się ona faktem.

Kiedy wyruszał do East Orange, nie wmawiał w siebie: „Spróbuję wyjednać sobie jakąś posadę u Edisona". Powtarzał sobie: „Spotkam się z Edisonem i powiadomię go, że przybywam, żeby z nim wspólnie robić interesy".

Nie zwodził się też wymówkami w rodzaju: „Będę miał oczy szeroko otwarte, żeby dostrzec jakieś inne możliwości, gdyby mi się nie udało dołączyć do przedsiębiorstwa Edisona". Utwierdzał się natomiast w swym postanowieniu: „Jest tylko *jedna* ważna sprawa na świecie i jestem zdecydowany ją osiągnąć, a jest nią partnerstwo w interesach z Thomasem A. Edisonem. Spalę za sobą wszystkie mosty i postawię na szali całą swą przyszłość, aby osiągnąć to, czego pragnę".

Zamknął za sobą wszelką drogę odwrotu. Pozostało mu tylko zwyciężyć lub ulec całkowitej zatracie!

Oto cała tajemnica sukcesu życiowego Barnesa!

Spal za sobą mosty

Pewien wielki wódz, żyjący dawno temu, stanął w obliczu sytuacji, która zmusiła go do podjęcia decyzji rozstrzygającej o zwycięstwie na polu bitwy. Musiał wysłać swe wojska przeciw potężnemu wrogowi, którego siły znacznie przewyższały jego własne. Rozkazał żołnierzom wsiąść na okręty, pożeglować do nieprzyjacielskiej krainy, wylądować tam wraz z całym ekwipunkiem, a następnie polecił okręty spalić. Przemawiając do żołnierzy przed pierwszą bitwą, powiedział: „Widzieliście oto nasze okręty stojące w płomieniach. Oznacza to, że nie możemy tych wrogich wybrzeży opuścić żywi, aż zwyciężymy! Nie mamy wyboru — *zwyciężymy* — albo *polegniemy*!"

I zwyciężyli.

Każdy człowiek odnoszący sukces w jakimś przedsięwzięciu musi być gotów spalić swoje okręty i odciąć wszelką możliwość odwrotu. Tylko w ten sposób osiągnąć może stan umysłu zwany żądzą zwycięstwa, który ma kluczowe znaczenie dla uzyskania sukcesu.

Nazajutrz po wielkim pożarze Chicago, gromadka kupców stała na State Street popatrując na dymiące zgliszcza, które wczoraj jeszcze były ich sklepami. Odbyli następnie naradę mającą zdecydować o tym, czy będą próbowali odbudować Chicago, czy też mają je opuścić i zacząć od nowa w jakichś bardziej obiecujących miejscowościach w kraju. Wszyscy — z wyjątkiem jednego — postanowili z Chicago wyjechać.

Kupiec, który zdecydował się zostać, wskazał palcem zgliszcza po swoim sklepie i powiedział: „Panowie, dokładnie w tym miejscu zbuduję największy sklep na świecie, choćby jeszcze nie wiem ile razy miał gorzeć".

Działo się to przed stu niemal laty. Zbudował sklep. Stoi on do dziś, będąc wyniosłym pomnikiem owego stanu umysłu, który nazywamy żądzą zwycięstwa. A przecież łatwiej byłoby Marshallowi Fieldowi postąpić tak, jak jego koledzy. Kupcy owi ugięli się przed trudnościami, ulękli niepewnej przyszłości, spakowali manatki i wyjechali tam, gdzie życie wydawało się łatwiejsze.

Podkreślcie sobie różnicę postawy Marshalla Fielda i postawy owych kupców, ponieważ jest to ta sama różnica, która w praktyce dzieli tych co zwyciężają od tych co przegrywają w życiu.

Każda istota ludzka osiągająca wiek, w którym pojmuje się przydatność pieniędzy, zaczyna ich pragnąć. *Pragnienie* nie przynosi bogactwa. Ale żądza bogactw rodząca stan umysłu bliski obsesji, a następnie zaplanowanie określonych dróg i sposobów dochodzenia do bogactwa, wsparte wytrwałością, *która nie uznaje klęski*, bogactwo przyniesie.

Sześć kroków wiodących od żądzy bogactwa do zdobycia pieniędzy

1. Ustal sobie *dokładną* sumę pieniędzy, której pożądasz. Nie wystarczy powiedzieć sobie tylko „Chcę mieć dużo pieniędzy". Bądź dokładny w określeniu tej sumy. (Jest

pewien powód psychologiczny tej dokładności, który omówię w następnym rozdziale).
2. Określ sobie dokładnie, co zamierzasz *dać* z siebie w zamian za pieniądze, których pożądasz. (Nie ma tak w życiu, aby zyskać „coś za nic").
3. Wyznacz dokładną datę, w której będziesz *posiadał* pieniądze, których łakniesz.
4. Opracuj dokładny plan realizacji swej żądzy i przystąp *od razu* do jego *realizacji* niezależnie od tego, czy już jesteś, czy nie jesteś gotów do działania.
5. Napisz sobie jasne, zwięzłe oświadczenie określające sumę pieniędzy, którą zamierzasz zdobyć, termin, w którym musisz tego dokonać, zobowiązania dotyczące tego, co za mierzasz dać z siebie w zamian za te pieniądze i przedstaw w nim jasno plan prowadzący do zdobycia tych pieniędzy.
6. Odczytuj sobie to oświadczenie na głos dwa razy dziennie, raz przed snem, drugi raz — rano po przebudzeniu. W trakcie czytania czuj się i zachowuj, jakbyś wierzył, że już te pieniądze zdobyłeś.

Jest rzeczą bardzo ważną, abyś dokładnie wypełniał wszystkie zalecenia zawarte w powyższych punktach. Szczególnie ważne jest wypełnianie poleceń zawartych w punkcie szóstym. Pewnie w pierwszej chwili wyda ci się niemożliwe, by się „poczuć posiadaczem pieniędzy", zanim je naprawdę zdobędziesz. Ale w tym względzie *żądza bogactw* pośpieszy ci z pomocą. Jeśli naprawdę *pożądasz* pieniędzy, nie sprawi ci trudności przekonanie się, że jesteś w stanie je zdobyć. Kwestią decydującą jest pragnienie pieniędzy i zdecydowane postanowienie ich zdobycia, a wtedy zdołasz wytworzyć w sobie *przekonanie,* że je zdobędziesz.

Zasady postępowania warte 100 000 000 dolarów

Tym osobom, które nie przechodziły kształcenia z zakresu skutecznych zasad funkcjonowania umysłu ludzkiego, zalecenia powyżej przedstawione mogą się wydać niepraktyczne. Może więc tym, którzy powątpiewają w słuszność tych sześciu zasad, pomocne okaże się przypomnienie, że pochodzą one od Andrew Carnegiego, który rozpoczynał karierę życiową jako zwykły robotnik w stalowni, ale zastosował je z taką skutecznością, iż zasady owe pozwoliły mu dojść od owego skromnego punktu startu, do fortuny przewyższającej sto milionów dolarów.

Dalszą pomocą okazać się może informacja, że kwintesencję owych sześciu zasad z pełnym przekonaniem potwierdził Thomas A. Edison, który uznał je nie tylko za najskuteczniejsze kroki wiodące do zdobycia pieniędzy, ale w ogóle do osiągnięcia każdego ważnego celu życiowego.

Kroki te nie wymagają wcale żadnej „ciężkiej pracy". Nie wzywają też do żadnych poświęceń. Nie trzeba stawać się w ich konsekwencji ani śmiesznym, ani naiwnym. Ale skuteczne zastosowanie tych sześciu zasad wymaga *wyobraźni* niezbędnej po to, by człowiek był w stanie pojąć, iż zdobycia pieniędzy nie można pozostawić samemu losowi, szczęściu ani przypadkowi. Trzeba sobie uzmysłowić, że ludzie, którzy doszli do wielkich fortun, *najpierw* o nich marzyli, życzyli ich sobie, pożądali i planowali ich zdobycie, a dopiero potem posiedli owe fortuny.

Powinieneś już teraz uświadomić sobie, że nigdy nie dojdziesz do wielkich bogactw *jeśli* nie posiejesz i nie wyhodujesz w sobie ziarna *żądzy* bogactwa i prawdziwej *wiary* w to, że je zdobędziesz.

Śmiałe marzenia mogą się przekształcić w rzeczywistość

My, którzy dążymy do bogactwa, powinniśmy poczuć się wsparci na duchu świadomością, że świat, w którym żyjemy, wymaga nowych idei, nowych metod nauczania, nowych sposobów marketingu, nowych książek, nowej literatury, nowych filmów telewizyjnych, nowych pomysłów filmowych. Za tą potrzebą rzeczy nowych i lepszych kryje się pewna wartość, którą trzeba uznać za swoją, jest nią mianowicie *określony cel*, świadomość tego, co się chce osiągnąć i *żądza* osiągnięcia tego celu.

Ten, kto dąży do bogactwa, powinien pamiętać, że wszyscy wielcy przywódcy tego świata byli ludźmi, którzy odkryli i zastosowali w praktyce nieuchwytne, niewidzialne moce nie wykorzystanych możliwości i przekuli te moce (lub też impulsy albo idee) w drapacze chmur, osiedla miejskie, fabryki, samoloty, samochody i wszelkie inne udogodnienia czyniące życie przyjemniejszym.

Kiedy będziesz sobie planował zdobycie własnego udziału w ogólnym bogactwie, nie pozwól nikomu pogardzać twymi marzeniami. Aby zdobyć poważną pozycję w zmieniającym się świecie, musisz wzbudzić w sobie ducha dawnych wielkich pionierów, których marzenia nadały cywilizacji wszelkie wartości, jakimi się odznacza, których duch stał się odżywczą krwią pobudzającą rozwój naszego kraju — i stworzył tobie i mnie szansę na wykorzystanie naszych talentów.

Kiedy sprawa, której pragniesz dokonać, jest słuszna i *wierzysz w nią*, dąż do jej osiągnięcia! Wypełnij nią swe marzenia i nie zwracaj uwagi na przejściowe porażki, ponieważ „one same" zapewne nie wiedzą, że każda porażka mieści w sobie zalążek równoważącego ją powodzenia.

Thomas Edison marzył o lampie elektrycznej, zaczął to marzenie wcielać w życie, kiedy stało się to możliwe i trwał przy nim *na przekór tysięcznym niepowodzeniom*, aż swe marzenia spełnił. *Marzyciele praktyczni* nigdy się nie załamują!

Whelanowi marzyła się sieć sklepów z cygarami, przekształcił to marzenie w rzeczywistość i dziś łańcuch United Cigar Stores oplata całą Amerykę.

Bracia Wright marzyli o maszynie, która wzbije się w powietrze. Cały świat przekonał się już dawno, że było to marzenie twórcze.

Marconi snuł marzenia o sposobie wykorzystania nieuchwytnych sił zawartych w eterze. Dowodem na to, że nie było to marzenie jałowe, jest każdy z niezliczonych odbiorników radiowych i telewizyjnych. Może cię zaciekawić informacja o tym, że „przyjaciele" Marconiego, kiedy ten ogłosił publicznie, iż odkrył sposób przekazywania na odległość komunikatów bez użycia kabli ani żadnych innych fizycznych środków komunikowania się, osadzili go w odosobnieniu i poddali badaniom psychiatrycznym. Dzisiejsi marzyciele znajdują się w lepszej sytuacji.

Świat dzisiejszy wypełniony jest bogactwem możliwości, których istnienia dawni marzyciele nawet nie podejrzewali.

Żądza sukcesu ośmiela marzenia

Żądza zaistnienia i dokonania jest punktem wyjścia dla marzyciela. Marzenia nie rodzą się bowiem z obojętności, lenistwa ani braku ambicji.

Miej w pamięci tych, którzy odnieśli życiowy sukces zaczynając od trudnych początków, staczając z przeciwnościami życia liczne wyczerpujące potyczki, aż „osiągnęli" cel. Momentem zwrotnym w życiu tych ludzi była zazwyczaj jakaś sytuacja kryzysowa, w wyniku której odkrywali w sobie „nową osobowość".

James Bunyan napisał *„Wędrówkę pielgrzyma"*, która jest jednym z najwspanialszych dzieł literatury angielskiej, po wtrąceniu do więzienia z surowym wyrokiem za jego przekonania religijne.

O. Henry odkrył geniusz literacki tkwiący w jego umyśle, kiedy spotkało go wielkie nieszczęście i osadzony został w więzieniu w mieście Columbus w stanie Ohio. Zmuszony okolicznościami do wypracowania sobie „nowej osobowości" i do wytężenia wyobraźni, stwierdził, iż jest wielkim prozaikiem, a nie więźniem i wyrzutkiem społeczeństwa.

Charles Dickens rozpoczynał życiową karierę od przyklejania nalepek na pudełkach z czernidłem do butów. Tragedia miłosna przeorała mu głęboko duszę i uczyniła go jednym z największych pisarzy świata. Wydała ona na świat najpierw *„Dawida Copperfielda"*, a następnie wiele utworów, które tym, co je czytali, uczyniły świat bogatszym i lepszym.

Hellen Keller niedługo po przyjściu na świat straciła słuch, mowę i wzrok. Mimo tego najokrutniejszego nieszczęścia wpisała swe imię w kronikę światowych wielkości. Całe jej życie stanowi dowód, iż *nikogo nie sposób pokonać, jeśli sam nie uzna się za pokonanego.*

Robert Burns był nieokrzesanym, niepiśmiennym wiejskim chłopakiem. Trapiony biedą wyrastał na karczemnego pijaczynę. Ale świat wzbogacił się dzięki jego myślom odzianym w poetyckie piękno, które usuwało z serc ludzkich ciernie i pozwalało rozkwitnąć w ich miejsce różom.

Beethoven był głuchy, Milton ociemniały, ale nazwiska ich żyć będą aż po kres wszech czasów, ponieważ marzyli i umieli ująć te marzenia w zorganizowaną myśl.

Zachodzi istotna różnica pomiędzy pragnieniem jakiejś rzeczy i gotowością na jej przyjęcie. Nikt nie jest *gotów* na przyjęcie żadnej rzeczy, dopóki nie *uwierzy,* że może ją osiągnąć. Stanem jego umysłu musi być *wiara*, nie powierzchowna nadzieja czy pragnienie. Pełna otwartość umysłu ma dla osiągnięcia wiary znaczenie kluczowe. Umysły zamknięte, zalęknione nie rodzą ani wiary, ani odwagi.

Pamiętaj, że w gruncie rzeczy do osiągnięcia ambitnych celów życiowych potrzeba mniej wysiłku niż do znoszenia ubóstwa i biedy.

Żądza przekracza granice „niemożliwego"

Jako konkluzję tego rozdziału chcę przedstawić jedną z najniezwyklejszych postaci, z jakimi się zetknąłem w życiu. Po raz pierwszy zobaczyłem tego człowieka w kilka minut po jego przyjściu na świat. Jako noworodek nie miał ani śladu uszu i doktor zagadnięty o opinię o tym fenomenie uznał, że dziecko pozostanie na całe życie głuchonieme.

Odrzuciłem tę lekarską opinię. Miałem do tego prawo; byłem ojcem tego dziecka. Ja też podjąłem pewną decyzję i wyrobiłem sobie w tej sprawie opinię, ale wyrażałem ją tylko w największej tajemnicy w głębi własnego serca.

Byłem głęboko przekonany, że mój syn będzie i słyszał, i mówił. Dzięki czemu? Wierzyłem, że musi być jakiś sposób i byłem pewien, że go odnajdę. Miałem w pamięci nieśmiertelne słowa Emersona: „Istota sprawy polega na tym, żeby nabrać wiary. Musimy się jej poddać. Każdy z nas ma przewodnika i uważnie się wsłuchując może usłyszeć *właściwe słowo*".

Właściwe słowo? *Żądza pokonania kalectwa.* Niczego na świecie nie pożądałem bardziej niż tego, by mój syn nie był głuchoniemy. I pożądanie to nie słabło we mnie ani na chwilę.

Cóż mogłem uczynić? W jakiś sposób musiałem znaleźć drogę do zaszczepienia w umyśle mojego dziecka tej mojej żądzy, musiałem znaleźć drogę do jego umysłu bez pośrednictwa słuchu.

Postanowiłem, że kiedy tylko mój syn osiągnie stopień rozwoju, w którym będzie już mógł ze mną współdziałać, natchnę go mą żądzą pokonania kalectwa w takim stopniu, by pojął, że natura może własnymi metodami przemienić tę żądzę w rzeczywistość.

Cały ów wywód myślowy dokonywał się wyłącznie w mojej głowie, nikogo o nim nie informowałem. Każdego ranka powtarzałem sobie solenne przyrzeczenie, że mój syn nie będzie głuchoniemy.

W miarę tego jak podrastał i zaczynał interesować się otaczającą go rzeczywistością, zaczynaliśmy stwierdzać, że wykazuje pierwsze oznaki słuchu. Kiedy był w wieku, w którym dzieci zwykle zaczynają mówić, nie był jeszcze w stanie posługiwać się głosem, ale po jego reakcjach można było stwierdzić, że zaczyna słyszeć. A to było to, czego pragnąłem! Byłem przeświadczony, że skoro słyszy, nawet tylko częściowo, będzie mógł wkrótce osiągnąć więcej. A potem przydarzyło się coś, co natchnęło mnie nadzieją. I owo zdarzenie nadeszło z zupełnie nieoczekiwanej strony.

Znajdujemy sposób

Kupiliśmy gramofon. Kiedy dziecko po raz pierwszy usłyszało muzykę, wpadło w ekstazę i szybko oswoiło się z tym urządzeniem. Pewnego razu puszczało sobie jedną płytę na okrągło przez niemal dwie godziny stojąc przed gramofonem i *trzymając ząbki na krawędzi skrzynki* aparatu. Znaczenie tego wymyślonego przez niego sposobu stało się dla nas jasne dopiero po latach, bo w czasie samego tego zdarzenia nie wiedzieliśmy jeszcze o zasadzie „dobrego przewodnictwa" dźwięków.

Niedługo po oswojeniu się mego synka z gramofonem stwierdziłem, że słyszy mnie zupełnie wyraźnie, kiedy mówię przytykając wargi do jego kręgów szyjnych u nasady czaszki.

Mając pewność, że będzie z czasem w stanie słyszeć mnie w sposób normalny, zacząłem przekazywać jego umysłowi żądzę uzyskania słuchu i mowy. Wkrótce odkryłem, że dziecko polubiło opowieści na dobranoc, zacząłem więc tworzyć opowieści poświęcone rozwijaniu w nim pewności siebie, wyobraźni i *żądzy uzyskania słuchu i stania się dzieckiem normalnym.*

Jednej zwłaszcza opowieści przypisywałem szczególne znaczenie przydając jej za każdym razem, kiedy ją opowiadałem, nowego zabarwienia dramatycznego. Celem jej było zasianie w jego umyśle wyobrażenia, że jego dolegliwość nie jest upośledzeniem, ale cechą niezmiernie cenną. Na przekór temu, iż cała znana mi filozofia dowodziła, że każda przeciwność losu zawiera w sobie zalążek równoważącego ją powodzenia, doprawdy nie wyobrażałem sobie, w jaki sposób ta właśnie dolegliwość miałaby się kiedyś okazać zaletą.

Nic go nie powstrzyma

Teraz, kiedy tę sprawę analizuję, z dystansu czasu widzę, że dużą rolę odegrała w niej *wiara mego syna we mnie* i to ona przyniosła te zadziwiające wyniki. Nie podawał w wątpliwość niczego co mu mówiłem. Wpoiłem weń myśl, że ma swego rodzaju *przewagę* nad starszym bratem i ta przewaga będzie się objawiać na różne sposoby. Na przykład nauczyciele w szkole, zauważywszy, że nie ma uszu, będą mu okazywali szczególną uwagę i będą go traktowali ze szczególnymi względami. I tak też było. Wpoiłem mu też przekonanie, że kiedy dorośnie na tyle, by móc sprzedawać gazety (jego starszy brat już był ich sprzedawcą), będzie miał przewagę nad bratem, ponieważ ludzie będą mu płacili więcej za taki sam towar dostrzegając, iż jest dzielnym, mądrym chłopcem, mimo że nie ma uszu.

Pierwsze owoce potwierdzające słuszność naszej metody „programowania" jego umysłu pojawiły się, kiedy miał siedem lat. Od kilku miesięcy zabiegał o pozwolenie, by móc sprzedawać gazety, ale matka nie wyrażała na to zgody.

I w końcu wziął sprawę w swoje ręce. Pewnego popołudnia, kiedy pozostał w domu jedynie pod opieką służących, wyskoczył przez kuchenne okno, wylądował na ziemi i ruszył przed siebie. U szewca z sąsiedztwa zaciągnął pożyczkę kapitałową w wysokości sześciu centów, zainwestował ją w kupno gazet, sprzedał je, reinwestował uzyskane pieniądze i ponawiał tę operację aż do wieczora. Po zbilansowaniu obrotów i zwrocie sześciu centów pożyczki, osiągnął czysty zysk w wysokości czterdziestu dwóch centów. Kiedy późnym wieczorem wróciliśmy do domu, znaleźliśmy go śpiącego, z pieniążkami w zaciśniętej piąstce.

Matka rozsunęła tę piąstkę, wyjęła monety i rozpłakała się. Najgorsze co mogła zrobić. Płakać z powodu pierwszego życiowego sukcesu syna! Moja reakcja była wręcz odwrotna. Roześmiałem się serdecznie, ponieważ przekonałem się, że moje zabiegi nad wytworzeniem w umyśle dziecka wiary w siebie powiodły się.

Matka widziała w nim tylko malutkiego, wątłego chłopczyka, który biega z gazetami po ulicach ryzykując życie, aby zarobić parę grosików. Ja dostrzegłem dzielnego, ambitnego, samodzielnego małego biznesmena, którego wiara we własne siły wzrosła ogromnie, ponieważ podjął się tej działalności z własnej inicjatywy i odniósł sukces. Jego transakcje sprawiły mi przyjemność, ponieważ pojąłem, że dostarczyły dowodu, iż zasada polegania na sobie będzie mu już towarzyszyła przez całe życie.

Zwrotny moment w uzyskiwaniu zdolności słuchowych

Mały głuchoniemy chłopczyk wspinał się po poszczególnych stopniach swego rozwoju, ukończył szkołę średnią i uniwersytet — słysząc swych nauczycieli tylko wtedy, gdy przemawiali pełnym głosem z bliskiej odległości. Nie chodził do szkoły specjalnej dla głuchoniemych. Nie chcieliśmy, żeby się uczył języka migowego. Dążyliśmy do tego, by żył normalnym życiem i stykał się z normalnymi dziećmi i trwaliśmy przy tej decyzji mimo licznych gorących sporów z przedstawicielami władz szkolnych.

W okresie uczęszczania do szkoły średniej próbował posługiwać się elektrycznym aparatem słuchowym.

Zwrotny moment w jego życiu nastąpił, kiedy był studentem ostatniego roku. Aby zwiększyć swe możliwości słuchowe, zaopatrzył się w aparat słuchowy nowego typu przysłany na próbę. Ale zwlekał z posłużeniem się nim zawiódłszy się już uprzednio na podobnym urządzeniu. W końcu rozpakował przesyłkę i delikatnie umieścił przyrząd na głowie, podłączył baterię i oto nagle jego żywiona przez całe życie żądza uzyskania zdolności słuchowych spełniła się! Po raz pierwszy w życiu słyszał równie dokładnie, jak każdy normalny człowiek.

Uradowany tą zmianą, jaka się dokonała w otaczającym go świecie za sprawą aparatu słuchowego, pobiegł do telefonu, zadzwonił do matki i wyraźnie usłyszał jej głos. Nazajutrz, po raz pierwszy w życiu, wyraźnie słyszał głosy profesorów! I po raz pierwszy w życiu mógł swobodnie rozmawiać z kolegami, nie prosząc ich by mówili głośniej. Naprawdę świat mu się odmienił.

Odmiana ta zaczynała przynosić pożytki, choć zwycięstwo nie było jeszcze pełne. Chłopiec nadal stał w obliczu przetworzenia swej ułomności w *równoważącą ją zaletę*.

„Głuchy" chłopiec udziela pomocy innym

Uświadomiwszy sobie wyraźnie znaczenie zmiany, jaka się już dokonała i ogarnięty radością wywołaną nowo odkrytym światem dźwięków, napisał list do wytwórcy aparatu słuchowego entuzjastycznie przedstawiając swe doświadczenia. List wywarł takie wrażenie, że zaproszono go do Nowego Jorku. W trakcie zwiedzania fabryki i rozmowy z naczelnym inżynierem, w której opowiadał jak bardzo zmienił się jego świat, pewien impuls, myśl czy też inspiracja — nazwijcie to jak chcecie — zrodziła się w jego umyśle. Był to ten *impuls myślowy*, który przekształcił jego upośledzenie w zaletę mającą przynieść korzyści zarówno materialne, jak i moralne tysiącom ludzi.

Istota tego impulsu myślowego była następująca: pojął, że mógłby dopomóc milionom nie słyszących, nie korzystających z aparatów słuchowych ludzi, gdyby znalazł sposób opowiedzenia im o tym, jak bardzo odmienił się jego świat.

Przez cały następny miesiąc prowadził intensywne badania, w których przeanalizował cały system marketingu prowadzonego przez owego wytwórcę aparatów słuchowych i wypracował nowe sposoby i środki komunikowania się z upośledzonymi słuchowo, w celu przedstawienia im nowo odkrytego przez siebie świata dźwięków. Następnie sporządził na piśmie dwuletni plan wykorzystania tych sposobów i środków. Kiedy go przedstawił kierownictwu fabryki, natychmiast zaoferowano mu stanowisko umożliwiające realizację tego zamiaru.

Kiedy podejmował tę pracę, marzył tylko o tym, by dać tysiącom niedosłyszących nadzieję i dopomóc w tym, by nie zostali skazani na wieczną głuchotę.

Nie ulega dla mnie żadnej wątpliwości, że Blair byłby głuchoniemy przez całe swoje życie, gdybyśmy oboje z jego matką nie uformowali jego umysłu w odpowiedni sposób.

Ponieważ zasiałem w jego umyśle żądzę możności słyszenia i mówienia, a także normalnego życia, wywarła ona nań ów dziwny wpływ, który skłonił jego naturę do wznoszenia mostów nad przepaścią dzielącą jego umysł od zewnętrznego świata.

Żądza ma bowiem różne sposoby przetwarzania się w moce fizyczne. Blair pożądał możności normalnego słyszenia; i posiadł ją! Urodził się z upośledzeniem, które kogoś o mniej zdecydowanych pragnieniach życiowych mogłoby skazać na wystawanie do końca życia na rogu ulicy z zawieszoną na szyi kasetką z ołówkami na sprzedaż i kubeczkiem na jałmużnę.

To małe niewinne kłamstewko, które mu zasiałem w główce, kiedy był jeszcze dzieckiem, wmawiając, że kalectwo może stać się zaletą, znalazło usprawiedliwienie. I nie ma takiej rzeczy na świecie, której wiara — słuszna czy niesłuszna — wsparta żarliwym pragnieniem, nie byłaby w stanie zdobyć. A odnosi się to do każdego człowieka.

Żądza dokonuje cudu w życiu śpiewaczki

Pewien fragment doniesienia prasowego, dotyczącego Mme Schummann-Heink, stanowi klucz do niebywałego jej sukcesu jako śpiewaczki. Cytuję cały ten ustęp, ponieważ kluczem owym nie jest nic innego, jak właśnie żądza sukcesu.

U początków swej kariery Mme Schumann-Heink udała się do rektora Opery Cesarskiej w Wiedniu z zamiarem zaprezentowania mu swego głosu. Na widok nieśmiałej, ubogo ubranej dziewczyny wykrzyknął niezbyt uprzejmie: „Jak śmie pani myśleć o wystąpieniu w operze mając taką twarz i nie mając żadnej osobowości! Drogie dziecko, niech pani zaniecha tego zamiaru. Niech pani sobie kupi maszynę do szycia i zabierze się do roboty. *Nigdy pani nie zostanie śpiewaczką.*"

Nigdy — to bardzo odległy termin! Dyrektor Wiedeńskiej Opery Cesarskiej znał się dobrze na technice śpiewu, ale niewiele wiedział o sile pożądania, które urasta do skali obsesji życiowej. Gdyby o tej sile wiedział nieco więcej, nie popełniłby błędu polegającego na odtrąceniu geniusza, bez stworzenia mu jakiejkolwiek szansy na samorealizację.

Przed kilku laty jeden z moich wspólników w interesach zachorował. Choroba stopniowo się pogłębiała, tak że w końcu zabrano go do szpitala na operację. Lekarz ostrzegł mnie, iż nader nikłe są szanse, bym jeszcze kiedy zobaczył mego wspólnika wśród żywych. Ale to było zdanie lekarza. Pacjent był innego zdania. Kiedy go zabierano do szpitala, szepnął mi: „Szefie, nie przejmuj się. Wrócę za kilka dni". Towarzysząca mu pielęgniarka spojrzała na mnie współczująco. Ale pacjent dobrze zniósł operację. Po jej szczęśliwym zakończeniu lekarz orzekł: „Uratowała go tylko jego wola życia. Nigdy by z tego nie wyszedł, gdyby nie odrzucił całkowicie ewentualności zgonu".

Wierzę w żądzę osiągnięcia celu wspartą wiarą, ponieważ obserwowałem jej potęgę na przykładzie ludzi, którzy zaczynali skromnie, a dochodzili do wpływów i zamożności; widziałem, jak wiara wskrzesza ich z grobów; widziałem, jak staje się środkiem umożliwiającym powrót na szczyty ludziom powalonym przez przeciwności; widziałem, jak z mego syna czyni normalnego, szczęśliwego, cieszącego się życiowym powodzeniem człowieka, mimo iż natura pozbawiła go od urodzenia organów słuchu.

W jaki sposób można wzbudzić w sobie i wykorzystać siłę tej żądzy? Odpowiadam na to pytanie i w tym, i w następnych rozdziałach niniejszej książki.

W wyniku działania dziwnej i wszechpotężnej „chemii mentalnej", której natura nigdy nie ujawnia, rodzi się w umyśle ludzkim impuls gorącego pożądania, „owo coś", które nie uznaje określeń takich jak „niemożliwe" i nie przyjmuje do wiadomości porażek.

WNIOSKI POD ROZWAGĘ:

Kiedy *żądza* rodzi w tobie siły wiodące cię do zwycięstwa, nie możesz przegrać, zwycięstwo to masz zapewnione.

Sześć określonych kroków, tu wyliczonych, wiedzie do przekucia żądzy w złoto. Andrew Carnegiemu kroki te przysporzyły 100 000 000 dolarów.

Żądza przetwarza przejściowe porażki w trwałe zwycięstwo. To żądza dokonania tego czynu stworzyła sieć domów towarowych ze zgliszczy spalonego sklepu.

Chłopiec pozbawiony uszu uzyskał zdolność słyszenia. Dziewczyna „bez szans" została gwiazdą opery. Chory skazany przez lekarza na zgon, przeszedł zwycięsko ciężką operację. To żądza wsparła tych ludzi siłą swej dziwnej, ale zgodnej z naturą „chemii mentalnej".

Myśl ludzka nie zna granic poza tymi,
które sama wyznacza.

III Drugi krok do bogactwa: *WIARA W SIEBIE*

Wiara nakierowana na odniesienie sukcesu nada siłę każdej twej myśli. Natchniony przemożną siłą swej nowo uzyskanej samoświadomości możesz wznieść się na niebotyczne wyżyny.

Wiara jest najsilniejszą chemią umysłu ludzkiego. Kiedy zyskuje wsparcie w myśleniu, podświadomość wprowadzona zostaje w stan wibracji wytwarzających pewien potencjał duchowy, który nawiązuje łączność z Nieograniczonym Rozumem, tak jak to się dzieje za sprawą modlitwy.

Uczucia wiary, miłości i pożądania seksualnego są najsilniejszymi spośród głównych uczuć pozytywnych. Kiedy się z sobą mieszają, wytwarzają efekt „zabarwiania" myśli, poprzez który wchodzi ona w kontakt ze sferą podświadomości, gdzie przetwarza się w swój duchowy ekwiwalent, będący jedyną wartością wewnętrzną człowieka odpowiadającą na wezwania Nieograniczonego Rozumu.

Wiara oczekuje, abyś ją odnalazł

Wkrótce będziesz już lepiej rozumiał znaczenie autosugestii dla zdolności przetwarzania pożądania w jego fizyczny lub pieniężny odpowiednik; w istocie wiara jest takim stanem umysłu, który może być wywiedziony — lub wytworzony — przez potwierdzenie lub powtarzanie pewnych zaleceń w myśleniu podświadomym, na zasadzie autosugestii.

Weźmy na przykład przypuszczalny powód, dla którego czytasz tę książkę. Powodem tym jest oczywiście uzyskanie zdolności do przetworzenia nieuchwytnych myślowych impulsów pożądania bogactwa w ich fizyczny ekwiwalent, czyli w pieniądze. Wykonując zalecenia zawarte w rozdziale o autosugestii oraz przedstawione w rozdziale niniejszym sugestie dotyczące myślenia podświadomego, możesz upewnić to podświadome myślenie, iż *wierzysz*, że osiągniesz to czego pożądasz, a myślenie podświadome zacznie wówczas pracować na rzecz twojej wiary wypłacając ci się wypełniającą cię całkowicie „wiarą", za którą przyjdą konkretne plany osiągnięcia pożądanego celu.

Wiara jest takim stanem umysłu, który możesz przekształcić w wolę, wykorzystując trzynaście zasad, ponieważ kształtuje się dobrowolnie, poprzez zastosowanie i wykorzystywanie tych zasad.

Powtarzanie sobie lub potwierdzanie poleceń wydawanych myśleniu podświadomemu jest jedyną znaną metodą dobrowolnego rozwijania w sobie uczucia wiary.

Znaczenie tego stwierdzenia zarysuje się być może wyraźniej poprzez wyjaśnienie sposobu, w jaki niektórzy ludzie stają się przestępcami. Według pewnego kryminologa: „Kiedy ludzie wchodzą po raz pierwszy w kontakt z przestępstwem, doznają uczucia obrzydzenia. Kiedy pozostają w kontakcie z przestępstwem przez pewien czas, zaczynają się do niego przyzwyczajać, ulegając mu. Jeśli kontakt ten trwa dostatecznie długo, przyjmują je w końcu za swoje, poddają się jego wpływowi".

Oto przykład potwierdzający słuszność przekonania, że jakiś impuls myślowy uporczywie wbijany w podświadomość, zostaje w końcu uznany i przyjęty, włączony przez owo podświadome myślenie w jego funkcjonowanie, co powoduje przetworzenie owego impulsu w jego fizyczny ekwiwalent na najprostszej, najłatwiej dostępnej drodze. Rozważ w związku z powyższym ponownie tezę, iż *wszystkie myśli poddane zemocjonalizowaniu* (przetworzone w uczucia) *i przemieszane z wiarą, natychmiast dążą do przetworzenia się w swój fizyczny ekwiwalent lub w swe dopełnienie.*

Emocje lub też „uczuciowe" elementy myślenia są czynnikami nadającymi myślom życie, siłę i aktywność. Uczucia wiary, miłości i pożądania seksualnego, połączone z jakimkolwiek impulsem myślowym, pobudzają do aktywności znacznie większej od tej, do jakiej nakłonić mogą tylko myśli.

Wpływ na myślenie podświadome uzyskać mogą nie tylko te impulsy myślowe, które przemieszały się już z wiarą, ale także te, które weszły w związek z którymś z uczuć pozytywnych albo też negatywnych.

Nie ma czegoś takiego jak pech

Stwierdzenie powyższe wyjaśnia, że myślenie podświadome może przetwarzać w materialny ekwiwalent impuls myślowy zarówno natury pozytywnej jak i destrukcyjnej i że równie łatwo może działać pod wpływem impulsów myślowych pozytywnych jak i negatywnych. To właśnie rodzi owo dziwne zjawisko, doświadczane przez miliony ludzi i nazywane przez nich „nieszczęściem" albo „pechem".

Miliony ludzi uważają się za skazanych na ubóstwo i klęskę życiową z wyroku jakiejś tajemniczej siły, nad którą — jak sądzą — nie są w stanie roztoczyć kontroli. Ludzie ci są twórcami swych „nieszczęść" zawinionych przez ich niewiarę, zaszczepioną w ich podświadomym myśleniu i przetwarzającą się w swój fizyczny ekwiwalent.

W tym właśnie punkcie mych wywodów mogę ponownie stwierdzić, że możesz wyciągnąć korzyści z wpojenia w swe myślenie podświadome każdego pragnienia, które chciałbyś przetworzyć w jego materialny lub pieniężny odpowiednik dzięki wprawieniu się w stan oczekiwania lub wiary, że przetworzenie takie istotnie się dokona. Twoje oczekiwanie lub wiara są tym czynnikiem, który określa działanie twej podświadomości. I nie ma żadnego sposobu na powstrzymanie „oszukiwania" twego podświadomego myślenia instruowanego autosugestią, jak to już wykazałem na przykładzie własnego syna.

Aby to „oszukiwanie" uzmysłowić sobie wyraźnie, wprowadź się — zwracając do własnego myślenia podświadomego — w taki stan, jakbyś był w posiadaniu jakiegoś przedmiotu materialnego, który chciałbyś mieć na własność.

Myślenie podświadome przetworzy w fizyczny ekwiwalent poprzez najbardziej bezpośrednie i najłatwiej dostępne środki, każde polecenie wydane mu w stanie nadziei lub wiary.

Myślę, że już dostatecznie mocno uzasadniłem założenie, że człowiek może poprzez doświadczenie i praktykę osiągnąć zdolność nasycania wiarą każdego polecenia wydawanego swemu myśleniu podświadomemu. Biegłość w tym zakresie osiąga się właśnie przez praktykę. *Nie może* być ona wynikiem biernego *odczytywania* instrukcji.

Sprawą dla ciebie najważniejszą będzie ustanowienie *uczuć pozytywnych,* jako dominującej siły twego umysłu, i osłabienie — a potem *eliminacja* uczuć negatywnych.

Umysł owładnięty uczuciami pozytywnymi jest sposobnym laboratorium dla wytwarzania tego stanu myśli, który nazywamy wiarą. Umysł taki jest w stanie wydawać myśleniu podświadomemu polecenia, które będzie natychmiast przyjmowało i wykonywało.

Wiara nadaje myślom siły

Przez wszystkie minione stulecia przedstawiciele różnych religii zachęcali ludzi, by ci „żywili wiarę" w taki lub inny dogmat czy też symbol, ale nie potrafili wytłumaczyć ludziom, *w jaki sposób* mają wytworzyć w sobie tę wiarę. Nie wyjaśniali, że „wiara jest stanem umysłu, który może być wytworzony przez autosugestię".

Opiszemy tu językiem powszechnie zrozumiałym te wszystkie znane już zasady, poprzez które można rozwinąć wiarę w umysłach, w których dotąd nie gościła.

Wierz w siebie; wierz w Nieskończoność.

Wiara jest „wieczystym eliksirem", który daje życie, siłę i przetwarza impuls myślowy w czyn!

Wiara jest punktem wyjścia do wszelkiego gromadzenia bogactw!

Wiara jest podstawą wszelkich „cudów" i tajemnic, których nie da się wytłumaczyć metodami naukowymi!

Wiara jest jedynym znanym środkiem zdolnym zapobiec klęsce!

Wiara jest tym elementem, tą „chemią", która — kiedy się ją połączy z modlitwą — pozwala nawiązać bezpośredni kontakt z Nieograniczonym Rozumem.

Wiara jest tym czynnikiem, który przekształca naturalne wibrowanie myśli, wytwarzane przez zdeterminowany przez naturę umysł ludzki, w zjawisko duchowe.

Wiara jest jedynym pośrednikiem, za pomocą którego kosmiczna siła Nieograniczonego Rozumu może być uchwycona i wykorzystana przez człowieka.

Myśli, które maja zapanować nad twoim umysłem

Można tego dowieść w prosty sposób. Dowód ów zawiera się w zasadzie autosugestii. Zwróćmy teraz uwagę na tę kwestię i spróbujmy ukazać, co się daje osiągnąć poprzez autosugestię.

Dobrze znany jest fakt, że człowiek w końcu uwierzy w coś, co sobie wytrwale powtarza, niezależnie od tego *czy to coś jest prawdą, czy fałszem*. Jeśli człowiek będzie w siebie uporczywie wmawiał jakieś kłamstwo, w końcu przyjmie je za prawdę. Człowiek staje się tym, kim jest za sprawą myśli, którym pozwala zapanować nad swym umysłem. Te myśli, które człowiek wbija sobie do głowy i umacnia w sobie, i z którymi łączy coraz więcej uczuć, stają się jego przewodnimi motywami wewnętrznymi wyznaczającymi kierunek jego wszelkim poczynaniom i nieustannie nadzorującymi te działania!

Myśli połączone z wszelkimi uczuciami i emocjami tworzą siłę „magnetyczną", która przyciąga myśli im pokrewne lub z nimi powiązane.

Takie myśli „namagnetyzowane" uczuciem porównać można do nasiona posadzonego w żyznej glebie, które kiełkuje, wzrasta i pomnaża się ciągle rodząc niezliczone miliony dalszych nasion, pochodzących od pojedynczego ziarenka!

Umysł ludzki stale wytwarza wibracje zharmonizowane z tym czynnikiem, który nad nim panuje. Wszelka myśl, pomysł, plan lub też cel, który człowiek hołubi w myślach, przyciąga krąg myśli pokrewnych i pomnaża swą siłę o siłę owych „krewniaków", rozwija się aż do momentu, w którym staje się czynnikiem panującym nad umysłem człowieka, który tę myśl w sobie wyhodował.

Wróćmy teraz do punktu wyjścia i zbadajmy, w jaki sposób owo ziarno myśli, pomysłu, planu lub celu może być osadzone w umyśle ludzkim *poprzez powtarzanie sobie tej myśli*. Z tego właśnie względu chciałem, abyś przelał na papier swój główny cel życiowy lub też najgłębsze życiowe pragnienie, wbił je sobie w pamięć i powtarzał na głos codziennie, aż wibracje dźwiękowe dotrą do twego myślenia podświadomego.

Usuń wszelkie niekorzystne wpływy środowiska i zaprowadź w swym życiu porządek. Dokonując przeglądu swych zalet i cnót mentalnych stwierdzisz z pewnością, że największą twą słabością jest brak wiary w siebie. Upośledzenie to może być łatwo usunięte, a bojaźliwość przemieniona w odwagę dzięki zastosowaniu metody autosugestii. Polega ona na wzbudzeniu pozytywnych impulsów myślowych zawartych w oświadczeniu spisanym, zapamiętanym i powtarzanym tak wytrwale, aż stanie się częścią stałego wyposażenia twej podświadomości.

Pięć dróg wiodących do wiary w siebie

1. Wiem, że jestem zdolny osiągnąć mój główny cel życiowy; dlatego też *żądam* od siebie wytrwałej, nieprzerwanej

pracy dla jego osiągnięcia i przyrzekam prowadzić taką pracę.

2. Zdaję sobie sprawę z tego, że myśli władające moim umysłem przetworzą się w końcu w zewnętrzne, fizycznej natury czyny i stopniowo zamienią w fizyczną rzeczywistość i dlatego też będę codziennie przez trzydzieści minut skupiał myśli na zadaniach stojących przed człowiekiem, którym chcę się stać, tak aby wytworzyć w sobie jego wyraźny obraz psychiczny.
3. Wiem, że dzięki autosugestii każde życzenie, jakie będę piastował w myślach, znajdzie w końcu wyraz w praktycznych krokach zmierzających do zdobycia przedmiotu owego życzenia; dlatego dziesięć minut każdego dnia przeznaczę na rozwijanie w sobie dojrzewającej *wiary w siebie.*
4. Przedstawiłem jasno na piśmie mój *główny cel w życiu*, nigdy nie zaprzestanę starań o wyrobienie *wiary w siebie* koniecznej dla jego osiągnięcia.
5. Zdaję sobie w pełni sprawę z tego, że żaden sukces ani pozycja życiowa nie jest trwała, jeśli się jej nie oprze na prawdzie i sprawiedliwości; dlatego też nie będę się wdawał w żadne transakcje, które nie przynoszą korzyści wszystkim osobom biorącym w nich udział. Sukces życiowy odniosę przez dochowanie wierności siłom, które sam chciałbym wykorzystywać i dzięki współpracy z innymi ludźmi. Będę korzystał z usług innych pragnąc jednocześnie świadczyć innym usługi. Odżegnam się od nienawiści, zazdrości, zawiści, sobkostwa i cynizmu rozwijając w sobie miłość do ludzi, ponieważ wiem, że negatywne odnoszenie się do innych nie przyniesie mi życiowego sukcesu. Pozyskam zaufanie innych, ponieważ będę ufał i innym, i sobie samemu. Podpiszę się pod tą zasadą, wbiję ją sobie w pamięć i codziennie będę ją powtarzał na głos z pełnym przekonaniem, tak iż przeniknie ona wszystkie moje myśli i czyny, i stanę się człowiekiem niezawodnym dla siebie i innych.

Za tą zasadą kryje się prawo natury, którego jeszcze żaden człowick nic zdołał wytłumaczyć. Nic jest ważne, jak kto tę zasadę nazywa. Rzeczą ważną jest, że ta zasada DZIAŁA na chwałę i pożytek człowieczeństwa. Z drugiej zaś strony, jeśli jej użyć w celach destrukcyjnych, może nas całkowicie unicestwić. Można z niej wywieść głęboko prawdziwy wniosek, iż ci, którzy ponoszą życiową klęskę i toną w biedzie i rozpaczy, zawdzięczają to negatywnemu zastosowaniu zasady autosugestii. Tłumaczy się to faktem, iż wszystkie impulsy myślowe wykazują skłonność do wcielania się w swój fizyczny ekwiwalent.

Złymi myślami możesz ściągnąć na siebie klęskę

Myślenie podświadome nie odróżnia pozytywnych impulsów myślowych od negatywnych. Pracuje na takim materiale, w jaki jest zaopatrywane za pośrednictwem naszych myśli. Myślenie podświadome równie skutecznie przetworzy w rzeczywistość myśli wzbudzone przez strach, jak i myśli pobudzone przez odwagę i wiarę.

Tak jak energia napędza koła zębate przemysłu i daje się zużytkować pożytecznie, kiedy stosuje się ją konstruktywnie, a może pozbawić człowieka życia, jeśli się jej źle użyje, tak też i prawo autosugestii przywiedzie cię do pomyślności i powodzenia lub też strąci w padół nędzy, klęsk życiowych i śmierci, w zależności od stopnia, w jakim je zrozumiesz i potrafisz wykorzystać.

Jeśli myśl twa owładnięta zostanie przez lęk, wątpliwości i niewiarę w to, że jesteś w stanie nawiązać kontakt i wykorzystać siły Nieograniczonego Rozumu, prawo autosugestii przejmie owego ducha niewiary i potraktuje jako sygnał, zgodnie z którym myślenie podświadome przetworzy go w jego fizyczny ekwiwalent.

Prawo autosugestii, podobnie jak wiatr, który jedną żaglówkę kieruje na wschód, a drugą na zachód, wzniesie cię na szczyty lub strąci w przepaść, odpowiednio do tego, jak nastawisz żagle swych *myśli*.

Prawo autosugestii, poprzez które każdy może osiągnąć szczyty sukcesu przechodzące wszelkie wyobrażenie, wyraża się najlepiej w następujących strofach:

> Jeśli *myślisz*, żeś pokonany, będziesz pokonany.
> Jeśli *myślisz*, że się nie poważysz na coś, tak też będzie.
> Jeśli chciałbyś zwyciężyć, ale *myślisz*, że ci się nie uda,
> Prawie na pewno przegrasz.

Jeśli *myślisz*, że przegrasz, jużeś przegrał,
Bo na świecie, w którym żyjemy,
Sukces bierze się z woli człowieka —
Cały tkwi w jego *nastawieniu umysłowym.*

Jeśli *myślisz,* że się zdeklasujesz, jużeś zdeklasowany,
Masz *myśleć* śmiało, by się podnieść,
Masz być *pewny siebie,* zanim
Kiedykolwiek zdobędziesz nagrodę.

Zwycięstwa w życiu nie zawsze należą
Do ludzi silniejszych i szybszych,
Prędzej czy później zwycięża ten,
Kto MYŚLI, ŻE CHCE ZWYCIĘŻYĆ.

Zwroć uwagę na słowa wydrukowane dużymi literami, a uchwycisz głębokie znaczenie spraw, które poeta miał na myśli.

Wspaniałe doświadczenie miłości

Gdzieś w twym wewnętrznym świecie tkwi *uśpione* nasionko pragnienia dokonań, które — jeśli je rozbudzisz — może cię wznieść na szczyty powodzenia, o których zdobyciu nawet nie marzyłeś.

Tak jak wirtuoz może wydobyć ze strun skrzypiec najpiękniejsze tony muzyczne, tak i ty możesz rozwinąć genialność uśpioną w twym umyśle i sprawić, by pokierowała twym dążeniem do każdego celu, jaki sobie postawisz.

Abraham Lincoln ponosił porażki we wszystkim, czego próbował aż do czterdziestego roku życia. Był panem Nikim z Nikąd, aż do chwili, kiedy przeżył wspaniałe doświadczenie, które obudziło ducha geniusza uśpionego w jego sercu i umyśle, co dało światu jedną z rzeczywiście największych postaci w dziejach ludzkości. „Doświadczenie" to związane było z uczuciami cierpienia i miłości. Zaznał ich za sprawą Ann Rutledge, jedynej kobiety w jego życiu, którą naprawdę kochał.

Jest sprawą dobrze znaną, że uczucie miłosne jest blisko spokrewnione z tym nastawieniem umysłowym, które nazywamy wiarą, a pokrewieństwo to opiera się na tym, że miłość zbliża się bardzo do mechanizmu przetwarzania impulsów myślowych człowieka w ich duchowy ekwiwalent. Autor tej książki w trakcie swych prac badawczych, analizując dorobek i osiągnięcia setek wybitnych mężczyzn odkrył, że niemal u każdego z nich miłość do kobiety stanowiła wewnętrzną motywację działań.

Jeśli poszukujesz dowodów na potęgę wiary, przypatrz się osiągnięciom życiowym ludzi, którzy się na niej oparli. Na czele ich listy stoi Nazareńczyk. Podstawą chrześcijaństwa jest wiara, niezależnie od tego, jak wielu ludzi wypacza lub mylnie rozumie znaczenie tej wielkiej siły.

Istotą i podsumowaniem nauk i dokonań Chrystusa, które można uznawać za „cuda", nie było nic innego jak wiara. Jeśli istnieje coś takiego jak „cuda", jest to zjawisko, które się dokonuje jedynie za sprawą tego nastawienia umysłowego, które nazywamy wiarą!

Wykażmy potęgę wiary na przykładzie człowieka, który znany jest całej ludzkości, Mahatmy Gandhiego z Indii. W jego osobie świat uzyskał jeden z najbardziej niezwykłych w dziejach cywilizacji dowodów możliwości tworzonych przez wiarę. Gandhi rozporządzał większą potencjalnie siłą niż ktokolwiek z żyjących w jego czasach, choć nie dysponował żadnym z ortodoksyjnych narzędzi władzy, takich jak pieniądze, okręty wojenne, żołnierze czy uzbrojenie. Gandhi nie miał ani pieniędzy, ani domu, nie miał nawet własnego garnituru, ale rozporządzał siłą. Jak do tej siły doszedł?

Wywiódł ją ze zrozumienia zasady wiary i oparł na swej zdolności do zaszczepienia wiary w umysłach dwustu milionów ludzi.

Gandhi osiągnął zadziwiającą umiejętność wywarcia wpływu na dwieście milionów umysłów, by skupiły się i zjednoczyły w jedną, prostą myśl.

Jakaż inna siła, oprócz wiary, byłaby w stanie tyle zdziałać?

Dawaj zanim zaczniesz brać

Ponieważ działalność handlowa i przemysłowa również wymaga opartej na dobrej wierze współpracy i współdziałania, będzie rzeczą ciekawą i pożyteczną zanalizowanie pewnego zdarzenia, które pozwala dokładnie zrozumieć metodę, dzięki której przemysłowcy i handlowcy zbijają wielkie fortuny poprzez *dawanie* innym, zanim zaczną od nich *brać*.

Zdarzenie, które wybrałem dla zilustrowania tej zasady, cofa nas do roku 1900, kiedy powstał koncern United States Steel Corporation. Utrwalcie sobie w pamięci podstawowe fakty z historii tego koncernu, a zrozumiecie, w jaki sposób *idee* przekształciły się w wielkie fortuny.

Jeśli należysz do tych, których często zadziwia powstanie wielkich fortun, historia utworzenia US Steel Corporation rozjaśni ci tę zagadkę. Jeśli wątpisz w to, że człowiek może myśleć o bogactwie i zdobyć je, historia tego koncernu rozproszy twe wątpliwości, ponieważ będziesz mógł w niej odnaleźć zastosowanie dużej porcji zasad przedstawionych w tej książce.

Tę zadziwiającą historię o potędze pewnej idei przedstawił na łamach „*New York World Telegram*" John Lowell; za jego uprzejmą zgodą przytaczam poniżej jego artykuł:

MIŁA POOBIEDNIA MÓWKA ZA MILIARD DOLARÓW

Kiedy wieczorem 12 grudnia roku 1900 około osiemdziesięciu czołowych prominentów finansowych Ameryki zebrało się w sali bankietowej University Club przy Piątej Alei, aby uhonorować pewnego młodego człowieka, który właśnie przybył z Zachodu, nawet połowa z nich nie uświadamiała sobie, że uczestniczy w jednym z najbardziej znaczących wydarzeń w historii przemysłu amerykańskiego.

Ponieważ Charles M. Schwab, trzydziestoośmioletni przemysłowiec z Pittsburga, okazał był szczodrą gościnność J. Edwardowi Simmonsowi i Charlesowi Stewartowi Smithowi w czasie ich niedawnej wizyty w tym mieście, postanowili odwzajemnić mu się wydając obiad, w trakcie którego przedstawią go przedstawicielom sfer bankowych ze Wschodniego Wybrzeża. Nie spodziewali się, by gość miał wykroczyć poza konwencje określające zachowanie przy takiej okazji. Uprzedzili go oczywiście, że zakuci w sztywne kołnierzyki wykrochmalonych koszul nowojorczycy nie są usposobieni do wysłuchiwania oracji i że jeśli nie chce zanudzić Stillmanów, Harrimanów i Vanderbiltów, niech się ograniczy do piętnasto- czy też dwudziestominutowego przemówienia grzecznościowego.

Nawet John Pierpont Morgan, zasiadający po prawicy Schwaba jak przy jego cesarskiej wysokości, zamierzał zaszczycić ten bankiet tylko krótkotrwałą obecnością. I tak jak przewidywała prasa i opinia publiczna, całej sprawie przypisywano tak niewielkie znaczenie, że następnego dnia nie ukazała się o niej żadna wzmianka w gazetach.

Tak więc obaj gospodarze i ich gość spożywali obiad, złożony ze zwyczajowych siedmiu czy ośmiu dań. Nie rozmawiano wiele, tematy poruszane ledwo potrącano. Niewielu tylko bankierów i maklerów znało Schwaba, którego kariera rozwijała się wraz z bankiem Monongahela, i nikt nie znał go bliżej. Ale zanim wieczór dobiegł końca, wszyscy — wraz z Arcymistrzem Pieniądza Morganem — zostali rzuceni na kolana, bo narodziło się nowe dziecię warte miliard dolarów, a noszące imię United States Steel Company.

Tak się nieszczęśliwie — dla historii — złożyło, że nikt nie sporządził stenogramu z przemówienia Charlesa Schwaba wygłoszonego w trakcie tego przyjęcia.

Możliwe, że było to przemówienie „prywatne", nieco niegramatyczne (subtelnościami języka Schwab nie zwykł się przejmować), pełne epigramów i dowcipów. Ale zawierało też elektryzującą siłę, która wywarła wpływ na pięć miliardów dolarów stanowiących zsumowany kapitał pozostający w dyspozycji uczestników przyjęcia. Kiedy się zakończyło, wszyscy zebrani pozostali pod jego wpływem, a chociaż przemówienie Schwaba trwało dziewięćdziesiąt minut, Morgan podprowadził mówcę do okna z szerokim parapetem, na którym zasiedli zwieszając nogi i rozmawiali przez dalszą godzinę.

Magia osobowości Schwaba objawiła się wtedy z całą mocą, ale co ważniejsze, i co miało żywot trwalszy, przedstawił on w pełni rozwinięty i skonkretyzowany program rozwoju stalownictwa. Wielu ludzi przedtem próbowało zainteresować Morgana wspólnym zorganizowaniem trustu stalowego pod szyldem przedsiębiorstwa produkującego biszkopty, drut i obręcze, cukier, gumę, whisky, oleje lub gumę do żucia. Nalegał na powołanie takiego trustu hazardzista John W. Gates, ale Morgan mu nie ufał. Próbowali go też zorganizować, bez skutku, bracia Moore, Bill i Jim, prowadzący hurtowy handel bydłem w Chicago. Próbował też swych sił Elbert H. Gary, prowincjonalny świętoszkowaty adwokat, ale okazały się one zbyt wątłe. Pod wpływem elokwencji Schwaba Morgan zdołał ogarnąć spojrzeniem wyniki tego najśmielszego przedsięwzięcia finansowego, jakie kiedykolwiek podjęto, które uważano za deliryczne rojenie finansowych krętaczy.

Magnetyzm finansowy, który już uprzednio, o pokolenie wcześniej, zachęcił tysiące małych, niekiedy nieudolnie zarządzanych, przedsiębiorstw do łączenia się w wielkie, wytrzymujące konkurencję koncerny, przyniósł już był pewne owoce dzięki zabiegom jowialnego pirata przemysłowego, Johna W. Gatesa. Gates utworzył już z sieci pomniejszych przedsiębiorstw koncern American Steel and Wire Company i wraz z Morganem powołał do życia Federal Steel Company.

Ale wobec gigantycznego trustu Andrew Carnegiego, pozostającego w posiadaniu pięćdziesięciu trzech wspólników i zarządzanego przez nich, te pomniejsze trusty były karzełkami. Mogły się utrzymać na powierzchni, ale przytłaczająca większość z nich nie mogła w najmniejszym stopniu osłabić organizacji Carnegiego i Morgan o tym wiedział.

Stary szkocki ekscentryk również był tego świadom. Z wyżyn swego zamku Skibo przypatrywał się z rozbawieniem, a potem z urazą, podejmowanym przez pomniejsze koncerny Morgana próbom wdarcia się na obszar jego działania. Kiedy te próby nabierały zbytniej śmiałości, opanowanie Carnegiego ustępowało miejsca gniewowi i potrzebie ich powstrzymania. Postanowił na każdą hutę swych rywali odpowiadać uruchomieniem kolejnej własnej huty. Uprzednio nie interesował się produkcją drutu, rur, obręczy ani blachy. Zadowalał się sprzedawaniem wyspecjalizowanym zakładom surówki i pozostawiał im decyzję, co z niej wyprodukować. Teraz, wraz ze Schwabem jako swym głównym i pełnomocnym pomocnikiem, postanowił przycisnąć swych konkurentów do muru.

Właśnie w przemówieniu Schwaba dostrzegł Morgan odpowiedź na poszukiwane przez siebie nowe układy przemysłowe. Trust bez udziału Carnegiego — prawdziwego giganta pomiędzy nimi — nie byłby trustem, byłby — jak to określił pewien dziennikarz — budyniem śliwkowym bez śliwek.

Wygłoszone wieczorem 12 grudnia roku 1900 przemówienie Schwaba nasunęło mu przypuszczenie, jeśli nawet jeszcze nie dostarczyło gwarancji, że rozległe przedsiębiorstwo Carnegiego może zostać przesłonięte przez jego przedsięwzięcie. Schwab prawił o przyszłości stali na świecie, o reorganizacji stalownictwa dla zwiększenia wydajności, o specjalizacji, o od cięciu niedochodowych hut i skupieniu wysiłku na rozkwitających zakładach, o oszczędności przy transporcie rudy, a także w zarządzaniu i administrowaniu zakładami, o pozyskiwaniu rynków zagranicznych.

Co więcej, mówił też o piratach pośród stalowników i o tym, gdzie leżą błędy w ich postępowaniu. Celem owych piratów było według mówcy tworzenie monopoli, podwyższanie cen i zapewnianie sobie w wyniku tego uprzywilejowania bogatych dywident. Schwab potępił ten system z najwyższą żarliwością. Wyjaśniał słuchaczom, że krótkowzroczność takiej polityki polega na tym, iż ogranicza ona rynek, i to w czasie, kiedy cała gospodarka rwie się do ekspansji. Dowodził, że obniżenie ceny stali stworzy rynek rozleglejszy niż kiedykolwiek przedtem; rozwiną się nowe zastosowania dla stali, można będzie przejąć sporą część handlu światowego. Nie zdając sobie nawet z tego sprawy, Schwab objawił się jako apostoł produkcji masowej.

W taki oto sposób obiad w klubie uniwersyteckim dobiegł końca. Morgan wrócił do domu, rozmyślając nad różowymi perspektywami rozsnuwanymi przez Schwaba. Schwab wrócił do Pittsburga, by nadal prowadzić przedsiębiorstwo hutnicze „Wee Andra Carnegie", natomiast Gary i pozostali biesiadnicy zajęli się na powrót handlem bydłem, w oczekiwaniu na następne posunięcie na wielkiej szachownicy biznesu.

Nastąpiło ono wkrótce. Morganowi wystarczył tydzień, by przetrawić biesiadę duchową, którą mu zgotował Schwab. Kiedy się upewnił, że nie zapadnie w jej wyniku na żadną finansową niestrawność, posłał po Schwaba — i znalazł młodego człowieka raczej nieskorym do przyjęcia zaproszenia. Schwab obawiał się, że pan Carnegie nie będzie zachwycony, gdy dowie się, że prezes koncernu, jego zaufany, flirtuje z cesarzem Wall Street, z którą Carnegie zdecydowany był nigdy nie wchodzić w żadne układy. John W. Gates — odgrywający rolę łącznika między oboma panami — zaproponował więc, żeby w wyniku „zbiegu okoliczności" obaj zamieszkali „przypadkiem" w tym samym hotelu Bellerna w Filadelfii tego samego dnia. Kiedy jednak Schwab się tam zjawił, okazało się, że Morgana złożyła nieoczekiwana choroba i na prośbę starszego pana Schwab udał się do Nowego Jorku i zapukał do drzwi biblioteki wielkiego finansisty.

Niektórzy historycy utrzymują obecnie, że cała ta historia, od początku do końca, wyreżyserowana została przez Andrew

Carnegiego — i obiad na cześć Schwaba, i jego słynna mowa, i nocna rozmowa z Królem Finansów, wszystko to miało być uknute przez przebiegłego Szkota. Ale w rzeczywistości było zupełnie odwrotnie. Kiedy zaproszono Schwaba, by zrealizować porozumienie, nie wiedział on nawet, czy „szefunio" — jak nazywano Andrew — zechciałby w ogóle wysłuchać oferty sprzedania czegokolwiek, zwłaszcza grupie ludzi, których uważał za jak najdalszych od świątobliwego sposobu życia. Schwab wziął jednak z sobą osobiście zebrane i własnoręcznie wypisane dane liczbowe ukazujące stan obecny i potencjalne możliwości osiągnięcia zysku z każdego koncernu stalowego, jaki jego zdaniem mógłby się stać gwiazdą na firmamencie nowego stalownictwa.

Nad tymi danymi czterej mężczyźni spędzili całą noc. Przewodził im oczywiście Morgan, głęboko przeświadczony o cudownej mocy pieniądza. Sekundował mu arystokratyczny wspólnik, Robert Bacon, uczony i gentleman. Trzecim uczestnikiem spotkania był John W. Gates, którym Morgan pogardzał jako hazardzistą, ale posługiwał się jako narzędziem. Czwartym wreszcie był Schwab, który wiedział o procesie produkcji i sprzedaży stali więcej niż jakakolwiek ekipa fachowców, jaką dałoby się zebrać spomiędzy żyjących. W trakcie obrad nie zakwestionowano żadnej z informacji ani kalkulacji przedstawionych przez pittsburczyka. Kiedy stwierdzał, że jakiś koncern wart jest tyle a tyle, nie wart był ani mniej, ani więcej. Trwał też przy wymaganiu, by włączyć w nowe przedsięwzięcie wyłącznie te koncerny, które sam wskazywał. Nalegał na stworzenie korporacji przemysłowej, która nie będzie miała dublerów, nawet takich, którymi próbuje się otrzeć łzy przyjaciół, pragnących się schronić pod skrzydła Morgana.

O świcie Morgan podniósł się od stołu i rozprostował ramiona. Pozostała jeszcze jedna kwestia do wyjaśnienia. Spytał Schwaba:

— Myślisz, że uda ci się przekonać Carnegiego, żeby sprzedał to, co chcemy kupić?

— Mogę spróbować — odpowiedział Schwab.

— Jeśli ci się to powiedzie, podejmę to przedsięwzięcie.

To bardzo dobrze. Ale czy Carnegie odprzeda swe przedsiębiorstwa? Ile za nie zażąda? (Schwab przewidywał sumę

320 000 000 dolarów). W jakiej formie zechce uzyskać zapłatę? W akcjach zwykłych czy gwarantowanych? W udziałach określonych umową? W gotówce? Nikt nie podejmuje jednej trzeciej miliarda dolarów w gotówce!

Na podgrzewanym polu golfowym w St. Andrew pod Westchester rozegrano partyjkę golfa, Andrew ubrany był w grube swetry mające go chronić przed zimnem, Charlie rozwodził się swobodnie, jak zawsze, na różne tematy. Ale nawet jedno słowo nie padło między nimi w sprawach biznesu aż do chwili, kiedy znaleźli się obaj w przytulnym cieple leżącego nie opodal dworku należącego do Carnegiego. A tam Schwab roztoczył przed starszym panem wspaniałe perspektywy emerytalnego odpoczynku, przynoszącego spełnienie wszystkich jego kaprysów towarzyskich, z tą samą siłą perswazji, którą zahipnotyzował osiemdziesięciu milionerów w klubie uniwersyteckim. Carnegie uległ jego argumentacji, wypisał żądaną sumę na kartce papieru i wręczył ją Schwabowi ze słowami:

— Zgoda, sprzedam to za takie oto pieniądze.

Suma wynosiła około 400 000 000 dolarów, brała za podstawę 320 000 000 wyliczonych przez Schwaba i doliczała do tego 80 000 000 stanowiących odpowiednik wzrostu wartości kapitału w ciągu dwóch najbliższych lat.

Później, już na pokładzie transatlantyku, Szkot wyznał:

— Powinienem był zażądać jeszcze o 100 000 000 więcej.

— Dostałbyś je, gdybyś zażądał — odpowiedział Morgan z uśmiechem.

Powstało oczywiście ogólne wzburzenie. Korespondent prasy brytyjskiej przetelegrafował do swego kraju wiadomość, że zagraniczny przemysł stalowy został „porażony" tą gigantyczną operacją. Rektor uniwersytetu Yale Hadley uznał, że jeśli rozrastanie się trustów nie zostanie powstrzymane przez prawo, „za dwadzieścia pięć lat w Waszyngtonie zasiadać będzie cesarz". Ale przedsiębiorczy makler giełdowy, Keene, zabrał się do sprzedawania nowych akcji z takim zapałem, że sprzedano ich ogółem na sumę 600 000 000 dolarów. W taki oto sposób Carnegie dostał swoje miliony, syndykat Morgana zarobił za swe „trudy" 62 000 000, a wszyscy „chłopcy" zaangażowani w sprawę, jak Gates czy Gary, uzyskali swoje miliony.

Trzydziestoośmioletni Schwab zdobył należną mu nagrodę. Został prezesem nowej korporacji i sprawował nad nią kontrolę do roku 1930.

Bogactwo rodzi się najpierw w twym wnętrzu

Ta pełna napięcia historia wielkiego przedsięwzięcia, z którą się właśnie zapoznaliście, stanowi dobry przykład zastosowania metody, wedle której żądza może zostać przetworzona w swój fizyczny ekwiwalent!

W umyśle pojedynczego człowieka uformowała się wizja gigantycznej organizacji przemysłowej. W umyśle tego samego człowieka wykluł się też plan, w wyniku którego organizacja ta wyposażona została w huty, które zapewniały jej stabilizację finansową. Jego wiara, żądza, wyobraźnia i wytrwałość stały się tymi realnymi czynnikami, które złożyły się na powstanie United States Steel. Stalownie i wyposażenie przemysłowe, które stały się własnością korporacji po jej legalizacji były właściwie rzeczą wtórną, ale wnikliwa analiza jej kondycji finansowej wykazywała, że wartość majątku uzyskanego przez korporację wzrosła o sześćset milionów dolarów na skutek owej prostej transakcji, która skupiła wszystkie przedsiębiorstwa pod jednym zarządem.

Innymi słowy, wiara Charlesa M. Schwaba, wsparta wiarą, którą zasiał w umysłach J.P. Morgana i innych, przyniosła 600 000 000 dolarów zysku. To nieźle, jak na jeden pomysł!

United States Steel Corporation rozwijała się szybko i stała jedną z najbogatszych i najpotężniejszych korporacji w Ameryce, zatrudniała tysiące ludzi, wyszukiwała nowe zastosowania dla stali, znajdowała dla niej nowe rynki zbytu, dzięki czemu pomysł Schwaba przyniósł 600 000 000 dolarów zysku.

Bogactwo pojawia się najpierw w formie pomysłu!

Jego wielkość ograniczona jest jedynie skalą umysłową człowieka, który podjął realizację tego pomysłu. Wiara czyni cuda! Kiedy się sposobisz do podjęcia zmagań z życiem o jakikolwiek cel, pamiętaj, że cenę za ten wysiłek uzyskasz taką, jaką ci ta wiara wyznaczy!

WNIOSKI POD ROZWAGĘ:

Wiara jest niezbędna do osiągnięcia sukcesu. Wiara rodzi się i rozwija według instrukcji, które wydajesz swemu myśleniu podświadomemu.

Oto pięć stopni wiodących do uzyskania wiary w siebie, wszystkie zakrojone są na miarę twoich obecnych możliwości. Rozumiesz teraz, że myślami możesz się zarówno doprowadzić do klęski, jak i przywieść do życiowego sukcesu i szczęścia — w obu wypadkach przy zastosowaniu tego samego mechanizmu.

Ludzie tacy jak Lincoln czy Gandhi ukazują nam, w jaki sposób myśli wytworzyć mogą ów „magnetyzm", który przyciąga myśli pokrewne i z milionów umysłów tworzy jeden wielki mózg.

Jest rzeczą ważną, byś dawał innym zanim zaczniesz od nich brać. Bogaci powinni sobie tę zasadę przyswoić, aby biznes piracki przekształcił się w biznes pracujący z publicznością i dla publiczności, i pozostał przy tym dochodowy.

Zarówno ubóstwo jak i bogactwo
są pochodnymi wiary.

IV Trzeci krok do bogactwa: *AUTOSUGESTIA*

Aby osiągnąć zadziwiające wyniki, wprzęgnij najgłębszą istotę swego umysłu do pracy dla twego dobra. Wesprzyj ją potęgą uczuć — a połączenie to okaże się rewelacyjne.

Autosugestia jest terminem, który odnosi się do wszelkich rodzajów sugestii i wywoływanych przez człowieka czynników stymulujących, trafiających do umysłu za pośrednictwem pięciu zmysłów. Innymi słowy, autosugestia jest samosugestią. Jest sposobem komunikowania się tej części umysłu, w której rodzą się myśli świadome z tą, która jest obszarem działania myślenia podświadomego.

Autosugestia wnika w myślenie podświadome za pośrednictwem myśli dominujących, którym człowiek *pozwala* pozostać w świadomej części umysłu (nie jest rzeczą istotną, czy są to myśli pozytywne czy negatywne), i nasyca ją tymi myślami.

Natura ukształtowała człowieka w taki sposób, że ma on absolutną kontrolę nad materiałem, który wnika w jego myślenie podświadome za pośrednictwem pięciu zmysłów, choć nie ma to oznaczać, że człowiek zawsze tę kontrolę sprawuje. W większości wypadków nie korzysta on z tych możliwości, co wyjaśnia, dlaczego tak wielu ludzi żyje w nędzy.

Przypomnijcie sobie państwo to, co powiedziano uprzednio o podświadomym myśleniu przypominającym żyzną glebę, w której nasiona wzrastają bujnie, jeśli nie odbiera im miejsca nasionko bardziej upragnionego zboża. Autosugestia jest sposobem kontroli, poprzez który człowiek może swobodnie nasycać swe myślenie podświadome myślami o charakterze pozytywnym, bądź też wskutek zaniedbania dopuścić do tego, by myśli destrukcyjne znalazły dostęp do żyznej gleby umysłu.

Materialna potęga uczuć

W ostatnim z sześciu kroków przedstawionych w rozdziale II omawiającym żądzę proponowałem państwu, byście dwa razy dziennie odczytywali sobie na głos spisane oświadczenie o waszej żądzy pieniędzy, by w ten sposób poczuć się w ich posiadaniu i stwierdzić w końcu, że się je zdobyło. Wypełniając to zalecenie wprowadzacie przedmiot waszego pożądania bezpośrednio w wasze myślenie podświadome, w duchu absolutnej wiary. Poprzez tę procedurę celowo tworzycie nawyki myślowe, sprzyjające wysiłkom ku przetworzeniu żądzy w jej pieniężny ekwiwalent.

Wróćmy więc do owych sześciu kroków opisanych w rozdziale II o żądzy i zanim pójdziemy w naszych rozważaniach dalej, odczytajmy je starannie na nowo. Następnie (kiedy dojdziecie do tego punktu) przeczytajcie bardzo uważnie cztery zalecenia dotyczące zorganizowania waszej grupy w „trust mózgów", przedstawione w rozdziale dotyczącym zorganizowanego planowania. Porównując te dwa zestawy zaleceń z tym, co tu powiedziano o autosugestii, zauważycie oczywiście, że zalecenia owe zawierają w sobie zastosowanie zasady autosugestii.

Odczytując na głos oświadczenie o waszej żądzy bogactw (przez co wytwarzacie w sobie „świadomość pieniężną") pamiętajcie jednak, że mechaniczne odczytywanie tych słów nie ma sensu — musicie wasze słowa nasycać emocją, uczuciem. Wasza podświadomość uznaje tylko myśli nasycone uczuciem i tylko przez nie jest uruchamiana.

Uporczywie powtarzam tę prawdę w każdym właściwie rozdziale tej książki, ponieważ brak jej zrozumienia jest głównym powodem, dla którego większość ludzi nie osiąga pożądanych rezultatów w swych próbach przyswojenia sobie zasady autosugestii.

Puste, wyprane z emocji, słowa nie znajdują drogi do podświadomego myślenia. Nie osiągniecie godnych uznania wyników, dopóki nie nauczycie się wpajać w wasze myślenie podświadome myśli lub wypowiadanych na głos wyrazów, którym nadacie wartość uczuciową poprzez wiarę.

Nie poddawajcie się zniechęceniu, jeśli za pierwszą próbą objęcia kontrolą waszych uczuć i ukierunkowania ich nie zdołacie tego dokonać. Pamiętajcie, że nie jest możliwe, aby coś osiągnąć za nic. Nie zdołacie samych siebie oszukać, nawet gdybyście tego pragnęli. Ceną za osiągnięcie zdolności wpływania na własną podświadomość jest nieustająca wytrwałość w stosowaniu zasad tu przedstawionych. Nie zdołacie uzyskać tej zdolności za niższą cenę. Ty, i tylko ty sam, musisz zdecydować, czy cena, jaką musisz zapłacić (za „świadomość pieniężną") jest dla ciebie do przyjęcia, czy też nie.

Twoja zdolność do zastosowania zasady autosugestii będzie w dużym stopniu zależała od twej umiejętności skupienia się na określonym pożądaniu, aż do punktu, w którym przekształci się ono w żarliwą obsesję.

Ujrzyj w wyobraźni siebie zdobywającego pieniądze

Kiedy zaczniesz stosować się do zaleceń dotyczących sześciu kroków przedstawionych w rozdziale poprzednim, stosowanie zasady koncentracji stanie się dla ciebie koniecznością.

Przedstawię teraz kilka rad dotyczących skutecznego zastosowania koncentracji. Kiedy przystąpicie do pierwszego z sześciu kroków, który polega na „ustaleniu w myśli dokładnej kwoty, której pożądasz", należy skierować myśl na tę kwotę poprzez koncentrację lub też przywiązanie do niej całej uwagi. Zamknij oczy i trzymaj je zamknięte tak długo, aż ujrzysz fizyczną obecność tych pieniędzy. Czyń tak przynajmniej raz dziennie. Przeprowadzając to doświadczenie postępuj według zaleceń wyłożonych w rozdziale III o wierze, a naprawdę ujrzysz siebie oczyma wyobraźni jako posiadacza tych pieniędzy!

Oto fakt najbardziej znamienny — myślenie podświadome przyjmuje wszelkie wydawane mu rozkazy z absolutną wiarą i postępuje zgodnie z nimi, mimo iż rozkazy te często bywają *powtarzane wielokrotnie,* w drodze repetycji, zanim zostaną zinterpretowane. Co się tyczy owego oświadczenia, weź pod uwagę możliwość zastosowania całkowicie uprawnionego „podstępu" wobec swego podświadomego myślenia, skłaniając je, by w to oświadczenie uwierzyło, ponieważ *ty w nie wierzysz,* wierzysz, że musisz zdobyć tę kwotę pieniężną, którą sobie zamierzyłeś, że kwota ta czeka na to, aż ją zdobędziesz, a myślenie podświadome ma ci podsunąć praktyczny plan uzyskania tych pieniędzy.

Wprowadź w swą wyobraźnię myśl przedstawioną poniżej, a przekonasz się, ile twoja wyobraźnia może i zechce zdziałać dla stworzenia praktycznych planów zdobywania pieniędzy, poprzez przetworzenie w nie twej żądzy pieniędzy.

Inspiracja będzie twym przewodnikiem

Nie oczekuj skonkretyzowanego planu, z pomocą którego zamieniłbyś swe działania lub transakcje w pieniądze, które sobie wyobraziłeś, ale zacznij od wyobrażania sobie siebie jako posiadacza pieniędzy, domagając się zarazem od twego myślenia podświadomego, aby ci przedstawiło plan, jakiego potrzebujesz. Bądź w pogotowiu i natychmiast wcielaj w życie te plany, jakie ci się objawią. Pojawią się najpewniej jako nagłe „olśnienie" rozświetlające twe myśli, wytworzone przez szósty zmysł w formie inspiracji. Odnieś się do nich z szacunkiem i niezwłocznie przystępuj do działania wedle ich wskazań.

W rozwinięciu czwartego z sześciu kroków znajdziesz zalecenia, jak „stworzyć konkretny plan zaspokojenia twej żądzy i natychmiast wdrożyć go do realizacji". Powinieneś zastosować się do tego zalecenia w sposób przedstawiony w ustępie poprzednim. Nie ufaj swemu „rozumowi" przy tworzeniu planu zdobycia pieniędzy poprzez przetworzenie żądzy. Twe władze umysłowe mogą być leniwe i mogą sprawić ci zawód, jeśli polegać będziesz tylko na nich.

Wyobrażając sobie pieniądze, które zamierzasz zdobyć (trzymając oczy zamknięte) *ujrzyj siebie wykonującego jakąś czynność lub dokonującego jakiejś transakcji, w której wyniku pragniesz te pieniądze uzyskać. To bardzo ważne!*

Teraz zaczyna działać podświadome myślenie

Podsumujemy teraz zalecenia związane z sześcioma krokami omówionymi w rozdziale drugim i połączymy z zasadami wyłożonymi w rozdziale niniejszym, w taki oto sposób:

1. Pozostań w jakimś spokojnym miejscu (na przykład w łóżku nocą), gdzie nikt ci nie będzie przeszkadzał, zamknij oczy i powtarzaj na głos (tak wyraźnie, żebyś swój głos słyszał) spisane oświadczenie dotyczące wysokości sumy, jaką chcesz zebrać, czasu, w którym chcesz ją zdobyć oraz określenia czynności czy transakcji, za którą chcesz te pieniądze uzyskać. Kiedy to wypełnisz, wzbudź w sobie uczucie, jakbyś już te pieniądze posiadał.

   Na przykład — zamierzasz zdobyć 50 000 dolarów przed 1 stycznia, za pięć lat, w zamian za usługi, jakie wyświadczysz jako sprzedawca. Twe spisane oświadczenie winno brzmieć mniej więcej tak:

   „Do 1 stycznia roku 19... będę miał w posiadaniu 50 000 dolarów, które zgromadzę stopniowo, uzyskując w ciągu tego czasu kolejne kwoty.

W celu uzyskania tych pieniędzy świadczyć będę najlepsze na jakie mnie stać usługi, dokładając najpilniejszych i najlepszych starań, jako sprzedawca w .... (wymień czynności lub transakcje, jakich zamierzasz dokonać).
Wierzę, że wejdę w posiadanie tych pieniędzy. Wiara moja jest tak silna, że mogę w tej chwili ujrzeć te pieniądze. Mogę ich dotknąć palcami. Oczekują one na przyjście do mnie w odpowiednim czasie i we właściwych proporcjach, w zamian za świadczone przeze mnie usługi. Ja oczekuję na plan pozwalający te pieniądze uzyskać i będę postępował według tego planu, jak go tylko dostanę."
2. Powtarzaj ten program wieczorem i rano tak długo, aż ujrzysz (oczyma wyobraźni) pieniądze, które zamierzasz zebrać.
3. Umieść zapisany tekst oświadczenia w takim miejscu, w którym możesz je oglądać wieczorem i rano, i odczytywać przed odpoczynkiem aż do chwili, kiedy się go nauczysz na pamięć.

Podczas wypełniania tych zaleceń pamiętaj, że przyswajasz sobie zasadę autosugestii po to, by móc wydawać rozkazy swej podświadomości. Pamiętaj też, że podświadomość pracuje tylko według poleceń nazywanych emocjami i przekazywanych jej „z uczuciem". Wiara jest najsilniejszym i najwydajniejszym z uczuć. Stosuj się do zaleceń wyłożonych w rozdziale o wierze.

Na pierwszy rzut oka zalecenia te mogą się wydać abstrakcyjne. Ale podporządkuj się im, choćby ci się miały wydawać najbardziej abstrakcyjne. Wkrótce nadejdzie chwila, jeśli będziesz się do nich stosował *zarówno myślą jak czynem*, że całe nowe uniwersum mocy otworzy się przed tobą.

Dlaczego stajesz się kowalem własnego losu

Cechą charakterystyczną wszystkich istot ludzkich jest sceptycyzm w stosunku do nowych idei. Ale jeśli będziesz stosował wymienione wyżej zalecenia, sceptycyzm rychło ustąpi miejsca wierze, a ta z kolei przemieni się w wiarę absolutną.

Wielu filozofów stwierdzało już, że człowiek sam jest twórcą swego *ziemskiego* losu, ale większość z nich nie umiała wytłumaczyć, dlaczego tak jest. Przyczyna, dla której człowiek może być twórcą swej ziemskiej doli, a zwłaszcza swego poziomu majątkowego, została omówiona w tym rozdziale.

Człowiek może być kowalem swego losu, a także władcą swego środowiska, ponieważ jest władny wpływać na swe podświadome myślenie.

Rzeczywiste rozwijanie i przetwarzanie żądzy pieniądza w pieniądz wymaga zastosowania autosugestii jako pośrednika, umożliwiającego człowiekowi wpływanie na jego podświadome myślenie. Inne zasady są już tylko prostymi narzędziami wspomagającymi autosugestię. Utrwal to sobie w pamięci, a zawsze będziesz świadom tej ważnej roli, jaką zasada autosugestii odgrywa w twych zabiegach o zdobycie pieniędzy za pomocą metod przedstawionych w tej książce.

Kiedy ją już przeczytasz całą, wróć do niniejszego rozdziału i wypełnij myślą i czynem to oto zalecenie:

Odczytuj cały ten rozdział na głos każdego wieczora aż do czasu, kiedy nabierzesz pewności, że zasada autosugestii jest czymś zdrowym, czymś co ci zapewni wszystko o co za jej pomocą zabiegasz. Po przeczytaniu tego rozdziału podkreśl ołówkiem wszystkie te zdania, które wywarły na tobie szczególne wrażenie.

Zastosuj się do każdej litery tych zaleceń, a zapewnisz sobie otwartą drogę do pełnego zrozumienia i mistrzowskiego opanowania zasad uzyskiwania sukcesu.

WNIOSKI POD ROZWAGĘ:

Rozporządzasz Szóstym Zmysłem — ale starczy ci pięciu zwykłych zmysłów, aby kontrolować myśli wnikające w twe myślenie podświadome. Kiedy osiągniesz zdolność do takiej kontroli, podświadomość przywiedzie cię do zamożności, która nie pozostawi już skrawka miejsca na biedę.

Jeśli uczucia dopomogą ci naprawdę ujrzeć i poczuć pieniądze w twych rękach, pieniądze napłyną do ciebie ze źródeł, które ci się przedtem wydawały nieosiągalne. Ustal sobie jako cel określoną sumę i niech to będzie suma znaczna. Ustal również datę uzyskania tych pieniędzy.

Kiedy podświadomość podsunie ci plan, natychmiast przystępuj do jego realizacji. Inspiracja przychodzi wcześnie i musi być natychmiast podchwycona. „Czekanie na właściwy moment” może cię zgubić.

Trzy proste reguły uczynią cię Mistrzem Autosugestii. Zastosuj się do każdej ich litery, a staniesz się kowalem swego losu.

Każda przeciwność losu
zawiera w sobie ziarna przyszłej pomyślności.

V Czwarty krok do bogactwa: WIEDZA FACHOWA

Twoje wykształcenie jest takie, jakim je uczyniłeś, możesz uzyskać wiedzę, która cię zaprowadzi dokąd zechcesz. Nie będziesz zaczynał od zera, jeśli przyjmiesz poniższy prosty plan.

Są dwa rodzaje wiedzy. Pierwszy — to wiedza ogólna, drugi — wiedza specjalistyczna. Wiedza ogólna, choćby była najobfitsza i obejmowała najróżniejsze dziedziny, nie na wiele się przydaje przy zdobywaniu pieniędzy. Wydziały uniwersyteckie obejmują swymi zainteresowaniami, praktycznie biorąc, wszelkie formy wiedzy ogólnej, jaką wytworzyła cywilizacja. *Ale większość profesorów zarabia mało.* Specjalizują się oni w *nauczaniu* wiedzy, ale nie zajmują się organizowaniem sposobów jej zastosowania.

Wiedza sama z siebie nie przyciąga pieniędzy, trzeba ją dopiero odpowiednio zorganizować i właściwie ukierunkować, poprzez *plany działania*, na określony cel, aby pomogła w zdobyciu pieniędzy. Niezrozumienie tego faktu jest źródłem rozczarowań dla milionów ludzi, którzy mylnie sądzili, że „wiedza to potęga". Nic podobnego! Wiedza jest dopiero *potencjalną* siłą. Staje się potęgą, kiedy zostaje wprzęgnięta w ściśle określony plan działania i skierowana na określony cel.

Można stwierdzić, że to właśnie „brakujące ogniwo" wszelkich systemów edukacyjnych stało się przyczyną porażki wielu instytucji nauczających, które nie potrafiły wyposażyć swych studentów w umiejętność zorganizowania posiadanej wiedzy we właściwy sposób.

Ludzie popełniają pomyłkę sądząc, że Henry Ford nie był człowiekiem „wyedukowanym", ponieważ odebrał bardzo skromne wykształcenie. Wyraz ten pochodzi od łacińskiego „educo", co oznacza kształcić, rozwijać przyrodzone talenty.

Człowiekiem wyedukowanym niekoniecznie musi być ktoś, kto dysponuje bogactwem wiedzy ogólnej czy specjalistycznej. Człowiekiem wyedukowanym jest też ten, kto rozwinął właściwości swego umysłu do tego stopnia, że może osiągać wszystkie cele, które sobie stawia, bądź ich odpowiedniki, bez naruszania praw innych ludzi.

„Ignorant" zdolny do zbicia fortuny

W czasie pierwszej wojny światowej pewien dziennik chicagowski zamieścił kilka artykułów redakcyjnych, w których Henry'ego Forda nazywano „pacyfistycznym ignorantem". Pan Ford oburzył się na te określenia i wniósł przeciw gazecie oskarżenie o zniesławienie. Kiedy sprawa stanęła na wokandzie, adwokaci broniący gazety odwrócili kierunek oskarżenia i poddali pana Forda pytaniom mającym dowieść, iż jest on ignorantem. Zadawali mu mnóstwo pytań z różnych dziedzin, chcąc wykazać, że wprawdzie rozporządza on wiedzą potrzebną do wytwarzania samochodów, ale ogólnie biorąc, jest nieukiem.

Poddano na przykład pana Forda takim pytaniom:

„Kto to był Benedict Arnold?"

„Ilu żołnierzy wysłali Brytyjczycy do Ameryki, dla zdławienia Rewolucji Amerykańskiej w roku 1776?"

Odpowiadając na to drugie pytanie, pan Ford powiedział:

„Nie wiem dokładnie, ilu żołnierzy Brytyjczycy wysłali, ale słyszałem, że była to liczba znacznie wyższa od liczby tych, co do Europy wrócili".

W końcu pan Ford poczuł się wyczerpany tymi pytaniami i w odpowiedzi na jedno z nich, szczególnie agresywne, wyciągnął palec wskazujący w stronę adwokata wypowiadając następujące słowa:

„Gdybym chciał poważnie odpowiedzieć na pańskie głupie pytanie, albo na inne podobne, które mi pan już stawiał, musiałbym panu przypomnieć, że mam na biurku rząd przycisków elektrycznych, a przez naciśnięcie odpowiedniego mogę przywołać do pomocy właściwego człowieka, który odpowie na wszelkie pytania, jakie zechcę mu zadać, dotyczące spraw, którym poświęcam większość mych życiowych wysiłków. I niechno mi pan wyjaśni, dlaczego to niby miałbym zamulać sobie umysł ogólnymi wiadomościami, po to tylko, by móc odpowiadać na jakieś pytania, skoro mam wokół siebie ludzi zdolnych wesprzeć mnie każdym rodzajem wiedzy, jakiego zażądam?"

Tkwiła w tej odpowiedzi nieodparta logika i rzuciła adwokata na deski. Wszyscy obecni w sądzie uświadomili sobie, że nie jest to odpowiedź ignoranta, lecz człowieka wyedukowanego. Wyedukowany bowiem jest ten, kto wie, gdzie znaleźć wiedzę, której potrzebuje i jak wprząc tę wiedzę w określony plan działania. Poprzez współpracę „trustu mózgów" Ford dysponował specjalistyczną wiedzą potrzebną do tego, by stać się jednym z najzamożniejszych ludzi w Ameryce. *Nie miało wcale znaczenia to, czy wiedzę tę czerpie z własnego umysłu.*

Wiedzę można zdobyć

Zanim nabierzecie pewności, że jesteście już w stanie przetworzyć żądzę na jej pieniężny ekwiwalent, powinniście uzyskać szczegółową wiedzę o czynnościach lub transakcjach, które zamierzacie przeprowadzić dla zdobycia fortuny. Może się zdarzyć, że będzie wam potrzebna wiedza specjalistyczna przerastająca rozmiarem skalę waszej gotowości do zdobywania wiedzy, a jeśli się tak zdarzy, możecie wznieść sobie most do niej przy pomocy waszego „trustu mózgów".

Nagromadzenie wielkich bogactw wymaga potęgi, a potęgę osiąga się przez wysoko zorganizowaną i rozumnie kierowaną wiedzę, która to wiedza niekoniecznie pozostawać musi w posiadaniu tego człowieka, który zbija fortunę.

Kolejny ustęp niniejszej książki natchnie nadzieją i ośmieli ludzi, którzy żywią ambicję zbicia majątku, ale nie posiadają niezbędnego „wykształcenia", by móc dysponować własną wiedzą specjalistyczną, jaka im się może okazać potrzebna. Niekiedy ludzie przez całe życie cierpią na „kompleks niższości", ponieważ nie odebrali należytego „wykształcenia". Ale człowiek może przecież zorganizować „trust mózgów" i kierować nim, wykorzystując wiedzę wchodzących w skład tego trustu ludzi do zarabiania dla siebie pieniędzy — i będzie w ten sposób równie wyedukowany jak każdy z członków jego doradczej grupy.

Thomas A. Edison ukończył tylko trzy klasy przez całe swe życie. A nie brakowało mu ani edukacji, ani pieniędzy.

Henry Ford nie zdołał ukończyć szóstej klasy szkoły powszechnej, ale znakomicie sobie radził we własnych sprawach finansowych.

Wiedza specjalistyczna należy do najliczniejszych i najtańszych usług, jakich będziecie potrzebowali. Jeśli w to wątpicie, zajrzyjcie do listy płac jakiegokolwiek uniwersytetu.

Gdzie znajdować wiedzę

Przede wszystkim określ sobie dokładnie, jakiego typu wiedzy specjalistycznej potrzebujesz i określ też cel, do którego jest ci ona potrzebna. Twój główny cel życiowy, zadanie, nad którego wykonaniem pracujesz, w znacznym stopniu dopomoże ci określić rodzaj potrzebnej ci wiedzy. Kiedy to już sobie wyjaśnisz, stanie przed tobą potrzeba uzyskania dokładnych informacji dotyczących wiarygodnych źródeł uzyskania tej wiedzy. Najważniejsze z nich to:

1. Czyjeś osobiste doświadczenie i wykształcenie.
2. Doświadczenie i wiedza osiągane poprzez współpracę z innymi (sojusz z „trustem mózgów").
3. Uniwersytety i instytucje naukowe.
4. Biblioteki publiczne (dysponujące książkami i czasopismami, w których znaleźć można całą wiedzę zgromadzoną przez cywilizację).
5. Specjalne kursy dokształcające (zwłaszcza kursy wieczorowe i korespondencyjne).

Przyswojoną wiedzę trzeba odpowiednio zorganizować i przygotować do wykorzystania dla osiągnięcia określonego celu, poprzez opracowanie praktycznych planów działania. Wiedza jest bezwartościowa, jeśli nie jest wykorzystywana do osiągnięcia określonego celu.

Jeśli się zastanawiasz nad uzupełnianiem wykształcenia, najpierw określ sobie wyraźnie cel, do którego zdobywania wiedza będzie ci potrzebna, następnie ustal, gdzie ten szczególny rodzaj wiedzy najprościej będzie ci zdobyć.

Ludzie sukcesu, we wszystkich sytuacjach, nigdy nie przestają zdobywać nowej wiedzy związanej z ich głównym celem życiowym, biznesem czy zawodem. Ci, którzy przegrywają w życiu, zazwyczaj popełniają błąd polegający na uznaniu, że okres zdobywania wiedzy kończy się wraz z ukończeniem przez nich szkoły. Prawda zaś jest taka, że szkoła daje niewiele więcej niż wdrożenie człowieka w sposoby zdobywania wiedzy praktycznej.

Hasłem dnia jest *specjalizacja!* Prawdy tej dowiódł Robert P. Moore (dawny dyrektor biura kadr w Columbia University) w artykule prasowym:

SPECJALIŚCI NAJBARDZIEJ POSZUKIWANI!

Szczególnie poszukiwani przez biura zatrudnienia są tacy kandydaci, którzy wyspecjalizowali się w jakiejś dziedzinie wiedzy — absolwenci szkół biznesu mający za sobą praktykę w rachunkowości i statystyce, inżynierowie różnych specjalności, dziennikarze, architekci, chemicy, a także wybijający się działacze i przywódcy z klas wyższych.

Absolwent, który był aktywny w czasie studiów, dzięki czemu utrzymywał dobre kontakty z różnymi ludźmi i który prawidłowo przeszedł przez studia, ma decydującą przewagę nad studentami, którzy ograniczali się do zajęć akademickich. Niektórzy z takich absolwentów otrzymali po kilka propozycji pracy ze względu na swe rozległe kwalifikacje, kilku otrzymało aż sześć ofert.

Jedna z wielkich korporacji, przodująca w swej dziedzinie w kraju, w liście do pana Moore'a dotyczącym obiecujących studentów wyższych lat, tak sformułowała swe oczekiwania:

„Zainteresowani jesteśmy przede wszystkim w znajdywaniu ludzi wyróżniających się postępami w problemach zarządzania. Z tych względów zalety charakteru, inteligencję i osobowość cenimy wyżej, niż specjalistyczne wykształcenie zawodowe".

PROPONOWANE „PRAKTYKI"

Proponując „praktyki" studentów w biurach, domach handlowych albo w zakładach przemysłowych w okresie wakacyjnym, pan Moore stwierdził, że po dwóch lub trzech latach nauki każdy student powinien być poproszony o to, by „wybrał określony kierunek studiów lub też z nich usunięty, jeśli nie umie sobie znaleźć specjalizacji i poprzestaje na snuciu się po uczelni".

„Uniwersytety muszą uznać fakt, że we wszystkich zawodach i rodzajach zajęć potrzebni są dziś specjaliści" — oświadczył wzywając instytucje oświatowe do przyjęcia bardziej bezpośredniej odpowiedzialności za rozbudzenie zawodowych powołań u studentów.

Jednym z najpewniejszych i najbardziej praktycznych źródeł wiedzy dla tych, którym potrzebne jest przeszkolenie zawodowe, są kursy wieczorowe, organizowane w większości dużych miast. Kursy korespondencyjne są w stanie objąć wszystkich mieszkających tam, gdzie dociera poczta, a wszystkich przedmiotów można uczyć metodą przyśpieszoną. Zaleta studiów odbywanych w domu polega na tym, że można zmieścić określony program studyjny w czasie. Inną ich zaletą (jeśli się właściwie wybierze placówkę dydaktyczną) jest to, że większość kursów wieczorowych oferuje przywilej konsultacji udzielanych przez wykładowców, co stanowi bezcenną wartość dla tych, którzy poszukują wiedzy specjalistycznej. Możesz z tego przywileju korzystać niezależnie od tego, gdzie mieszkasz.

Nauka i samodyscyplina

Na ogół nisko ceni się to, co osiągnęliśmy bez większego wysiłku lub za co nie zapłaciliśmy wysokiej ceny; zapewne dlatego właśnie tak mało korzyści wyciągamy z nauki w szkołach publicznych. *Samodyscyplina* wynikająca z nakreślenia sobie ścisłego programu odbycia studiów specjalistycznych pozwala do pewnego stopnia wyrównać straty, na jakie się naraziliśmy w trakcie pobierania nauk bez ponoszenia kosztów. Placówki oświatowe prowadzące kursy korespondencyjne są na ogół dobrze zorganizowanymi przedsiębiorstwami. Opłaty pobierają tak niskie, że muszą ściągać pieniądze od studentów z góry. Ci z kolei, opłacając czesne z góry, czują się zobowiązani do realizowania pełnego kursu, niezależnie od tego, jakie robią postępy w nauce. Kursy korespondencyjne nie akcentują należycie tej swej zalety, ale w gruncie rzeczy ich system nauczania zapewnia dodatkowo znakomity trening w zakresie umiejętności i szybkości podejmowania decyzji oraz doprowadzania do końca rozpoczętych zadań.

Przeszedłem sam taki trening przed trzydziestu pięciu laty. Zapisałem się na korespondencyjne kursy reklamy. Po przebrnięciu przez jakieś osiem czy dziesięć lekcji przestałem się uczyć, ale organizatorzy kursów nie przestali przesyłać mi rachunków. Nalegali coraz usilniej na ich opłacanie, niezależnie od tego, czy korzystam z ich nauczania, czy nie. Ponieważ zobowiązałem się do ich regulowania formalnie zapisując się na ten kurs, zdecydowałem się go ukończyć, aby zwróciły mi się wydane nań pieniądze. Początkowo sądziłem, że ten system pobierania opłat jest zbyt sprytnie pomyślany, ale z czasem uznałem, że stał się on istotną częścią mego życiowego treningu, za który nie ma ceny. Zmuszony do płacenia, odbyłem cały kurs. W późniejszych latach doszedłem do wniosku, że ten skuteczny system egzekwowania pieniędzy okazał się dla mnie cenniejszy od pieniędzy, które że mnie ściągnął, ponieważ odbyłem zarazem świetne ćwiczenia z zakresu reklamy, którym się zrazu opierałem.

Nigdy nie jest za późno na naukę

Rozporządzamy w naszym kraju systemem oświaty publicznej, który można uznać za najwyżej rozwinięty w świecie. Jedną z najdziwniejszych cech człowieka jest to, że ceni on tylko to, co ma określoną cenę. Bezpłatne szkolnictwo amerykańskie, podobnie jak bezpłatne biblioteki publiczne, nie budzą szacunku u ludzi, ponieważ *nie płaci się za nie*. Jest to też główna przyczyna, dla której tak wielu ludzi uznaje za konieczne uzyskanie dodatkowego wykształcenia, już po ukończeniu szkoły i podjęciu pracy. Jest to też jeden z głównych powodów, dla których pracodawcy wyżej oceniają tych pracowników, którzy odbyli zaoczne studia uzupełniające. Przekonali się bowiem, że pracownik mający dość ambicji, by przeznaczyć część wolnego czasu na studia zaoczne, kwalifikuje się do odgrywania roli kierowniczej.

Ale jest też w ludziach pewna słabość, na którą nie ma lekarstwa. Jest to powszechny brak ambicji! Tacy zaś ludzie, zwłaszcza ci dobrze opłacani, którzy przeznaczają wolny czas na wzbogacanie swej wiedzy i umiejętności, zwykle pozostają na szczycie przez długi czas. Ich aktywna postawa toruje im drogę awansu, usuwa przeszkody z ich życiowej drogi, pozyskuje życzliwe zainteresowanie ze strony tych, którzy mogą ich popierać w zabiegach o życiowy sukces.

Kursy korespondencyjne są zwłaszcza korzystne dla ludzi już zatrudnionych, którzy po ukończeniu szkoły stwierdzają, że potrzebna jest im jeszcze wiedza specjalistyczna, ale nie dysponują już czasem, jakiego wymagałoby podjęcie studiów stacjonarnych.

Stuart Austin Wier wykształcił się na inżyniera-konstruktora i uprawiał ten zawód aż do chwili, kiedy kryzys zmusił go do pobierania za jego pracę wynagrodzeń poniżej jego wymagań. Przeanalizował wówczas swe możliwości życiowe, zdecydował się przekwalifikować na prawnika i zapisał na studia prawnicze wybierając specjalność radcy prawnego. Po uzyskaniu dyplomu rozwinął lukratywną praktykę w tej dziedzinie.

Aby dokładnie przedstawić sytuację i uprzedzić wymówki tych, którzy zaraz powiedzieliby: „Nie mogę iść na studia, bo mam na utrzymaniu rodzinę" — albo „Bo jestem już za stary" — dodam wyjaśnienie, iż pan Wier miał już ponad czterdzieści lat i był żonaty, kiedy podjął drugie studia. Co więcej, właściwie wybierając sobie przedmioty i wykładowców, odbył je w ciągu dwóch lat, podczas gdy większość studentów potrzebuje na to cztery lata. Opłaca się wiedzieć dokładnie, jak zdobywać wiedzę.

Objazdowy księgowy

Zastanówmy się nad jednym jeszcze przykładem. Pewien sprzedawca w sklepie towarów mieszanych uznał nagle, że za mało zarabia. Ponieważ miał pewne doświadczenie w prowadzeniu ksiąg handlowych, zapoznał się z nowymi metodami prowadzenia księgowości, zakupił odpowiedni sprzęt i rozpoczął samodzielną pracę jako księgowy. Najpierw podjął się prowadzenia księgowości sklepowi, w którym był zatrudniony, potem objął swymi usługami setkę drobnych kupców za niewygórowaną miesięczną stawkę. Pomysł jego okazał się tak praktyczny, że wkrótce uznał za stosowne utworzenie przenośnego biura, które zainstalował w specjalnie przystosowanym i odpowiednio zaopatrzonym samochodzie dostawczym. Obecnie posiada już całą flotyllę takich ruchomych biur prowadzenia księgowości i zatrudnia znaczną liczbę asystentów, zapewniających klientom najlepsze usługi z zakresu księgowości, jakie mogliby uzyskać za tak umiarkowaną cenę.

Na ten niezwykły sukces złożyła się wiedza fachowa oraz wyobraźnia. Właściciel tego przedsiębiorstwa zapłacił podatek za ubiegły rok niemal dziesięciokrotnie większy od podatku wymierzonego właścicielowi sklepu, w którym rozpoczynał swą karierę zawodową, co świadczy o jego dochodach.

Zaczynem zaś całego przedsięwzięcia był pomysł!

Ponieważ miałem zaszczyt podsunąć owemu sprzedawcy ten pomysł, chciałbym również mieć zaszczyt przedstawić pomysł innego przedsięwzięcia, które mogłoby przynieść jeszcze większe zyski.

Ten z kolei pomysł podsunięty został przez owego sprzedawcę, który wyszedł zza sklepowej lady i rozwinął objazdowe przedsiębiorstwo usług finansowo-księgowych. Kiedy mu zasugerowałem stworzenie takiego przedsiębiorstwa, wykrzyknął: „Pomysł mi się podoba, ale nie wiem, co trzeba zrobić, żeby zaczął przynosić pieniądze". Innymi słowy, nie wiedział wtedy jeszcze, jak sprzedać nową wiedzę z zakresu księgowości, *którą już zdobył.*

W ten sposób stanął przed nim kolejny problem wymagający rozwiązania. Przygotowano w tym celu, przy pomocy młodej maszynistki, bardzo atrakcyjnie opracowaną broszurkę wyjaśniającą obrazowo wszystkie korzyści, jakie mogą wyniknąć z nowego systemu doradztwa finansowego. Broszurka okazała się tak przekonująca, że wkrótce przedsiębiorca ów miał znacznie więcej ofert, niż mógł przyjąć do wykonania.

Broszurka, która zapewniła pracę

Tysiące ludzi w całym kraju potrzebują pomocy specjalisty od reklamy, który byłby w stanie przygotować do celów marketingowych zwięzły opis oferowanych usług.

Pomysł przedstawiony powyżej zrodził się z potrzeby, do zaspokojenia nagłej konieczności, od której zależała przyszłość owego przedsiębiorcy, ale bynajmniej nie ograniczył się do jego tylko potrzeb. Kobieta, która na ten pomysł wpadła, odznaczała się bogatą wyobraźnią. Dostrzegła w owym pomyśle punkt wyjścia dla stworzenia nowego zawodu, powołanego do służenia tysiącom ludzi potrzebującym praktycznego przewodnika w marketingowym reklamowaniu świadczonych przez nich usług.

Zachęcona przez olśniewający sukces swego pierwszego „specjalnego planu reklamowania usług", ta energiczna pani wykorzystała swe doświadczenie do rozwiązania podobnego problemu stojącego przed jej własnym synem, który ukończył właśnie wtedy uniwersytet, lecz pozostawał całkowicie bezradny wobec konieczności wprowadzenia swych kwalifikacji na rynek. Plan, jaki dla niego opracowała, zaliczyłbym do najbardziej udanych pomysłów marketingowych promujących usługi, z jakimi się zetknąłem w życiu.

Obejmował on niemal pięćdziesiąt stron jasno ujętej i przejrzyście wyłożonej informacji, przedstawiającej wrodzone talenty jej syna, jego wykształcenie, doświadczenie fachowe i wiele innych ważnych szczegółów, które zbyt trudno byłoby tu wyliczać. Broszurka wyraźnie też określała stanowisko, jakie jej syn pragnąłby zająć, wraz z wyrażonym przekonująco planem działań na tym stanowisku.

Opracowanie tej broszurki zajęło kilka tygodni, w czasie których autorka niemal codziennie posyłała syna do biblioteki publicznej, aby zbierał dane najbardziej odpowiednie do tego, by oferowanym przezeń usługom nadać najkorzystniejszą formę. Posłała go także do osób konkurujących z nim w staraniach o odpowiednie zatrudnienie, aby uzyskiwał od nich informacje dotyczące ich metod prowadzenia biznesu, co miało istotne znaczenie dla sformułowania jego własnego planu działania na stanowisku, o które się ubiegał. Plan ten w swej wersji końcowej zawierał przynajmniej pół tuzina bardzo istotnych projektów, wysoce korzystnych dla przyszłego pracodawcy.

Zaoszczędził sobie dziesięć lat „terminowania"

Ktoś mógłby zapytać: „Po co sobie sprawiać tyle kłopotu dla zdobycia pracy?"

Moja odpowiedź brzmi: „Nigdy nie sprawia kłopotu zrobienie czegoś dobrze! Broszurka opracowana przez tę kobietę pomogła jej synowi zdobyć pracę, o którą się starał, już po pierwszym wywiadzie z pracodawcą i za płacę, której zażądał".

Co więcej, posada ta nie wymagała od młodego człowieka zaczynania od zera. Zaczynał pracę od stanowiska zastępcy kierownika działu, z pełną pensją kierownika.

„I po co cały ten kłopot?"

Odpowiem, że starannie zaplanowana aplikacja młodego człowieka zaoszczędziła mu przynajmniej dziesięciu lat, których by wymagał „start z pozycji zerowej i stopniowe pięcie się w górę".

Takie pięcie się od pozycji zerowej może brzmieć poważnie, ale nasuwa poważną wątpliwość — otóż bardzo wielu ludzi, próbujących się od tego najniższego poziomu wspiąć wyżej po drabinie awansu, nigdy nie jest w stanie podnieść głowy na tyle wysoko, by dostrzec rysujące się przed nimi możliwości.

Trzeba też pamiętać, że droga życiowa oglądana od najniższego punktu nie wydaje się nadmiernie zachęcająca ani jaśniejąca. Ma ona naturalną skłonność do uśmiercania w ludziach ambicji. Nazywamy to „wpadnięciem w koleinę", co oznacza zgodę na los, ponieważ przywykliśmy do codziennej rutyny, a nawyk ten staje się tak silny, że trudno nam się zdobyć nawet na próbę uwolnienia się od niego. Dodatkowy to powód, by zaczynać od stanowiska o szczebel lub dwa wyższego od poziomu zerowego. Postępując w ten sposób człowiek nabiera zwyczaju rozglądania się dookoła, obserwowania jak inni pną się w górę i wypatrywania okazji sposobnej do własnego awansu i wykorzystywania jej bez zwłoki ani oporów.

Świat kocha zwycięzców

Świetnym tego przykładem jest Dan Halpin. W okresie studiów, w roku 1930, był menedżerem słynnej mistrzowskiej drużyny futbolowej Notre Dame, pozostającej wówczas pod kierownictwem Knute'a Rocknego.

Halpin ukończył studia w momencie najbardziej nie sprzyjającym, kiedy kryzys wydatnie ograniczył możliwości znalezienia pracy. Po nieudanych próbach zaczepienia się w bankowości i przemyśle filmowym, jął się jedynego zajęcia, jakie wydawało się otwierać przed nim jakąś przyszłość — sprzedaży elektrycznych aparatów słuchowych. Każdy człowiek mógł podjąć taką pracę i Halpin zdawał sobie z tego sprawę, ale uznał, że otwiera ona przed nim jakieś możliwości.

Przez niemal dwa lata zajmował się tą sprzedażą bez większego zadowolenia, i pewnie nigdy by się od tego zajęcia nie uwolnił, gdyby nie postanowił położyć kres swemu nieusatysfakcjonowaniu. Najpierw spróbował podjąć się obowiązków asystenta menedżera działu sprzedaży. Ten krok w górę pozwolił mu wreszcie wzbić się ponad tłum sprzedawców i wypatrywać kolejnej możliwości awansu. A także wyniósł na pozycję, na której możliwość taka mogła go spotkać.

Uzyskał tak znakomite wyniki sprzedaży aparatów słuchowych, że prezes Rady Nadzorczej konkurencyjnego koncernu Dictograph Products Company, A. M. Andrews, zapragnął zasięgnąć języka o niejakim Danie Halpinie, którego osiągnięcia daleko wykroczyły poza skalę ustabilizowaną w zatrudniającej go firmie Dictograph Company. Po przeprowadzeniu rozmowy powołał go na stanowisko menedżera sekcji akustycznej działu sprzedaży, a sam wyjechał na trzymiesięczny urlop na Florydę rzucając młodego człowieka na głęboką wodę jego nowych obowiązków. I Halpin nie utonął! Dewiza Knute'a Rockego: „Świat kocha zwycięzców i nie ma czasu współczuć przegrywającym" skłoniła go do przyłożenia się do pracy z takim zapałem, że wkrótce wybrano go wiceprezesem spółki, na które to stanowisko musiałby w normalnym trybie zasłużyć dziesięcioma latami wytrwałych wysiłków. Halpin doszedł do niego w czasie niewiele dłuższym niż pół roku.

W całej tej filozofii pragnę uwypuklić zwłaszcza jeden moment: to mianowicie, że dochodzimy do wysokich stanowisk, lub też pozostajemy na dnie, w zależności od tego, w jakim stopniu zdolni jesteśmy rozciągnąć kontrolę nad warunkami, w jakich się znaleźliśmy.

Nie tkwij w dołku

Chciałbym też podkreślić inny punkt, ten mianowicie, iż zarówno powodzenie, jak i porażka są w dużej mierze skutkami nawyku. Nie wątpię ani przez chwilę w to, że powiązania Dana Halpina z najlepszą drużyną futbolową Ameryki zasiały w jego umyśle pewien rodzaj żądzy sukcesu, który drużynę Notre Dame uczynił sławną w świecie. Naprawdę jest coś z racji w przeświadczeniu, że kult bohaterów jest przydatny w życiu, rodzi potrzebę stania się przedmiotem kultu.

Moja wiara w teorię, że powiązania biznesowe mają istotne znaczenie zarówno dla powodzenia, jak i porażki, została dowodnie potwierdzona przez starania mego syna Blaira o posadę u Halpina. Halpin zaproponował mu wynagrodzenie o połowę niższe od tego, jakie by mógł uzyskać w konkurencyjnej firmie. Wykorzystałem swój ojcowski wpływ i przekonałem syna, by przyjął propozycję pana Halpina, ponieważ sądziłem, że współpraca z kimś, kto odrzuca kompromisową zgodę na warunki, które mu nie odpowiadają, jest wartością nie dającą się wymierzyć za pomocą pieniędzy.

Pozostawanie w dołku jest monotonnym, wyczerpującym, bezproduktywnym zajęciem dla każdego człowieka. Dlatego właśnie tyle miejsca poświęcam sposobom wyrwania się z dołka dzięki właściwemu planowaniu.

Możesz się dobrze sprzedać

Pani, która przygotowała „Plan sprzedaży osobistych usług" dla swego syna, otrzymuje teraz z całego kraju propozycje opracowania analogicznych programów dla różnych ludzi, za coraz wyższe honoraria.

Nie byłoby słuszne przypuszczenie, że jej plany zawierały sprytną reklamę, dzięki której ludzie posługujący się nimi osiągali wyższe zarobki za te same usługi, za które uprzednio dostawali znacznie mniej pieniędzy. Brała ona pod uwagę w równym stopniu interes zamawiającego usługi, jak i świadczącego je, dzięki czemu pracodawca otrzymywał za swe większe pieniądze bardziej wartościowe usługi.

Jeśli masz dość wyobraźni i poszukujesz korzystniejszego sposobu sprzedania swych usług — sugestia ta może się okazać przydatna dla znalezienia tego, czego szukasz. Pomysł ten prowadzi do uzyskiwania dochodu daleko większego od zarobków „przeciętnego" lekarza, prawnika czy inżyniera, których wykształcenie zajmowało im całe lata.

Nie ma ceny na twórcze pomysły!

Za wszelkimi pomysłami kryje się specjalistyczna wiedza. Niestety, tym którzy nie uzyskują nadmiernych bogactw, wiedza specjalistyczna przychodzi łatwiej niż pomysły. Z tego właśnie powodu obserwujemy powszechne zapotrzebowanie na ludzi zdolnych dopomóc innym w korzystnym sprzedawaniu ich usług. Zdolność ta opiera się na wyobraźni, jedynej umiejętności zdolnej połączyć specjalistyczną wiedzę z twórczymi pomysłami w zorganizowane plany prowadzące do zdobycia bogactw.

Jeśli masz wyobraźnię, rozdział ten nasunie ci pomysł wystarczający do tego, byś dzięki niemu rozpoczął zdobywanie bogactw, których pożądasz. Pamiętaj, że główną sprawą jest pomysł. Wiedzę fachową można zdobyć tuż za rogiem, za każdym rogiem!

WNIOSKI POD ROZWAGĘ:

Wiedza jest tylko *potencjalną* siłą. Możesz ją odpowiednio zorganizować, by ci posłużyła do opracowania konkretnego planu działań wiodących do określonego celu.

Nadstaw ucha dla wiedzy wynikającej z doświadczeń innych ludzi, z którymi wchodzisz w kontakt. Henry Ford był „ignorantem" zdolnym do zbicia majątku.

Posługuj się którymś z pięciu głównych źródeł uzyskiwania wiedzy omówionych w tym rozdziale, albo też nimi wszystkimi. Wiedzę łatwo zdobyć.

Jeśli nie czujesz się na siłach sprzedawać gotowe wytwory, możesz sprzedawać swe usługi lub pomysły za całkiem godziwą cenę. Ludzie po sześćdziesiątce osiągają w tym zakresie wybitne sukcesy. Plan ten przyniósł też wspaniałe sukcesy tysiącom zdyscyplinowanych wewnętrznie młodych ludzi.

Sposób opracowania oferty przedstawiony w tym rozdziale zapewni ci dziesięć lat przewagi w karierze zawodowej.

Wiedza wyściela drogi do bogactwa —
pod warunkiem, że wiesz na jaką drogę wkroczyć.

VI *Piąty krok do bogactwa: WYOBRAŹNIA*

Wszystkie „przełomowe chwile", których potrzebę odczuwasz, dyktowane są wymaganiami twej wyobraźni. Wyobraźnia jest warsztatem twego mózgu, w którym energię myślową przetwarza się w dokonania i w życiowe powodzenie.

Wyobraźnia jest naprawdę pracownią, w której wszystkie plany snute przez człowieka nabierają kształtów. Każdy impuls, każda żądza przybiera tam formę, kształty wymierne i wdrożona zostaje w działania za pośrednictwem wyobrażeniowych zdolności umysłu. Mówi się, że człowiek może stworzyć wszystko, co sobie wymarzy.

Z pomocą wyobrażeniowych zdolności swego umysłu człowiek w ciągu wieku XX odkrył i rozwinął więcej sił naturalnych niż w ciągu całej poprzedniej historii ludzkości. Podbił niebo tak całkowicie, że ptaki nie są już dlań rywalami w lataniu. Zbadał i zważył Słońce z odległości wielu milionów kilometrów i określił, za pomocą *wyobraźni,* z jakich elementów się ono składa. Zwiększył szybkość poruszania się środków transportu tak znacznie, że jest teraz w stanie poruszać się z szybkością większą niż dźwięk.

Jedyne też uzasadnione ograniczenie jego możliwości tkwi w jego wyobraźni, skali jej rozwoju i zakresie jej wykorzystania. Człowiek nie osiągnął jeszcze apogeum rozwoju możliwości wykorzystywania wyobrażeniowych zdolności swego umysłu. Zdołał zaledwie odkryć, że ma wyobraźnię i zaczął znajdować dla niej zastosowania, poczynając od najprostszych.

Zmysł syntezy i zmysł twórczy

Zdolności wyobrażeniowe umysłu ludzkiego działają na dwa sposoby. Jeden nazywamy „wyobraźnią syntetyzującą", a drugi „wyobraźnią twórczą".

Wyobraźnia syntetyzująca: za jej pomocą człowiek może włączać dawne pomysły, koncepcje, idee i plany w nowe układy. Sam zmysł syntezy *nic nie wytwarza.* Zajmuje się po prostu doświadczeniem, wykształceniem i obserwacją, którą się żywi. Zmysł ten wykorzystywany jest przede wszystkim przez wynalazców, z wyjątkiem geniuszów, którzy włączają natychmiast wyobraźnię twórczą, ilekroć nie mogą się zadowolić wyobraźnią syntetyzującą.

Wyobraźnia twórcza: za pomocą siły wyobraźni ograniczony umysł ludzki kontaktuje się z Nieograniczonym Rozumem. To poprzez te zdolności umysłowe doznaje się „olśnień" i „natchnień". I za ich pośrednictwem wszystkie podstawowe i nowe idee trafiają do człowieczeństwa. Za ich pośrednictwem wreszcie człowiek może „dostroić się" do podświadomego odczuwania innych ludzi i wejść z nimi w kontakt.

Wyobraźnia twórcza działa automatycznie, w sposób, który za chwilę opiszę. Wyobrażeniowe zdolności umysłu dają się uruchomić jedynie wtedy, kiedy świadome myślenie pracuje na pełnych obrotach, a więc na przykład wtedy, kiedy świadome myślenie wspierane jest przez uczucie *gorącej żądzy.*

Wyobrażeniowe zdolności naszego umysłu stają się tym żywsze, im bardziej je rozwijamy poprzez stosowanie w życiu.

Wielcy ludzie biznesu, przemysłu, świata finansów, a także wielcy artyści, muzycy, poeci i pisarze stali się kimś, ponieważ rozwinęli w sobie wyobrażeniowe zdolności umysłu.

Zarówno wyobraźnia syntetyzująca, jak i wyobraźnia twórcza nabierają tym większej żywotności, w im większym stopniu się ich używa, podobnie jak każdy mięsień czy narząd organizmu ludzkiego tężeje w wyniku używania.

Żądza jest tylko myślą, impulsem myślowym. Ma charakter mglisty, efemeryczny. Pozostaje w sferze abstrakcji i nie ma wartości, jeśli się jej nie przetworzy w jej fizyczny ekwiwalent. Chociaż w procesie przetwarzania impulsu pożądania bogactwa w pieniądze najczęściej stosowana będzie wyobraźnia syntetyzująca, musicie pamiętać, że w pewnych sytuacjach i okolicznościach konieczne stanie się odwołanie do wyobraźni twórczej.

Pobudzaj swą wyobraźnię

Twoje władze wyobraźniowe mogą ulec uwiądowi wskutek ich niewykorzystywania. Ale można je pobudzić i ożywić poprzez sięganie po nie. Władze te nie zamierają, choć mogą zapaść w letarg wskutek ich zaniedbywania.

Skup się przez pewien czas na rozwijaniu swej wyobraźni syntetyzującej, ponieważ tylko tych właśnie władz swego umysłu będziesz najczęściej używał w procesie przetwarzania żądzy pieniądza w pieniądz.

Przekształcenie nieuchwytnego impulsu, pożądania, w dotykalną rzeczywistość pieniądza wymaga zastosowania planu, bądź nawet systemu planów. Plany te tworzone być muszą za pomocą wyobraźni, głównie wyobraźni syntetyzującej.

Przeczytaj tę książkę do końca, a następnie wróć do tego rozdziału i przystąp natychmiast do uruchamiania wyobraźni w celu stworzenia planu lub systemu planów przetworzenia w rzeczywistość twej żądzy pieniędzy. Szczegółowe pouczenia dotyczące konstruowania takich planów znajdujesz w każdym nieomal rozdziale tej książki. Wybierz sobie zalecenia najbardziej ci odpowiadające i zacznij od spisania swego planu na papierze, jeśli jeszcze tego nie zrobiłeś. W chwili, w której ten plan przelałeś na papier, nadałeś już konkretną formę nieokreślonemu przedtem pożądaniu. Przeczytaj poprzednie zdanie ponownie. Przeczytaj je na głos, wolno, a potem zapamiętaj, że od chwili, w której spisałeś na papierze swą żądzę lub plan jej zaspokojenia, dokonałeś już pierwszego kroku wiodącego ku umiejętności przetwarzania myśli w jej fizyczny ekwiwalent.

Natura odsłania sekrety szczęścia

Na ziemi, na której żyjesz, i ty sam, i wszystkie inne zjawiska i przedmioty materialne są wynikiem ewolucyjnych przemian, które z dokładnością mikroskopu nadały im zaprogramowaną formę.

Co więcej — a stwierdzenie to ma wyjątkową wagę — cała nasza planeta, każda z bilionów komórek twego ciała, i każdy atom materii fizycznej, *wzięły początek z nieuchwytnej formy energii.*

Żądza jest impulsem myślowym! Impulsy myślowe są pewną formą energii. Jeśli zarabianie pieniędzy rozpoczniesz od ich pożądania, a więc od impulsu myślowego, sięgniesz po pewne „tworzywo", którego natura użyła do stworzenia Ziemi i wszystkich materialnych elementów wszechświata, włącznie z ciałem i umysłem, w którym rodzą się owe impulsy myślowe.

Możesz zbić fortunę posługując się prawami, które są niezmienne. Aby się nimi posłużyć, musisz jednak najpierw zaznajomić się z nimi. Autor tej książki zamierza odsłonić przed tobą sekret, dzięki któremu zbito ogromne fortuny, przez wytrwałe powtarzanie owych zasad i naświetlanie ich pod wieloma kątami. I choć może to zabrzmieć jak paradoks, „sekret" ów wcale nie jest sekretem. Sama natura rozgłasza go na ziemi, na której żyjemy, objawia z gwiazd i planet na naszym nieboskłonie, i poprzez wszystko co nas otacza, każdą trawkę i każdą formę życia, z którą się stykamy.

Zasady, które teraz wyłożę, otwierają drogę do zrozumienia istoty wyobraźni. Przyswój sobie te, które zrozumiesz, kiedy przeczytasz po raz pierwszy wyłożoną tu filozofię, a kiedy przeczytasz jej zasady ponownie i zgłębisz je, stwierdzisz z pewnością, że coś się zdarzyło w tobie takiego, co ci rozjaśniło myśli i pozwoliło pełniej zrozumieć ich całość. Ale przede wszystkim nie poniechaj studiowania tych zasad, i nie zwalniaj tempa ich studiowania, do czasu, kiedy przeczytasz tę książkę trzykrotnie — bo wtedy na pewno nie zechcesz już ich lekceważyć.

Pomysły stają się fortuną

Pomysły są punktem wyjścia w drodze ku wszelkim fortunom. A pomysły są wytworem wyobraźni. Zastanówmy się nad paroma szeroko znanymi pomysłami, które przyniosły fortuny, w nadziei, że te przykłady dostarczą metod, dzięki którym wyobraźnia może zostać wykorzystana do zbicia majątku.

Zabrakło jednego składnika

Przed ponad pięćdziesięciu laty pewien lekarz wiejski przyjechał pewnego dnia do miasteczka, ściągnął cugle swemu konikowi, uwiązał go przy tylnych drzwiach sklepu drogeryjnego, wszedł do środka i wdał się w pogawędkę ze sprzedawcą.

Rozprawiali tak ze sobą, pochyleni nad liczydłem, przez ponad godzinę. Później stary doktor wyszedł ze sklepu. Podszedł do swej bryczki i wyciągnął z niej wielki staromodny kocioł oraz dużą drewnianą łyżkę (używaną do mieszania zawartości kotła) i umieścił je na zapleczu sklepowym.

Sprzedawca obejrzał uważnie kocioł, sięgnął po portfel, wyjął z niego zwitek banknotów i wręczył go lekarzowi. Były to wszystkie jego oszczędności — dokładnie pięćset dolarów!

Doktor wręczył mu w zamian kartkę papieru, na której wypisany był sekretny przepis. Słowa umieszczone na tym skrawku papieru warte były zaiste królewskiej zapłaty! *Ale doktor o tym nie wiedział.* Te magiczne słowa wyjaśniały, jak rozpocząć warzenie w tym kociołku pewnego specyfiku, ale ani stary lekarz, ani młody sprzedawca nie zdawali sobie sprawy, jak fantastyczne fortuny wyprodukowane zostaną w tym prostym naczyniu.

Stary doktor był uradowany, że sprzedał swój pomysł wraz z urządzeniem za całe pięćset dolarów. A młody sprzedawca zyskał właśnie ogromną szansę życiową, wydając oszczędności całego dotychczasowego życia na zakupienie skrawka papieru i starego kociołka! Nie uświadamiał sobie oczywiście, że pewnego dnia kociołek ów napełni się złotem, w sposób przerastający legendę o cudownej lampie Aladyna.

Tym, co ów sprzedawca *naprawdę zakupił*, był pomysł!

Stary kociołek, drewniana łyżka i tajemny przepis na kartce papieru były tylko akcesoriami. Cudowne wykorzystanie owego kociołka rozpoczęło się od tego, że nowy właściciel dodał do receptury pewien składnik, którego stary doktor nie znał.

Spróbuj odgadnąć, jeśli potrafisz, co takiego młody człowiek dodał do sekretnej receptury i co sprawiło, że kociołek napełnił się złotem. Masz oto do czynienia ze zdarzeniem prawdziwym, które jest bardziej zadziwiające od wszelkiego zmyślenia, z faktem, który stał się formą materialną pewnego pomysłu.

Spójrzmy teraz na olbrzymie fortuny, jakie w wyniku tego powstały. Fortuny te pomnażane są nieustannie i obejmują rzesze ludzi na całym świecie, zajmujących się dostarczaniem zawartości tego kociołka milionom odbiorców.

Stary kociołek jest obecnie jednym z największych na świecie pożeraczy cukru, dostarczycielem zatrudnienia dla tysięcy ludzi uprawiających buraki cukrowe i trzcinę cukrową, zajmujących się rafinowaniem cukru i jego sprzedażą.

Ów stary kociołek „zapełnia" obecnie miliony szklanych butelek rocznie, zapewniając pracę ogromnej liczbie robotników w hutach szkła.

Ów stary kociołek wreszcie przekształcił małe senne południowe miasteczko w stolicę kapitału przemysłowego południowej części kraju, gdzie obecnie — bezpośrednio lub pośrednio — przynosi korzyści każdemu mieszkańcowi.

Następstwa tego pomysłu przynoszą też dziś korzyść każdemu cywilizowanemu krajowi na świecie, kierując strumień złota do wszystkich, którzy się w ten pomysł — i przemysł — włączyli. Złoto zaczerpywane z tego kociołka stworzyło i utrzymuje przy życiu jeden z najznakomitszych uniwersytetów w stanach południowych, w którym tysiące studentów otrzymują dobre przygotowanie do zdobycia życiowego sukcesu.

Gdyby ów wytwór mosiężnego kociołka umiał przemówić, opowiedziałby pełne napięcia historie we wszystkich językach świata. Historie o miłości, interesach, losach mężczyzn i kobiet zawodowo z nim związanych i codziennie ożywianych myślą o nim.

Autor tej książki sam jest bohaterem jednego takiego romansu, którego akcja rozegrała się nie opodal miasteczka, w którym młody sprzedawca ze sklepu drogeryjnego zakupił ów stary kociołek. Tam właśnie autor tej książki poznał swą przyszłą żonę i to ona pierwsza opowiedziała mu o magicznym kociołku. Wytwór owego kociołka popijali też, kiedy oświadczył się jej „na dobre i na złe".

Kimkolwiek jesteś, Czytelniku tej książki, i gdziekolwiek mieszkasz, jakikolwiek uprawiasz zawód, zapamiętaj na zawsze, że ilekroć ujrzysz wyrazy *Coca-Cola,* natykasz się na wspaniałe i mocarne imperium, które wyrosło z prostego pomysłu, i z owego cudownego składnika, który sprzedawca ze sklepu drogeryjnego, Asa Candler, dodał do tajemnej receptury starego doktora — *wyobraźni!*

Zatrzymaj się teraz i zastanów przez chwilę.

Zapamiętaj także, iż przedstawione w tej książce kroki wiodące ku bogactwu były narzędziem, dzięki któremu Coca-Cola objęła swym wpływem każde miasto, miasteczko, wieś i osadę na całym świecie, i że każdy pomysł, na jaki możesz wpaść, jeśli będzie tak *sensowny i cenny* jak Coca-Cola, może powtórzyć światowy sukces tego napoju najskuteczniej na świecie gaszącego pragnienie.

Zarobił milion dolarów w ciągu tygodnia

Poniższa historia dowodzi prawdziwości starego porzekadła „dla chcącego nie ma nic trudnego". Opowiedział mi ją Frank W. Gunsaulus, mój ukochany nauczyciel i opiekun duchowy, który pracę kapłańską rozpoczynał w dzielnicy wielkich rzeźni w Chicago.

Jeszcze w okresie swych studiów uniwersyteckich Gunsaulus dostrzegł wiele braków naszego systemu edukacyjnego, braków, które mógłby usunąć, gdyby pewnego dnia został rektorem któregoś z uniwersytetów.

Postanowił więc zorganizować nowy uniwersytet, w którym mógłby realizować własne pomysły, nie będąc skrępowanym ortodoksyjnymi metodami nauczania.

Na realizację swego zamierzenia potrzebował miliona dolarów! W jaki sposób miałby zebrać taką masę pieniędzy? To pytanie zaprzątało myśli młodego ambitnego kaznodziei.

Ale nie udawało mu się znaleźć na nie odpowiedzi.

Każdego wieczora układał się do snu wypełniony tą myślą. Budził się również nią wypełniony. Towarzyszyła mu wszędzie, dokąd się udawał. Drążył ją w swym umyśle z takim uporem, że stała się *obsesją* ogarniającą go bez reszty.

Jako myśliciel i kaznodzieja, doktor Gunsaulus był przekonany, podobnie jak wszyscy ludzie odnoszący w życiu sukcesy, że wyraźne *określenie celu* jest punktem wyjścia dla wszelkich poważnych dążeń życiowych. Zdawał też sobie sprawę, że to określenie celu prowadzi do ożywienia i nadania mocy dążącemu doń człowiekowi, jeśli wsparte jest gorącą żądzą przetworzenia owego celu w jego materialny ekwiwalent.

Znał wszystkie te prawdy, ale nadal nie wiedział, gdzie i w jaki sposób dostać do rąk ów milion dolarów. Naturalną konsekwencją byłoby więc bezradne rozłożenie rąk i oświadczenie: „Oczywiście, mój pomysł jest słuszny, ale nie mogę go zrealizować, bo nigdy nie zdobędę miliona dolarów". Tak właśnie postąpiłaby większość ludzi, ale nie tak zachował się doktor Gunsaulus. Jego decyzja — i słowa, w których ją wyraził — są tak ważne, że oddam mu głos, aby sam je przedstawił:

„Pewnego sobotniego popołudnia siedziałem sobie w pokoju rozmyślając o sposobach i środkach zdobycia pieniędzy potrzebnych na realizację mego zamierzenia. Zastanawiałem się nad tą kwestią przez całe dwa lata, ale ciągle *nie wykraczałem poza rozmyślania!*

Nagle przejęła mnie myśl, że zdobędę ów potrzebny mi milion w ciągu tygodnia. Jak? Nie przejmowałem się tym.

Najważniejszą sprawą była *decyzja* zdobycia tych pieniędzy w określonym czasie; i chcę wam powiedzieć, że w chwili, kiedy tę decyzję podjąłem, owładnęło mną dziwne uczucie pewności, uczucie, jakiego nigdy przedtem nie zaznałem. Coś w mym wnętrzu zdawało się mi mówić: «Dlaczegoś tak zwlekał z tą decyzją? Przez cały ten czas pieniądze na ciebie czekały!»

Wydarzenia szybko się teraz potoczyły. Obdzwoniłem redakcje gazet zawiadamiając je, że następnego dnia wygłoszę kazanie na temat «Co bym zrobił z milionem dolarów, gdybym go zdobył?»

Natychmiast przystąpiłem do pracy nad mym kazaniem i muszę się przyznać, że nie było to zadanie trudne, bo od dwóch lat właściwie przygotowywałem sobie je w myślach.

Skończyłem je pisać na długo przed północą. Położyłem się do łóżka i zasnąłem z uczuciem pewności osiągnięcia celu, ponieważ *już widziałem się oczyma wyobraźni jako posiadacz miliona dolarów.*

Następnego ranka wstałem wcześnie, przeczytałem sobie tekst kazania, a potem padłem na kolana i pomodliłem się o to, by kiedy je wygłoszę, trafiło do uszu kogoś, kto mi dopomoże w zebraniu potrzebnych mi pieniędzy. W trakcie tej modlitwy znów nawiedziło mnie uczucie pewności, że pieniądze zdobędę. W stanie euforii podniosłem się z klęczek i udałem do kościoła zapominając wziąć z sobą tekst mego kazania, co sobie uświadomiłem dopiero w chwili, kiedy stanąłem przed słuchaczami.

Było już za późno, by wracać po moje notatki — i okazało się to błogosławieństwem! Zamiast posiłkować się nimi, wykorzystałem w kazaniu materiał, który mi podsunęło myślenie podświadome. Kiedy wstałem, aby rozpocząć kazanie, zamknąłem oczy i zacząłem mówić wprost z serca, wypowiadając treść wszystkich mych marzeń. Przemawiałem nie tylko do moich słuchaczy, zwracałem się wprost do Boga. Przedstawiałem, jaki użytek uczynię z miliona dolarów, jeśli trafi on w me ręce. Roztaczałem opracowane w myślach plany zorganizowania wielkiej instytucji oświatowej, w której młodzi ludzie mogliby pobierać praktyczne nauki, a jednocześnie rozwijać swe umysły.

Kiedy skończyłem i usiadłem, pewien mężczyzna, siedzący w trzecim rzędzie ławek, podniósł się ze swego miejsca i ruszył w moją stronę. Zastanawiałem się przez chwilę, co też zamierza uczynić. Podszedł do mojego pulpitu, wyciągnął rękę i powiedział: «Wielebny ojcze, spodobało mi się ojca kazanie.

Uwierzyłem, że dokona ojciec tego o czym mówił, mając milion dolarów. Aby dowieść, że naprawdę w to uwierzyłem, zapraszam ojca do mego biura jutro rano, a wtedy wręczę ojcu czek na milion dolarów. Nazywam się Philip D. Armour»".

Następnego ranka młody kaznodzieja udał się do biura pana Armoura i otrzymał milion dolarów. Powołał za nie do życia Armour Institute of Technology, znany obecnie pod nazwą Illinois Institute of Technology.

Tak więc upragniony milion dolarów był owocem pewnego pomysłu. A pomysł ten wspierała żądza jego spełnienia, którą Gunsaulus rozpalał w swym umyśle przez niemal dwa lata.

Zwróćcie uwagę na ten ważny fakt — dostał on pieniądze w ciągu trzydziestu sześciu godzin od chwili powzięcia w myślach ściśle określonej decyzji dotyczącej czasu ich uzyskania!

Nie było nic nowego ani nadzwyczajnego w tym, że młody Gunsaulus marzył o milionie dolarów i nie żywił większych nadziei na jego zdobycie. Wielu ludzi przed nim i po nim snuło podobne rojenia. Ale w jego decyzji podjętej owej pamiętnej dlań soboty, kiedy to z całkowitą wewnętrzną pewnością zdecydował — „zdobędę te pieniądze w ciągu tygodnia" — było coś wyjątkowego.

Co więcej, zasada, w oparciu o którą doktor Gunsaulus wszedł w posiadanie owej sumy, jest nadal żywa! I ty możesz się na niej oprzeć! Jest to uniwersalne prawo, równie skutecznie działające dziś, jak i wtedy, kiedy młody kaznodzieja uczynił z niego użytek.

Określony cel i dokładne plany

Zauważcie, że Asa Candler i doktor Frank Gunsaulus mają z sobą coś wspólnego. Obaj znali tę zadziwiającą prawdę, że pomysł może się przemienić w gotówkę dzięki mocy określonego celu wspartego dokładnym planem działania.

Jeśli należysz do tych ludzi, którzy sądzą, że do bogactwa dochodzi się jedynie wytrwałą i ciężką pracą, odrzuć to przeświadczenie. To nieprawda! Wielkie bogactwo nigdy nie jest owocem jedynie ciężkiej pracy! Jeśli w ogóle bogactwo osiągasz, jest ono wynikiem wyraźnie określonych żądań opartych na zastosowaniu ściśle określonych zasad, a nie owocem przypadku ani też szczęścia.

Ogólnie biorąc, pomysł jest impulsem myślowym, który powoduje określone działania odwołując się do wyobraźni. Wszyscy doświadczeni sprzedawcy wiedzą, że pomysły można sprzedawać tam, gdzie nie można sprzedać towaru. Ale zwykli sprzedawcy nie zdają sobie z tego sprawy — i dlatego właśnie są oni sprzedawcami „zwykłymi".

Pewien wydawca tanich książek odkrył, że może pokonać konkurujących z nim wydawców. Stwierdził mianowicie, że ludzie kupują książki dla ich tytułów, nie dla ich treści. Zmienił więc tytuł pewnej książki, która „nie szła", a sprzedaż jej podskoczyła osiągając milion egzemplarzy. Treść książki nie zmieniła się ani na jotę. Po prostu zerwał starą okładkę z tytułem, który „się nie sprzedawał" i zastąpił nową z tytułem mającym wartość handlową.

Jakkolwiek prosty był to chwyt, był on dobrym pomysłem! Był wytworem wyobraźni.

Nie ma ustalonej ceny na pomysły. Ustala tę cenę twórca pomysłów — i jeśli jest obrotny, uzyskuje za nie swą cenę.

Dzieje każdej niemal wielkiej fortuny rozpoczynają się od dnia, w którym twórca pomysłów i ich sprzedawca jednoczą się w harmonijnej współpracy. Carnegie otaczał się ludźmi, którzy mogli wykonać wszystko co im zlecił, którzy produkowali pomysły i realizowali je, czyniąc jego i innych bogaczami.

Miliony ludzi przez całe życie marzą o „przełomie". Zdarza się, że szczęśliwy przełom otwiera przed kimś nowe możliwości, ale najbezpieczniejsze plany osiągnięcia sukcesu nie opierają się na szczęściu. Szczęśliwy „przełom" stworzył mi najświetniejsze możliwości awansu życiowego — *ale* dwadzieścia pięć lat *ukierunkowanych wysiłków* doprowadziło do chwili, w której ta możliwość stała się faktem.

„Przełom" otworzył przede mną szczęśliwą możliwość nawiązania kontaktu i współpracy z Andrew Carnegiem. Przy tej okazji Carnegie zaszczepił w mym umyśle *ideę* ułożenia zasad osiągania sukcesów życiowych w formie filozofii sukcesu. Tysiące ludzi skorzystały już z tych stwierdzeń wypracowanych w toku dwudziestu pięciu lat badań, a kilka fortun powstało w wyniku zastosowania zasad tej filozofii. Początki ich były zawsze proste. Był to pomysł, który każdy byłby w stanie wykorzystać.

Szczęśliwy przełom w moim życiu dokonał się za sprawą Carnegiego, ale co powiedzieć o zdecydowanym określeniu celu, żądzy jego osiągnięcia i wytrwałej pracy dwudziestu pięciu lat? To niezwykłe pragnienie sukcesu przetrwało wszystkie rozczarowania, okresy przytłumienia odwagi, a także przejściowe porażki, krytycyzm i notoryczne przestrogi przed „marnowaniem czasu". Oparła się im żarliwa żądza sukcesu! Oparła się im obsesją!

Od kiedy pan Carnegie zaszczepił w mym umyśle ten pomysł, hołubiłem go w myślach, pielęgnowałem i sprawiłem, że *pozostawał żywy*. Stawał się stopniowo coraz silniejszy za sprawą swej własnej mocy i z kolei ożywiał i wzmacniał mnie. Taka jest natura pomysłów. Najpierw ty nadajesz życie i rozmach swemu pomysłowi, a następnie on nabiera własnej mocy i pokonuje wszelkie przeciwności.

Pomysły są siłą nieuchwytną, ale nabierają mocy większej od umysłu fizycznego, który je rodzi. Osiągają zdolność trwania nawet i po tym, jak umysły, które je zrodziły, obracają się w proch.

WNIOSKI POD ROZWAGĘ:

Możesz posługiwać się wyobraźnią syntetyzującą i wyobraźnią twórczą, poprzez praktykę sprawisz, że będą nierozerwalnie ze sobą współdziałały.

Wyobraźnia jest tym składnikiem, którego zabrakło przy wielu klęskach, a także katalizatorem wielu sukcesów. Asa Candler nie wymyślił receptury na Coca-Colę; wsparł ją wyobraźnią, która pozwoliła tę recepturę obrócić w fortunę.

Nieograniczone ilości pieniędzy czekają na ciebie, jeśli pożądasz ich określonej ilości w ściśle określonym czasie i celu. Zasada ta umożliwiła zdobycie miliona dolarów pewnemu duchownemu, który po prostu o nie się modlił.

Wiele potencjalnych fortun oczekuje możliwości zmaterializowania się w wyniku prostego pomysłu. Rozejrzyj się za możliwością zarobienia milionów nawet nie przez oryginalny plan ich zdobycia — lecz przez nową *kombinację* znanych już sposobów.

Najlepsze narzędzie wciąż czeka na tego,
kto będzie je umiał zastosować.

VII *Szósty krok do bogactwa: ZAPLANOWANE DZIAŁANIE*

Wprowadzenie w elektryzujący sekret „trustu mózgów". Jesteś w stanie wybrać sobie najwłaściwsze pole działania i w zadziwiająco krótkim czasie wybić się w swojej dziedzinie oraz uzyskać wielkie dochody.

Dowiedzieliście się już, drodzy Czytelnicy, że wszystko, co człowiek tworzy lub zdobywa, bierze początek z żądzy, że owa żądza jest pierwszym krokiem w jego marszu od abstrakcyjnych rojeń do konkretnych osiągnięć poprzez pracę wyobraźni, gdzie plany przetworzenia abstrakcyjnego myślenia powstają i konkretyzują się.

W rozdziale II o żądzy zostaliście też nakłonieni do poczynienia sześciu określonych, praktycznych kroków, jako pierwszego etapu ku przetworzeniu żądzy pieniądza w jej pieniężny ekwiwalent. Jednym z tych kroków jest sformułowanie określonego, praktycznego planu — lub systemu planów — poprzez które dokonacie tego przetworzenia.

Teraz zostaniecie poinformowani, w jaki sposób tworzyć owe praktyczne plany.

1. Zwiąż się z grupą złożoną z tylu ludzi, ilu ci będzie potrzebnych do stworzenia i realizacji twojego planu lub systemu planów zdobycia pieniędzy — zasady korzystania z „trustu mózgów" wyłożone zostaną w jednym z następnych rozdziałów. (Postępowanie zgodne z tą instrukcją jest *absolutną koniecznością*. Nie lekceważ tej przestrogi).
2. Przed uformowaniem swego „trustu mózgów" postanów z góry, jakie pożytki i korzyści *ty* zaoferujesz jego członkom w zamian za ich udział w pracującej na twoją rzecz grupie. Nikt nie zechce pracować przez nieokreślony czas bez wyraźnie określonej rekompensaty. Żaden też inteligentny człowiek nie będzie wymagał ani oczekiwał od innych pracy bez odpowiedniego wynagrodzenia, choć nie zawsze musi to być wynagrodzenie pieniężne.
3. Ułóż się z twym „trustem mózgów" w taki sposób, by spotykać się z członkami tej grupy przynajmniej dwa

razy w tygodniu, a nawet jeśli to możliwe częściej, aż do czasu, kiedy wspólnie doprowadzicie do stanu perfekcyjnego plan — lub system planów — zdobycia pieniędzy.

4. Utrzymuj stosunki z wszystkimi członkami „trustu mózgów" w stanie możliwie doskonałej harmonii. Jeśli nie zdołasz ściśle wypełnić tego zalecenia, musisz się liczyć z możliwością porażki. Zasada „trustu mózgów" *nie może działać*, jeśli nie opiera się na doskonałej harmonii między tobą a twoją grupą.

Miej też w pamięci następujące fakty:

1. Angażujesz się w przedsięwzięcie o kluczowym dla ciebie znaczeniu. Aby zapewnić sobie sukces, musisz dysponować planami bezbłędnymi.
2. Musisz czerpać korzyści z doświadczenia, wykształcenia, zdolności wrodzonych i wyobraźni innych ludzi. Odpowiada to metodom, którymi posługiwał się każdy z tych ludzi, którzy zbili wielkie fortuny. Nikt w pojedynkę nie rozporządza doświadczeniem, wykształceniem, wrodzonymi zdolnościami ani dostateczną wiedzą w takim stopniu, by zapewnić zdobycie fortuny bez współpracy z innymi ludźmi. Każdy plan zdobycia pieniędzy, jaki przyjmiesz, powinien być wspólnym dziełem twoim i każdego z członków twego „trustu mózgów". Możesz wprawdzie ów plan opracować samodzielnie, w całości lub częściowo, ale powinien on być sprawdzony i potwierdzony przez członków twego „trustu mózgów".

Niech porażki cię wzmacniają

Jeśli pierwszy z planów, jakie opracujesz, nie zadziała skutecznie, zastąp go nowym planem; jeśli i ten nie przyniesie sukcesu, zastąp go kolejnym i postępuj tak aż do chwili, w której stworzysz plan, który się powiedzie. Właśnie w tym punkcie większość ludzi ponosi klęskę, ponieważ brak im wytrwałości w tworzeniu nowych planów na miejsce tych, które się nie udały.

Nawet najbardziej inteligentny człowiek nie zdoła odnieść powodzenia w zdobywaniu pieniędzy — ani w żadnym innym przedsięwzięciu — bez praktycznych, dających się zrealizować planów działania. Zakarbuj to sobie w pamięci i wiedz, że jeśli twój plan zawodzi, porażka z tego wynikająca ma charakter przejściowy, nie jest klęską ostateczną. Może ona świadczyć tylko o tym, że twoje plany nie były rzetelne. Stwórz więc nowe plany. Zacznij wszystko od nowa.

Przejściowa klęska może tylko oznaczać, że coś w twoim planie nie było w porządku. Miliony ludzi wiodą życie ubogie i mierne, ponieważ nie potrafią wypracować rzetelnego planu zdobycia fortuny.

Twe osiągnięcia nie mogą być większe od stopnia rzetelności twego planu.

Kiedy James J. Hill po raz pierwszy przystąpił do gromadzenia funduszów na budowę kolei z wybrzeża atlantyckiego na wybrzeże Pacyfiku, poniósł porażkę, ale przetworzył ją w zwycięstwo opracowując nowe, skuteczniejsze plany zgromadzenia potrzebnych na to przedsięwzięcie pieniędzy.

Henry Ford ponosił porażki nie tylko u początków swej kariery producenta samochodów, ale także i później, kiedy znajdował się już na szczycie. Tworzył wówczas nowe plany działania i nadal dążył do sukcesu.

Znamy nazwiska ludzi, którzy zbili wielkie fortuny, ale najczęściej słyszymy tylko o ich triumfach, nic nam natomiast nie wiadomo o przejściowych porażkach, przez które musieli przebrnąć zanim wspięli się na swe szczyty.

Żaden wyznawca wyłożonej tu filozofii nie może liczyć na zdobycie fortuny bez zaznania przejściowej klęski. Kiedy cię ona spotyka, traktuj ją jako sygnał wskazujący, że twoje plany nie są w pełni rzetelne, zmień je i z powrotem obierz kurs ku sukcesowi. Jeśli się załamiesz przed osiągnięciem wyznaczonego sobie celu, staniesz się jednym z „przegranych". *A przegrany nigdy nie zwycięża, tak jak zwycięzca nigdy nie załamuje się.* Zapisz sobie to zdanie na kartce papieru wielkimi literami i umieść tak, żeby patrzeć na nie każdego wieczora przed snem i każdego ranka przed przystąpieniem do pracy.

Kiedy zaczniesz sobie dobierać ludzi do twego „trustu mózgów", wyszukuj takich, którzy się nie załamują pod wpływem porażek.

Niektórzy ludzie sądzą niemądrze, że tylko pieniądze rodzą pieniądze. To nieprawda! Żądza pieniądza przetworzona w swój pieniężny ekwiwalent za pomocą zasad wyłożonych w tej książce, jest pośrednikiem, poprzez który „robi się" pieniądze. Same z siebie pieniądze są czynnikiem biernym. Nie mają zdolności poruszania się, myślenia ani mówienia — ale są w stanie „wysłuchać" człowieka, który ich pożąda, który je do siebie przyzywa!

Możesz sprzedawać usługi i pomysły

Rozumne planowanie ma znaczenie kluczowe dla uzyskania powodzenia we wszelkich przedsięwzięciach podejmowanych w celu zdobycia bogactw. Znajdziecie poniżej szczegółowe zalecenia przeznaczone dla tych, którzy muszą rozpocząć zdobywanie bogactwa poprzez sprzedawanie własnych usług.

Zachęcająco przedstawia się wiedza o tym, że praktycznie biorąc każda z wielkich fortun brała początek z wynagrodzenia za wyświadczone usługi lub też ze sprzedaży pomysłów. Czyż człowiek może posiadać na własność coś poza tym, co dałoby się wymienić na bogactwa?

Od czego zaczyna się przywództwo

Na świecie, w szerokim rozumieniu, występują dwa typy ludzi. Jeden z nich to przywódcy, drugi — wykonawcy. Zdecyduj się od razu, czy zamierzasz stać się przywódcą w wybranej przez siebie dziedzinie, czy też pozostaniesz wykonawcą. Różnica w wynagrodzeniu jest ogromna. Wykonawca nie może oczekiwać takiego wynagrodzenia, do jakiego uprawniony jest przywódca, choć wielu wykonawców popełnia pomyłkę polegającą na oczekiwaniu takiego wynagrodzenia.

Pozycja wykonawcy nie przynosi ujmy. Ale z drugiej strony nie opłaca się pozostawać na zawsze wykonawcą. Większość wybitnych przywódców rozpoczynała życiową karierę od pozycji wykonawców. Stali się oni przywódcami, ponieważ byli inteligentnymi wykonawcami. Ci ludzie, z małymi wyjątkami, którzy nie potrafili w inteligentny sposób wykonywać poleceń przywódców, nie mogą się stać dobrymi przywódcami. Ci zaś, którzy polecenia te wykonują umiejętnie i skutecznie, w krótkim czasie sami stają się przywódcami. Inteligentny wykonawca odnosi wiele korzyści ze swej sytuacji, najważniejszą jest możliwość zdobycia wiedzy od swojego przywódcy.

Jedenaście sekretów przywództwa

Oto ważne czynniki przywództwa:

1. *Niezachwiana odwaga:* opiera się na wiedzy o sobie samym i znajomości zawodu, który się wykonuje. Żaden wykonawca nie chce podlegać przywódcy, któremu brak znajomości samego siebie i wiedzy zawodowej. Żaden inteligentny wykonawca nie pozostanie dłużej pod władzą takiego przywódcy.
2. *Samokontrola:* człowiek, który nie jest w stanie kontrolować samego siebie, nie będzie umiał kontrolować innych. Samokontrola stanowi świetny przykład dla wykonawców podlegających przywódcy, najinteligentniejsi z nich będą z nim w tym zakresie współzawodniczyć.
3. *Ugruntowane poczucie sprawiedliwości:* bez poczucia sprawiedliwości i lojalności żaden przywódca nie może naprawdę przewodzić i zaskarbić sobie szacunku wykonawców.
4. *Stałość decyzji:* człowiek chwiejny i niekonsekwentny w swych decyzjach ujawnia, że nie jest pewny siebie i nie może skutecznie kierować innymi.
5. *Umiejętność tworzenia konkretnych planów działania:* dobry przywódca musi planować swe prace i *wykonywać swe plany.* Przywódca, który działa na ślepo, bez posługiwania się praktycznymi, konkretnymi planami, przypomina statek bez steru. Prędzej czy później statek ten osiądzie na mieliźnie.
6. *Zwyczaj wnoszenia wkładu pracy większego od wynagrodzenia:* jednym z ciężarów ponoszonych przez przywódcę jest konieczność żądania od samego siebie wkładu pracy większego od wkładu pracy wykonawców.
7. *Osobisty urok:* żaden człowiek niedbały, nieuważny nie nadaje się na przywódcę. Przywództwo wymaga szacunku. Wykonawcy nie będą szanowali przywódcy, którego osobowość nie charakteryzuje się wszystkimi zaletami osobistymi rozwiniętymi w wysokim stopniu.
8. *Zdolność rozumienia innych i życzliwość dla nich:* dobry przywódca musi nawiązać kontakt z wykonawcami. Co więcej, musi okazywać zrozumienie dla ich problemów.

9. *Mistrzostwo w szczegółach:* dobry przywódca musi być dobrym przywódcą w każdym calu.
10. *Gotowość ponoszenia pełnej odpowiedzialności:* dobry przywódca musi być gotów na ponoszenie pełnej odpowiedzialności za pomyłki i niedoróbki swych wykonawców. Jeśli zechce się od tej odpowiedzialności uchylić, nie pozostanie przywódcą na długo. Jeśli któryś z wykonawców popełni błąd i okaże swą niekompetencję, dobry przywódca musi uznać, że to *on* poniósł porażkę.
11. *Kooperatywność:* dobry przywódca musi rozumieć i *stosować* zasadę skutecznej współpracy i umieć wdrożyć do niej swych wykonawców. Przywództwo wymaga siły, a siła wymaga współpracy.

Są dwa rodzaje przywództwa. Pierwszy zdecydowanie najbardziej skuteczny, opiera się na uznaniu przez wykonawców i wykazywanym przez nich zrozumieniu. Drugi opiera się na sile, bez oglądania się na uznanie i zrozumienie z ich strony.

Historia dostarcza wielu dowodów na to, że przywództwo oparte na sile nie jest trwałe. Upadek wielu dyktatorów i monarchów jest w tym względzie znaczący. Dowodzi on, że ludzie nie będą w nieskończoność znosili wymuszonego przywództwa.

Przykładami takiego przywództwa byla władza Napoleona, Mussoliniego, Hitlera. Ich przywództwo przeminęło. *Jedynym trwałym rodzajem przywództwa jest przywództwo oparte na uznaniu wykonawców!*

Ludzie mogą znosić wymuszone przywództwo do pewnego czasu, ale nigdy nie czynią tego dobrowolnie.

Nowy rodzaj przywództwa obejmuje jedenaście wyliczonych wyżej czynników, a także kilka innych. Człowiek, który uczyni z nich podstawę swego przywództwa, otwiera przed sobą rozległe możliwości przewodzenia w każdej dziedzinie życia.

Dlaczego przywódcy ponoszą klęski

Dochodzimy teraz w naszym rozumowaniu do głównych przyczyn, dla których różni przywódcy ponoszą klęski, ponieważ aby wiedzieć, jak postępować, trzeba też wiedzieć, *jak postępować nie należy.* Oto te przyczyny:

1. *Niezdolność do ustalenia szczegółów:* skuteczne przywództwo wymaga zdolności do ustalenia i dopracowania szczegółów. Żaden wybitny przywódca nigdy nie jest

„zbyt zajęty" na to, by nie móc wykonać czynności, od jakich zależy jego zdolność do sprawowania przywództwa. Jeśli ktoś, niezależnie od tego, czy jest przywódcą czy wykonawcą, twierdzi, że jest „zbyt zajęty", by zmienić plany lub uwzględnić w nich nagle wyłonioną okoliczność, dowodzi swej niezdolności do wypełniania przywództwa. Dobry przywódca musi panować nad wszystkimi szczegółami, związanymi z jego pozycją. Oznacza to oczywiście, że musi zdobyć umiejętności powierzania tych szczegółów zdolnym do zajmowania się nimi podwładnym.

2. *Niechęć do podejmowania skromnych zadań:* przywódcy naprawdę wybitni, ilekroć wymagała tego sytuacja, sami podejmowali się każdej pracy, którą zlecali innym. „Najwięksi spośród nas będą sługami wszystkich" — oto prawda, którą powinni uznać i stosować wszyscy przywódcy.

3. *Oczekiwanie wynagrodzenia za to, co „wiedzą", a nie za użytek, jaki czynią z tej wiedzy:* świat nie wynagradza ludzi za to, co „wiedzą". Płaci im za to co robią lub za to, że uczą innych różnych prac.

4. *Lęk przed umiejętnościami wykonawców:* przywódca, który lęka się, że któryś z podległych mu wykonawców zajmie jego miejsce, w praktyce wcześniej lub później doprowadza do dokonania się zamiany funkcji. Zdolny przywódca kształci swych podwładnych w wykonywaniu różnych czynności, które wchodzą w skład jego funkcji, a które może im powierzyć. W ten tylko sposób przywódca może zwielokrotnić swe wpływy i przysposobić się do obecności w wielu miejscach na raz, zajmowania się wieloma czynnościami w tym samym czasie. Jest odwieczną prawdą, że ludzie znacznie więcej zyskują przez *zdolność powierzania różnych czynności innym* niż mogliby uzyskać wyłącznie własnym wysiłkiem. Przez swą znajomość dziedziny, którą kieruje i magnetyzm własnej osobowości, dobry przywódca może w wydatnym stopniu zwiększyć skuteczność i wydajność innych i wdrożyć ich w lepsze wykonywanie większej liczby usług niż byliby w stanie podjąć się bez jego pomocy.

5. *Brak wyobraźni:* pozbawiony wyobraźni przywódca nie jest w stanie sprostać nagłym wyzwaniom, ani tworzyć planów skutecznego działania dla wykonawców.
6. *Sobkostwo:* przywódca, który zgarnia dla siebie wszystkie zaszczyty przysporzone przez wykonawców, może być pewien ich niechęci. Przywódca naprawdę wybitny nie przywłaszcza sobie honorów. Cieszy się tym, że spadają one na wykonawców, ponieważ zdaje sobie sprawę, że ludzie pracują wydajniej za uznanie i pochwałę niż za same tylko pieniądze.
7. *Nieopanowanie:* wykonawcy nie szanują porywczego przywódcy. Co gorsza, nieopanowanie w swych różnorodnych formach unicestwia trwałość i żywotność wszystkiego, co obejmuje swym zasięgiem.
8. *Nielojalność:* być może ta wada znaleźć się powinna na czele całej listy. Przywódca nielojalny wobec swego „trustu mózgów", swych wspólników, swych przełożonych i podwładnych, nie utrzyma długo swego przywództwa. Nielojalność określa człowieka jako „proch marny" i ściąga na jego głowę słuszne potępienie. Brak lojalności jest główną przyczyną klęsk spotykanych we wszystkich dziedzinach życia.
9. *Przesadne wyobrażenie o „autorytecie" przywódczym:* dobry przywódca zachęca swych wykonawców do działania i nie zasiewa w ich sercach lęku. Przywódca, który zabiega o narzucenie swego „autorytetu" wykonawcom, wpisuje się sam do kategorii przywództwa wymuszanego. Jeśli jest się przywódcą z prawdziwego zdarzenia, nie odczuwa się potrzeby reklamowania swej funkcji w inny sposób niż przez okazywanie współpracownikom życzliwości, zrozumienia, lojalności oraz wykazanie się znajomością swego zawodu.
10. *Tytułomania:* kompetentny przywódca nie potrzebuje wspierać się swym „tytułem" dla pozyskania szacunku wykonawców. Zazwyczaj człowiek, przywiązujący nadmierną wagę do swego tytułu, nie ma innych zalet godnych szacunku. Drzwi do gabinetu prawdziwego przywódcy zawsze pozostają otwarte dla tych, którzy chcą przez nie wkroczyć, a jego robocza kwatera wolna jest od ostentacyjnych formalności.

Oto najpospolitsze przyczyny klęsk ponoszonych przy sprawowaniu przywództwa. Każda z nich z osobna zdolna jest spowodować taką klęskę. Jeśli aspirujesz do funkcji przywódczych, przestudiuj tę listę uważnie i upewnij się, że jesteś wolny od tych błędów.

Wiele dziedzin przywództwa

W rozdziale niniejszym omówić też trzeba kilka najbardziej obiecujących dziedzin, w których obserwuje się niedostatek przywództwa, a w których jego nowy typ znalazłby bogate możliwości rozwoju:

1. Najpilniejszą potrzebę nowego przywództwa obserwujemy w dziedzinie polityki.
2. Reformy wymaga system bankowy.
3. Nowego przywództwa oczekuje przemysł. Przywódca nowego typu w dziedzinie przemysłowej musi uważać się za pewnego rodzaju osobę oficjalną, której obowiązkiem jest prowadzenie przedsiębiorstwa lub grupy przedsiębiorstw w taki sposób, by nie pracowały one jedynie na rzecz jednostki lub grupy jednostek, lecz całego organizmu społeczno-gospodarczego.
4. Przywódca religijny nowego typu będzie zmuszony do darzenia większą uwagą doczesnych potrzeb swych wiernych, do rozwiązywania ich ekonomicznych i osobistych trudności życiowych, a mniejszy nacisk kłaść powinien na zamkniętą przeszłość i nie narodzoną jeszcze przyszłość.
5. W zawodach prawniczych, medycznych i oświatowych, nowy typ przywództwa, a tym samym i nowi przywódcy, są pilną koniecznością. Dotyczy to zwłaszcza oświaty. Przywódca oświatowy musi znaleźć sposoby i środki nauczania ludzi praktycznego wykorzystania wiedzy, którą zdobywają w szkołach różnych stopni. Musi kłaść większy nacisk na praktykę, a mniejszy na teorię.
6. Pilnie też potrzeba nowych przywódców w dziedzinie dziennikarstwa.

Wymieniłem tu tylko kilka dziedzin, w których przed nowego typu przywódcami i nowego typu przywództwem otwierają się rozległe perspektywy. Świat podlega gwałtownym przeobrażeniom. Oznacza to, że środki, za których pośrednictwem dokonują się przemiany w obyczajach ludzkich, muszą być do tych zmian przygotowane. Środki przedstawione w tej książce, obok innych czynników, należą do tych, które wyznaczają cywilizacyjne trendy.

Pięć sposobów na zdobycie dobrej pracy

Podane tu informacje są owocem wieloletnich doświadczeń i dopomogły one w skutecznym sprzedaniu oferowanych usług wielu mężczyznom i kobietom.

Doświadczenie dowodzi, że następujące sposoby zapewniają najbardziej bezpośrednie i skuteczne metody przywiedzenia kupującego i sprzedającego usługi do wspólnego punktu:

1. *Biura zatrudnienia:* trzeba uważnie wybierać biura cieszące się uznaniem, których kierownictwo może się wykazać poważnymi wynikami. Nie ma takich biur w nadmiarze.
2. *Ogłoszenia:* przeglądaj dzienniki, czasopisma fachowe, magazyny. Jeśli starasz się o posadę urzędniczą lub o przeciętnie opłacane zajęcie, najczęściej polegać można na ogłoszeniach drobnych. Ogłoszenia specjalnie wyróżnione, bardziej odpowiadają tym, którzy poszukują stanowisk kierowniczych; szukać ich należy na stronach gazet o tematyce skierowanej przede wszystkim do pracodawców z dziedziny, która cię interesuje. Tekst aplikacji powinien być opracowany przez specjalistę, który wie, jak zamieścić w nim informacje o twych najcenniejszych kwalifikacjach.
3. *Osobiste listy aplikacyjne:* kieruje się je do wybranych firm lub osób, które mogą być najbardziej zainteresowane usługami, jakie im oferujesz. Listy powinny być zawsze *starannie napisane* (na maszynie lub w formie wydruku komputerowego) i własnoręcznie podpisane. List powinien być zaopatrzony w krótki wykaz twych kwalifikacji. List taki i wykaz twych umiejętności powinien opracować specjalista. (Patrz: instrukcja na temat informacji uzupełniających).
4. *Aplikacja przez znajomość osobistą:* jeśli to tylko możliwe, aplikujący powinien szukać przyszłego pracodawcy poprzez zawieranie znajomości osobistych. Metoda ta

zalecana jest szczególnie tym, którzy ubiegają się o stanowiska kierownicze i nie chcą „rozpraszać" się przez rozsyłanie ofert.

5. *Aplikacje składane osobiście:* w niektórych sytuacjach bardziej skuteczne może być osobiste oferowanie usług przyszłemu pracodawcy przez aplikującego, ale i wtedy powinno złożyć się pisemne oświadczenie na temat posiadanych kwalifikacji wymaganych w pracy, o którą się ubiegasz, ponieważ potencjalny pracodawca może zechcieć omówić twą kandydaturę ze wspólnikami.

Jak opracować „wykaz" lub résumé?

Wykaz twych kwalifikacji i osiągnięć zawodowych powinien być opracowany przez prawnika równie starannie, jak akta sprawy, która ma się znaleźć w sądzie. Nawet jeśli aplikujący ma już doświadczenie w przygotowywaniu takich wykazów, powinien się skonsultować ze specjalistą uznanym w tej dziedzinie usług. Dobrzy kupcy zatrudniają te osoby, które znają się na sztuce i psychologii reklamowania i sprzedawania swych zalet. Człowiek oferujący na sprzedaż własne usługi musi dowieść, że umie się reklamować. W wykazie powinny się znaleźć następujące informacje:

1. *Wykształcenie:* podaj krótko i jasno, jakie ukończyłeś szkoły i w czym się specjalizowałeś w czasie nauki, wyjaśnij przyczyny, dla których obrałeś taką specjalizację.
2. *Doświadczenie zawodowe:* jeśli już pracowałeś na stanowisku podobnym do tego, o jakie się ubiegasz, opisz je dokładnie, wymień nazwiska i adresy poprzednich pracodawców. Nie wahaj się podać otwarcie informacji o wszelkich *specjalnych* doświadczeniach zawodowych, które mogą dopomóc ci w zdobyciu pracy, o jaką się starasz.
3. *Referencje:* praktycznie biorąc, każda firma życzy sobie wiedzieć wszystko o poprzednich zajęciach, osiągnięciach aplikanta, który ubiega się o odpowiedzialne stanowisko. Dołącz do swego wykazu fotokopie listów od:

   a. poprzednich pracodawców,

   b. wykładowców, pod których kierunkiem studiowałeś,

   c. znanych osobistości, na których opinii można polegać.

4. *Zdjęcie fotograficzne:* dołącz do wykazu swoje zdjęcie zrobione niedawno i nie retuszowane.
5. *Ubiegaj się o określone stanowisko:* unikaj aplikacji pozbawionych wyraźnego określenia, o jakie stanowisko się ubiegasz. Nigdy nie występuj z prośbą o „jakiekolwiek zajęcie".
6. *Określ kwalifikacje, które predestynują cię do tego stanowiska:* podaj wszystkie szczegóły, które w twoim przekonaniu stanowią dowód, że masz odpowiednie kwalifikacje do zajęcia stanowiska, o jakie się ubiegasz. To jest najważniejszy punkt twojej aplikacji. W większym stopniu niż którykolwiek inny określi on zainteresowanie twą ofertą.
7. *Zaproponuj podjęcie pracy na okres próbny:* może ci się to wydać zbyt daleko idącą sugestią, ale doświadczenie uczy, że rzadko zdarza się nie być przyjętym choćby na okres próbny. Jeśli jesteś pewien swych kwalifikacji, potrzebujesz właśnie okresu próbnego. Propozycja taka daje do zrozumienia, że wierzysz w swe możliwości sprostania wymogom stanowiska, jakie chcesz zająć; brzmi to przekonująco. Wyjaśnij też, że twoja oferta opiera się na:
   a. twoim przekonaniu, że sprostasz tym wymogom,
   b. twej wierze, że po poddaniu cię takiej próbie, przyszły pracodawca podejmie wobec ciebie decyzję pozytywną,
   c. twej zdecydowanej woli objęcia tego stanowiska.
8. *Znajomość całości przedsiębiorstwa twego przyszłego pracodawcy:* zanim złożysz aplikację zgromadź rzetelne informacje o przedsiębiorstwie, w którym chcesz pracować, aby zaznajomić się z nim i wykazać w swej aplikacji wiedzę, którą w tym zakresie zdobyłeś. To wywrze dobre wrażenie i wskaże, że masz wyobraźnię i poważnie interesujesz się stanowiskiem, o które się ubiegasz.

Pamiętaj, że nie ten jest dobrym prawnikiem, kto zna prawo, ale ten, kto najlepiej przygotował się do sprawy i wygrał ją. Jeśli twoja „sprawa" zostanie we właściwy sposób przygotowana i przedstawiona, będziesz temu zawdzięczał więcej niż połowę sukcesu.

Nie obawiaj się tego, że twój wykaz się wydłuża. Pracodawcy są w tym samym stopniu zainteresowani pozyskaniem usług dobrze wykwalifikowanych aplikujących, jak ty jesteś zainteresowany uzyskaniem tego stanowiska. W rzeczywistości sukcesy najlepiej prosperujących pracodawców są skutkiem ich umiejętności wyszukania najlepiej wykwalifikowanych pomocników. Interesują ich więc wszystkie możliwe informacje o nich.

Pamiętaj też o tym, że trafne opracowanie twego wykazu świadczy, iż jesteś osobą dokładną. Zdarzyło mi się dopomagać w opracowywaniu takich wykazów klientom, którzy przedstawiali się jako osobowości tak niezwykłe, że otrzymywali prace, o które występowali, nawet bez poddania ich wywiadowi oceniającemu.

Kiedy już zbierzesz komplet informacji do swego wykazu, napisz go starannie i zatytułuj wedle następującego wzoru:

WYKAZ KWALIFIKACJI
ROBERTA K. SMITHA
UBIEGAJĄCEGO SIĘ O STANOWISKO
OSOBISTEGO SEKRETARZA
PREZESA KORPORACJI
THE BLANK COMPANY, INC.

W każdym wykazie umieszczaj odpowiednie nazwiska osób, do których ów wykaz kierujesz. Ten osobisty adres zwróci uwagę na twój wykaz. Przepisz go starannie na najładniejszym popierze, na jaki cię stać, opraw w okładkę podobną do książkowej, wydrukuj na niej nazwę firmy, do której tę teczkę skierujesz — oczywiście zmieniaj ten adres w zależności od potrzeb. Wypełnij tę instrukcję co do joty, wkładając w wykonanie całą wyobraźnię, jaką rozporządzasz.

Dobrzy sprzedawcy dbają o swój wygląd. Rozumieją, że pierwsze wrażenie pozostaje na długo w pamięci. Twój wykaz jest twoim sprzedawcą. Ubierz go w porządny garnitur, tak aby twoja aplikacja odróżniała się od wszystkiego, co twój przyszły pracodawca oglądał dotychczas z tej dziedziny. Jeśli posada, o którą się starasz jest tego warta, nie szczędź takich starań. Co więcej, jeśli się sprzedasz pracodawcy w sposób, dzięki któremu twoja osobowość wywrze na nim wrażenie, otrzymasz najpewniej za swe usługi od pierwszego dnia zatrudnienia wyższe wynagrodzenie niż to, o które mógłbyś się ubiegać w konwencjonalny sposób.

Jeśli poszukujesz pracy poprzez biuro pośrednictwa, zobowiąż jego pracowników do wysyłania aplikacji przez ciebie opracowanych. To pomoże ci zyskać przewagę nad innymi, zarówno w oczach agenta, jak i przyszłego pracodawcy.

Znajdź sobie pracę, która ci odpowiada

Każdy z nas lubi wykonywać pracę, do której czuje się najbardziej powołany. Artysta lubi mieć do czynienia z farbami, rzemieślnik z rękodziełem, pisarz lubi pisać. Ludzie o talentach mniej wyraźnie ukształtowanych mają upodobania do pewnych dziedzin biznesu i przemysłu. Jeśli jest coś dobrego w Ameryce, to szeroka gama możliwych zatrudnień i zawodów.

1. Zdecyduj się *wyraźnie*, jakiego rodzaju zajęcia poszukujesz. Jeśli taki zawód jeszcze nie istnieje, być może go stworzysz.
2. Wybierz przedsiębiorstwo lub konkretnego człowieka, u którego chciałbyś pracować.
3. Zbadaj, jakie są u tego pracodawcy możliwości awansu, jaki ma personel, jaką prowadzi politykę.
4. Analizując własne talenty i możliwości, sformułuj, *co możesz zaoferować* i zaplanuj sobie sposoby i środki dalszego rozwoju, świadczenia nowych usług i podsuwania pomysłów w toku przyszłej współpracy.
5. Zapomnij o „posadzie". Zapomnij o tym niezależnie od tego, czy to jest twoja pierwsza praca, czy nie. Zarzuć rutynowe pytanie: „Czy macie dla mnie posadę?" Skup się na tym, *co możesz dać z siebie.*
6. Kiedy już opracujesz w myślach plan działania, uzgodnij go z doświadczonym urzędnikiem, który pomoże ci go przelać na papier w starannej formie i ze wszystkimi potrzebnymi szczegółami.
7. Przedstaw ten plan *właściwej, upoważnionej osobie*, a ona dokona reszty. Każde przedsiębiorstwo rozgląda się za ludźmi, którzy mogą wnieść coś wartościowego, jakiś pomysł, usługę albo „koneksje". Każde też znajdzie miejsce dla człowieka, który przedstawi określony plan działań korzystnych dla tego przedsiębiorstwa.

Dalszy tok zdarzeń może potrwać parę dni lub tygodni, ale osiągnięte wynagrodzenie, usytuowanie na służbowej drabinie i zdobyte już uznanie, oszczędzą całych lat pracy za niskie wynagrodzenie. Pośród licznych korzyści najcenniejsze jest zaoszczędzenie sobie niekiedy aż pięciu lat w wędrówce do wybranego celu.

Wszyscy, którzy startują z pozycji powyżej minimum, bądź znajdują się od razu w połowie drogi do celu, zawdzięczają to ścisłemu i starannemu zaplanowaniu swych działań.

Klientela to twój partner

Ludzie, którzy reklamują swe usługi z największą korzyścią dla swej przyszłości, muszą uwzględniać zmiany, jakie się dokonały w zakresie stosunków między pracodawcą a pracobiorcą.

W przyszłości stosunki te w coraz większym stopniu układać się będą na zasadzie partnerstwa pomiędzy:

a. pracodawcą,
b. pracobiorcą,
c. klientelą, której obaj służą.

Ten nowy sposób marketingu usług zasługuje na określenie nowy z kilku powodów. Po pierwsze, zarówno pracodawca, jak i pracobiorca będą w przyszłości traktowani jak współpracujący ze sobą partnerzy, których zadaniem jest jak najlepsze służenie klientowi. Dawniej pracodawca i pracobiorca ścierali się, starając wycisnąć z siebie nawzajem największe korzyści i nie zwracając uwagi na fakt, że w istocie uzyskują je kosztem trzeciego partnera, klienteli, której powinni służyć.

Najstosowniejszymi słowami w języku dzisiejszego handlowca są: „uprzejmość" i „służenie klientowi", a do człowieka oferującego swe usługi odnoszą się one jeszcze bardziej bezpośrednio niż do pracodawcy, któremu ma on służyć, ponieważ analiza całej sytuacji wykazuje, że zarówno pracodawca jak i pracobiorca zatrudnieni są w istocie przez klientelę, której obaj mają służyć.

Wielu z nas jeszcze pamięta czasy, kiedy inkasent z gazowni i elektrowni pukał tak energicznie do drzwi, jakby je chciał wyłamać. A kiedy mu je otwierano, wdzierał się do środka odpychając otwierającą osobę z wyrazem twarzy takim, jakby miał ochotę wrzasnąć: „Dlaczego mi, do diabła, nie otwieracie natychmiast?" To już dziś przeszłość. Inkasent zachowuje się dziś jak gentleman, któremu sprawia przyjemność „być na usługi państwa". Zanim elektrownie i gazownie przekonały się, że ich inkasenci łatwiej zbierają pieniądze uśmiechem niż pogróżkami, minęło sporo czasu.

W okresie Wielkiego Kryzysu lat trzydziestych kilka miesięcy spędziłem w jednym z zagłębi antracytu w Pensylwanii badając zaostrzającą się tam sytuację, która omalże doprowadziła do uśmiercenia górnictwa amerykańskiego. Przedsiębiorcy ścierali się z pracownikami, przerzucając na siebie nawzajem koszty tej szamotaniny, które w efekcie doliczano do ceny węgla, aż wreszcie spostrzegli, że lepszy interes zrobią na gazie ziemnym i dogadali się z przemysłem rafineryjnym.

Podaję ten przykład z myślą o tych, którzy mają do zaoferowania własne usługi, aby im uświadomić, że jesteśmy tacy jacy jesteśmy, *ze względu na własny sposób postępowania!* Prawo związków przyczynowo-skutkowych obejmuje swym zasięgiem biznes, finanse, transport, a także działalność ludzi i określa ich ekonomiczny status.

Oferuj siebie na trzy sposoby

Wyłożyłem powyżej jasno i przejrzyście przyczyny trwałego i systematycznego powodzenia w usługach marketingowych. Każdy musi nauczyć się być sprzedawcą świadczonych przez siebie usług. Cenę i skalę transakcji wyznacza w znacznym stopniu jakość i liczba oferowanych usług. Skuteczne oferowanie własnych usług (co oznacza utrzymywanie ich stałej atrakcyjności rynkowej, osiąganie za nie zadowalającego wynagrodzenia i satysfakcjonujących warunków ogólnych każdego kontraktu) wymaga konsekwentnego stosowania formuły „JSK", co oznacza: JAKOŚĆ tych usług, ich SPOLEGLIWOŚĆ i twoją KOOPERATYWNOŚĆ jako wykonującego te usługi, twą zdolność do współpracy — i wszystkie te czynniki muszą pozostawać w zdrowej proporcji do otrzymywanej zapłaty. Zapamiętaj sobie formułę „JSK", a nawet nich ci wejdzie ona w nawyk!

Przypatrzmy się jej poszczególnym punktom, by upewnić się, że właściwie je rozumiemy:

1. *Jakość* usługi obejmować powinna wszystkie składające się na nią szczegóły i pozostawać w związku z twoją pozycją oraz w sposób możliwie najściślejszy z twym zdecydowanym zamiarem osiągania coraz większej skuteczności i wydajności w twej pracy.
2. *Spolegliwość* w świadczeniu usług powinna oznaczać, że masz w zwyczaju podejmować się każdej usługi, do której jesteś zdolny w każdym czasie, dążąc do stałego zwiększenia liczby świadczonych usług w miarę powiększania się twego doświadczenia i nabierania praktyki. Znów nacisk położony jest na wyraz zwyczaj.
3. *Kooperatywność* w świadczeniu usług ma zaś oznaczać zwyczaj miłego, harmonijnego współdziałania ze wszystkimi, których wyświadczana przez ciebie usługa obejmuje, a więc ze wspólnikami i współpracownikami.

Wysoka jakość i spolegliwość usług nie wystarczają do utrzymania na rynku twej oferty. Bardzo istotnym składnikiem żywotnej rynkowej atrakcyjności tych usług jest klimat, jaki wokół swej pracy stwarzasz, ma on decydujący wpływ zarówno na wysokość twego wynagrodzenia, jak i na twą zdolność utrzymywania się na rynku przez długi czas.

Andrew Carnegie szczególnie zwracał uwagę na ten punkt w swej charakterystyce czynników, które zapewniają powodzenie w marketingu twych usług. Podkreślał bezustannie konieczność harmonijnego współpracowania z partnerami. Zaznaczał, że nie zatrudniłby u siebie nikogo, niezależnie od najwyższej nawet jakości jego usług i spolegliwości w ich świadczeniu, gdyby *nie umiał* wykonywać ich w duchu harmonijnej współpracy. Nalegał na to, by jego pracownicy byli ludźmi miłymi w obejściu. Aby dowieść, że do tej cechy przywiązuje szczególne znaczenie, pomagał ludziom, którzy *odpowiadali jego wymaganiom* w jak najszybszym uzyskiwaniu życiowych sukcesów. Ci zaś, którzy im nie odpowiadali, musieli ustąpić miejsca innym.

Znaczenie miłego usposobienia akcentował on tak silnie, ponieważ pozwala ono świadczyć usługi we właściwej atmosferze. Jeśli ktoś odznacza się takim usposobieniem, zwiększa niejednokrotnie jakość i spolegliwość swych usług. I nie da się niczym zastąpić owego ducha kooperatywności.

Rwacz czy dawca?

Człowiek, którego dochody zależą bezpośrednio od sprzedawanych własnych usług, nie jest w mniejszym stopniu kupcem niż człowiek handlujący towarami i można powiedzieć, że osoba taka podlega tym samym regułom postępowania i zachowania się, co każdy kupiec.

Należy tę prawdę szczególnie uwypuklić, ponieważ większość ludzi utrzymujących się ze sprzedaży własnych usług popełnia błąd polegający na uznaniu, iż są oni wyłączeni z reguł postępowania i z odpowiedzialności ciążącej na ludziach zajmujących się marketingiem towarów.

Czas „rwaczy" już minął. Nadszedł czas dawców.

Rzeczywista wartość kapitałowa twego umysłu może być wyznaczona przez dochód, jaki osiągasz (ze sprzedaży swych usług na rynku). Rzetelnego wyliczenia wartości kapitałowej twych usług można dokonać mnożąc twój roczny dochód przez szesnaście i dwie trzecie, ponieważ można przyjąć, że twój roczny dochód stanowi 6% twej wartości kapitałowej. Pieniądze pożycza się na 6% rocznie. A pieniądze nie są więcej warte niż umysł. Często są warte mniej.

Skutecznie wprowadzane na rynek kompetentne umysły stanowią często cenniejszą formę kapitału od tej, jaką się angażuje w handel towarami, ponieważ „mózgi" nie podlegają ustawicznej degradacji w wyniku recesji, nie można ich nikomu ukraść ani też stracić. Co więcej, pieniądze, które stanowią sedno każdego biznesu, nie są więcej warte niż kupa piasku, jeśli nie połączyć ich z działaniem wydajnych „mózgów".

Trzydzieści jeden przyczyn przegranej

Największa tragedia życiowa polega na tym, że ktoś, kto gorliwie stara się o sukces, ponosi w tych staraniach porażkę! Grozę tej tragedii powiększa fakt, że większość ludzi przegrywa pojedynek z życiem, a tylko niewielu go wygrywa.

Miałem możność przeanalizować życiowe doświadczenia tysięcy ludzi, których 98% należałoby zaliczyć do „przegranych".

Analiza ta doprowadziła mnie do stwierdzenia, iż istnieje trzydzieści jeden głównych powodów przegranej i trzynaście głównych zasad, wedle których ludzie zbijali fortuny. W niniejszym rozdziale przedstawię owe trzydzieści jeden głównych przyczyn klęski życiowej. Kiedy będziecie studiowali tę listę, sprawdzajcie punkt po punkcie, które z owych przeszkód zagradzały wam dotychczas drogę do życiowego sukcesu.

1. *Nieszczęśliwe dziedzictwo:* bardzo niewiele można zrobić dla ludzi, którzy przyszli na świat z niedostatkiem sił umysłowych. Moja filozofia widzi tylko jeden sposób na pokonanie ich upośledzenia — posłużenie się „trustem mózgów". Zwróćcie jednak uwagę, że jest to jeden z trzydziestu jeden powodów przegranej, którego nie można łatwo usunąć.

2. *Brak wyraźnie określonego celu w życiu:* nie może mieć nadziei na życiowy sukces ktoś, kto nie wytknął sobie w życiu głównego celu i *określonego sposobu* dojścia do niego. Dziewięćdziesięciu ośmiu na stu ludzi, którymi się żajmowałem, nie miało takiego celu. Zapewne była to główna przyczyna ich życiowej klęski.

3. *Brak ambicji wybicia się ponad przeciętność:* nie dajemy żadnej nadziei tym, którzy nie są skłonni do ponoszenia kosztów pójścia naprzód w swoim życiu.

4. *Niedostatki wykształcenia:* tę wadę można przezwyciężyć stosunkowo łatwo. Doświadczenie dowodzi, że ludzie najlepiej wykształceni znani są zarazem jako „self-made mani" albo samoucy. Wykształcenie wymaga czegoś więcej od ukończenia uniwersytetu. Człowiek wykształcony to taki człowiek, który potrafi zdobyć wszystko, czego w życiu pragnie, bez naruszania praw innych ludzi. Wykształcenie nie jest prostą funkcją nabytej wiedzy, lecz mierzy się umiejętnością wykorzystywania wyuczonej wiedzy. Ludzie są wynagradzani głównie nie za to, co wiedzą, lecz przede wszystkim za użytek, jaki czynią z tego, co wiedzą.

5. *Brak samodyscypliny:* dyscyplinę osiąga się przez samokontrolę. To znaczy, że trzeba poddać kontroli wszystkie

swe wady. Zanim rozciągniesz kontrolę nad warunkami, w których się znalazłeś, poddaj kontroli samego siebie. Samodoskonalenie jest najtrudniejszą pracą, jakiej mógłbyś się kiedykolwiek podjąć. Jeśli nie zapanujesz nad samym sobą, zostaniesz przez samego siebie pokonany. Patrząc w lustro widzisz zarazem najlepszego swego przyjaciela i najgroźniejszego wroga.

6. *Choroby:* nikt nie zdoła osiągnąć życiowego sukcesu nie ciesząc się dobrym zdrowiem. Wiele przyczyn powodujących choroby da się usunąć lub ograniczyć. Do takich należą:
   a. nadużywanie pokarmów szkodliwych dla zdrowia,
   b. złe nawyki myślowe; poddawanie się złym myślom,
   c. złe rozumienie seksu, nadużywanie zmysłowych rozkoszy,
   d. brak należytego przygotowania fizycznego,
   e. niedocenianie wagi świeżego powietrza — powodujące trudności w oddychaniu.
7. *Nieodpowiednie warunki rozwoju w dzieciństwie:* „Czym skorupka za młodu nasiąknie, tym na starość trąci". Większość ludzi wykazujących skłonności przestępcze nabrała ich w wyniku wpływu złego otoczenia i niewłaściwych związków międzyludzkich w dzieciństwie.
8. *Gnuśność:* jest to jedna z najczęstszych przyczyn życiowej klęski. „Obłomowszczyzna" czai się tuż przy człowieku, czeka na każdą sposobność, by unicestwić jego życiową szansę. Większość z nas przegrywa walkę z życiem, ponieważ czeka „na właściwy moment" rozpoczęcia jakiejś działalności. Nie czekaj na coś takiego, nigdy nie nadejdzie „najwłaściwszy moment". Startuj z punktu, w którym się znajdujesz, z tymi środkami, które masz w ręku, lepsze znajdziesz w toku działania!
9. *Brak wytrwałości:* większość z nas byłaby niezłymi sprinterami, ale nie nadaje się na długodystansowców albo wręcz nie jest w stanie dobiec do mety. Co gorsza, ludzie zwykli rezygnować z realizacji swych dążeń pod wpływem pierwszych niepowodzeń. Ale nic nie jest w stanie zastąpić wytrwałości. Człowiek, który obiera sobie wytrwałość

za życiową cnotę, rychło stwierdza, że „obłomowszczyzna" doprowadza do wyczerpania życiowych mocy i klęski. Wytrwałość nie dopuszcza do klęski.

10. *Osobowość negatywna:* nie może mieć nadziei na życiowy sukces człowiek, który odpycha od siebie innych swą negatywną osobowością. Sukces życiowy zdobywa się poprzez wykorzystanie swej władzy, a do władzy dochodzi się poprzez wydajną współpracę z innymi ludźmi. Osobowość negatywna wyklucza taką współpracę.
11. *Brak kontroli nad potrzebami seksualnymi:* energia seksualna jest najsilniejszym stymulatorem ludzkiego działania. Ponieważ jest najsilniejszym z uczuć, musi być poddana kontroli poprzez przetworzenie i skierowanie w inne kanały.
12. *Nieopanowana żądza zdobycia czegoś bez należnej zapłaty:* pasja hazardzisty przywodzi miliony ludzi do życiowej katastrofy. Można tego dowieść studiując krach na giełdzie w roku 1929, kiedy to miliony ludzi bezskutecznie próbowały zbić majątek na spekulacjach giełdowych.
13. *Brak dojrzale rozwiniętej zdolności do decyzji:* ludzie osiągający życiowy sukces, dochodzą do właściwych decyzji i nie zmieniają ich często. Ludzie, którzy nie są w stanie podjąć decyzji wiążącej, szybko podejmują decyzje niepewne, zmieniają je często i szybko. Niezdecydowanie i gnuśność są rodzeństwem. Kiedy natykacie się na jedno z nich, drugie musi gdzieś się czaić w pobliżu. Odrzuć jedno i drugie, zanim doprowadzą cię do zguby.
14. *Któryś z najczęstszych lęków lub kilka na raz:* przeanalizuję je w następnym rozdziale. Musisz je przezwyciężyć, zanim podejmiesz skuteczny marketing swych usług.
15. *Niewłaściwy dobór współmałżonka:* to najpospolitsza przyczyna życiowej klęski. Związek małżeński zakłada intymny kontakt między ludźmi. Jeśli związek ów nie układa się harmonijnie, klęska życiowa niechybnie nadciągnie. Co więcej, przyjdzie pod postacią biedy i nieszczęścia, unicestwiających wszelką życiową nadzieję.
16. *Nadmierna ostrożność:* człowiek, który nie wykorzystuje nadarzających się możliwości, skazuje się na sięganie po to, co inni odrzucili. Nadmierna ostrożność jest równie szkodliwa jak nieostrożność. Życie obfituje w możliwości do wykorzystania.

17. *Zły dobór wspólników w interesach:* jest to jedna z najczęstszych przyczyn klęski w biznesie. W marketingu własnych usług trzeba przywiązywać wielką wagę do właściwego wyboru pracodawcy, który będzie dostarczał inspiracji i który musi sam być inteligentny i cieszyć się życiowym powodzeniem. Zawsze współzawodniczymy z tymi, z którymi najbliżej współpracujemy. Wybieraj sobie pracodawcę, z którym warto współzawodniczyć.
18. *Podejrzliwość i uprzedzenia:* podejrzliwość jest formą lęku. Jest też przejawem ignorancji. Ludzie odnoszący sukcesy mają oczy i uszy otwarte i niczego się nie obawiają.
19. *Niewłaściwy wybór powołania życiowego:* nikt nie jest w stanie odnieść powodzenia w dziedzinie, która go nie interesuje. Najistotniejszym krokiem ku właściwemu marketingowi własnych usług jest wybór takiego zajęcia, któremu będziesz mógł oddać się całym sercem.
20. *Nieumiejętność skupienia się na wynikach:* rozpraszanie się („po wsiem") nie przynosi żadnego pożytku. Skup wszystkie swe wysiłki na osiągnięciu zamierzonego rezultatu.
21. *Nawyk rozrzutności:* rozrzutność nie popłaca głównie dlatego, iż wynika z lęku przed ubóstwem. Narzuć sobie zwyczaj systematycznego oszczędzania, przeznacz na to określony procent swych dochodów. Pieniądze, które masz w banku, stanowią podwalinę odwagi, z jaką przystępujesz do sprzedawania swych usług. Bez finansowej rezerwy zmuszony byłbyś do przyjęcia pierwszej lepszej nadarzającej się oferty i jeszcze byłbyś nią ucieszony.
22. *Brak entuzjazmu:* nie zdołasz osiągnąć sukcesu bez entuzjazmu. Co więcej, entuzjazm jest zaraźliwy i człowiek, który się nim posługuje z umiarem, osiąga powodzenie w każdym środowisku.
23. *Nietolerancja:* człowiek o ciasnym umyśle rzadko odnosi sukcesy. Nietolerancja oznacza, że człowiek zaprzestał przyswajania wiedzy. Najszkodliwsze formy nietolerancji występują w sprawach religii, rasy i różnic politycznych.
24. *Niepohamowanie:* najzgubniejszą formą niepohamowania jest obżarstwo, opilstwo i rozpusta. Popadnięcie w którykolwiek z tych grzechów uniemożliwia życiowy sukces.

25. *Nieumiejętność ułożenia współpracy z innymi:* większość ludzi traci stanowiska i życiowe szanse przez tę wadę, bądź przez zsumowane inne wady i słabości. Jest to wada, której żaden dobrze zorientowany w sprawach swego personelu biznesmen ani przywódca nie będzie tolerował.
26. *Objęcie stanowiska, do którego nie doszło się własnym wysiłkiem:* (dotyczy synów i córek prominentów oraz innych osób, które weszły w posiadanie pieniędzy, chociaż same ich nie zarobiły). Władza złożona w ręce kogoś, kto do niej stopniowo nie doszedł, pociąga często fatalne skutki. Łatwo uzyskane bogactwo jest groźniejsze od nędzy.
27. *Rozmyślna nikczemność:* nie ma nic cenniejszego niż uczciwość. Może się komuś zdarzyć, że popełni nieuczciwość pod naciskiem okoliczności, nad którymi nie jest w stanie zapanować. Ale nie ma ratunku dla człowieka, który jest z rozmysłem niegodziwy. Prędzej czy później ludzie go zdemaskują i zapłaci za swą nikczemność utratą reputacji, a może i wolności.
28. *Egoizm i próżność:* te wady postrzegane są jak czerwone światła sygnalizujące innym, by trzymali się z dala od ulegającego im człowieka. Pociągają za sobą fatalne skutki dla jego zabiegów o życiowy sukces.
29. *Zgadywanie zamiast myślenia:* większość ludzi jest zbyt beztroska i leniwa, by sprawdzać fakty i opierać na nich wnioskowanie. Wolą powoływać się na „opinie" powstające w wyniku zgadywania lub powierzchownych przypuszczeń.
30. *Brak kapitału:* jest to pospolita przyczyna przegranej u tych, którzy zabierają się do biznesu nie mając odpowiedniej rezerwy kapitałowej umożliwiającej przetrwanie wstrząsów spowodowanych ich pomyłkami i dotrwanie do chwili, w której uzyskają trwałą reputację.
31. *Inne:* wymień jakąś przyczynę niepowodzenia, którego doznałeś, a która nie została na tej liście umieszczona.

Na tych trzydziestu jeden głównych przyczynach porażek oparta jest moja koncepcja tragedii życiowej, doświadczanej przez każdego niemal człowieka, który próbował odnieść sukces życiowy i któremu się to nie powiodło. Byłoby rzeczą pożyteczną, gdybyś mógł poprosić kogoś, kto cię dobrze zna, aby przestudiował wraz z tobą tę listę i pomógł ci przemyśleć te trzydzieści jeden przyczyn życiowej klęski. Możesz też przeprowadzić ich analizę samodzielnie. Ale wielu ludzi nie potrafi patrzeć na siebie tak wnikliwie, jak patrzą na nich inni. Może się zdarzyć, że należysz właśnie do takich ludzi.

W jaki sposób prowadzić marketing samego siebie?

Jedno z najstarszych wezwań brzmi — „Człowieku, poznaj samego siebie!" (Gnothi seauthon). Jeśli chcesz skutecznie prowadzić marketing samego siebie, musisz dobrze poznać oferowany towar. Dotyczy to także oferowanych usług własnych. Powinieneś poznać wszystkie swoje słabości po to, by nad nimi zapanować lub wręcz je przezwyciężyć. Powinieneś też znać swą siłę, aby móc na nią zwłaszcza zwracać uwagę oferując swe usługi. Poznać samego siebie możesz tylko przez *dokładną* analizę.

Nieznajomość samego siebie w połączeniu z egotyzmem zgubiły pewnego młodego człowieka, który ubiegał się o posadę u menedżera znanego przedsiębiorstwa. Wywarł zrazu bardzo korzystne wrażenie, aż w pewnej chwili menedżer zapytał go o uposażenie, jakiego by pragnął. Odpowiedział, że nie myślał jeszcze o określonej sumie (*brak ściśle określonego celu*). Menedżer zaproponował więc:

— Zapłacimy ci tyle, ile jesteś wart, po tym, jak cię poddamy tygodniowej próbie.

— Nie mogę się na to zgodzić — odparł aplikujący o posadę — ponieważ dostaję więcej w firmie, w której teraz pracuję.

Nie rozpoczynaj nigdy rozmów o zmianie wynagrodzenia na dotychczasowym stanowisku ani nie poszukuj innego zatrudnienia, dopóki się nie upewnisz, że wart jesteś zapłaty wyższej niż ta, którą do tej chwili pobierałeś.

Wszyscy pragną większych zarobków, ale czymś zupełnie innym jest kwestia, czy się jest ich wartym! Wielu ludzi myli swe życzenia ze swymi umiejętnościami. Twoje żądania albo oczekiwania finansowe nic nie mają wspólnego z tym, ile jesteś wart w swoich oczach. Twoją wartość określa wykazana przez ciebie zdolność do świadczenia użytecznych usług lub też umiejętność skłonienia innych do wykonywania tych usług.

Czy w zeszłym roku posunąłeś się do przodu?

Coroczna samoanaliza ma równie podstawowe znaczenie dla skutecznego marketingu własnych usług, jak doroczny remanent w handlu towarami. Co więcej, coroczna samoanaliza powinna wykazywać zmniejszanie się liczby błędów, a zwiększanie liczby osiągnięć. Ludzie posuwają się do przodu lub też tkwią w miejscu, bądź się cofają. Celem jej powinno być oczywiście wykazanie, czy dokonałeś w ciągu minionego roku postępu, i jeśli tak, to jak znacznego. Musi ona jednak także wykazać wszystkie kroki wstecz, jeśli takie ci się zdarzyły. Skuteczny marketing własnych usług wymaga od ciebie, abyś zawsze posuwał się do przodu, nawet gdyby ten postęp miał być powolny.

Corocznej analizy powinieneś dokonywać zawsze na zakończenie roku, tak abyś w nowy rok wkraczał z wyraźnie nakreślonymi celami, do jakich powinieneś w czasie jego trwania dojść. Sporządź sobie taki bilans według poniższych punktów sprawdzając odpowiedzi z pomocą kogoś, kto ci nie pozwoli uchylać się od dokładnej samooceny.

Dwadzieścia osiem bardzo osobistych pytań

1. Czy osiągnąłem cel, który sobie na ten rok postawiłem? (Powinieneś układać sobie prace tak, by cel roczny był składową częścią celu życiowego).
2. Czy świadczone przez siebie usługi wykonywałem najlepiej jak potrafię, czy też mógłbym któreś z nich udoskonalić?
3. Czy wykonałem tyle usług ile naprawdę mogłem?
4. Czy sposób zachowania wobec ludzi był zawsze sympatyczny i przepojony duchem współpracy?
5. Czy poddawałem się zwyczajowi odwlekania zajęć, co zmniejszało moją wydajność, i jeśli tak, to do jakiego stopnia?
6. Czy rozwijałem swą osobowość, i jeśli tak, to w jaki sposób?
7. Czy byłem wytrwały w realizowaniu mych planów i doprowadzeniu ich do końca?
8. Czy we wszystkich sytuacjach podejmowałem decyzje właściwe i stanowcze?

9. Czy podlegałem któremuś — czy nawet którymś — z sześciu głównych lęków?
10. Czy byłem podejrzliwy i podlegałem uprzedzeniom?
11. Czy moje stosunki ze współpracownikami były sympatyczne, czy niesympatyczne? Jeśli były niesympatyczne, czy wina za to obciąża mnie w jakiejś części? A może w całości?
12. Czy zmarnotrawiłem część swej energii wskutek braku koncentracji na głównym celu działania?
13. Czy byłem otwarty i tolerancyjny wobec innych?
14. W jaki sposób doskonaliłem swą zdolność świadczenia usług?
15. Czy byłem nieopanowany w którymś z mych nawyków?
16. Czy w jakikolwiek sposób, otwarty lub skryty, przejawiałem egoizm?
17. Czy mój sposób odnoszenia się do współpracowników był taki, że zjednywał mi ich szacunek?
18. Czy moje opinie i decyzje opierały się na domysłach czy też na dokładnej analizie stanu rzeczy?
19. Czy przestrzegałem zasady oszczędzania czasu, wydatków i odkładania na przyszłość części zarobków i czy byłem dość zapobiegliwy w tych zabiegach?
20. Ile czasu zmarnowałem na zajęcia nie przynoszące korzyści i czy mógłbym z tego czasu uczynić lepszy użytek?
21. W jaki sposób mógłbym zdyscyplinować swój czas i zmienić nawyki, tak aby w przyszłym roku pracować wydajniej?
22. Czy winien jestem jakiegoś postępku, którego moje sumienie nie akceptuje?
23. W jaki sposób wyświadczyłem więcej usług i to poważniejszych niż przewidywało moje wynagrodzenie?
24. Czy postąpiłem wobec kogoś niegodnie, a jeśli tak, to wobec kogo?
25. Gdybym był zleceniodawcą usług wyświadczanych przeze mnie w tym roku, czy byłbym z nich zadowolony?
26. Czy pracuję w dziedzinie zgodnej z mym powołaniem, czy też nie?
27. Czy zleceniodawca mych usług był z nich zadowolony, a jeśli nie, to dlaczego?
28. Jaką część mego zasadniczego planu osiągnięcia życiowego sukcesu stanowią moje tegoroczne dokonania?

(Dokonaj tej oceny uczciwie i odważnie, przedstaw ją do sprawdzenia komuś, kto jest dość odważny, by zrobić to rzetelnie).

Po przeczytaniu i przyswojeniu sobie informacji zawartych w tym rozdziale będziesz już w stanie stworzyć praktyczny plan marketingu swych usług. Znalazłeś w tym rozdziale dokładny opis wszystkich głównych zasad planowania sprzedaży własnych usług oraz głównych cech przywództwa, najczęstszych przyczyn niepowodzenia w przewodzeniu innym, wykaz dziedzin otwierających przed nowym rodzajem przywództwa szczególne perspektywy, głównych powodów klęski życiowej oraz listę ważnych pytań, które powinieneś sobie postawić w toku samoanalizy.

Przedstawiłem te kwestie szczegółowo, ponieważ przyda się to wszystkim, którzy muszą przystąpić do zdobywania bogactwa poprzez marketing własnych usług. Zarówno ci, którzy stracili fortuny, jak i przystępujący do ich zdobywania, mają do zaoferowania jedynie własne usługi; stąd jest rzeczą niezmiernie ważną, by dysponowali praktycznymi informacjami umożliwiającymi im najbardziej korzystne sprzedawanie własnych usług.

Pełne przyswojenie i zrozumienie wyłożonych tu informacji będzie pomocne w marketingu własnych usług, a także dopomoże w dokładniejszym analizowaniu i sądzeniu ludzi. Będą też miały te informacje bezcenną wartość dla dyrektorów biur personalnych, menedżerów zarządzających działami zatrudnienia i innych szefów odpowiedzialnych za dobór pracowników i wydajne funkcjonowanie zakładów wytwórczych i handlowych. Jeśli nie dowierzasz temu stwierdzeniu, sprawdź jego wartość odpowiadając pisemnie na dwadzieścia osiem wyliczonych uprzednio pytań.

Stracone możliwości zdobywania bogactwa

Skoro już przeanalizowaliśmy zasady prowadzące do zdobywania bogactwa, pora zapytać: „Gdzie można znaleźć okoliczności sposobne do zastosowania tych zasad?" Spróbujmy przedstawić spis ofert, jakie Stany Zjednoczone Ameryki Północnej proponują człowiekowi dążącemu do wzbogacenia się.

Najpierw musimy wbić sobie w pamięć, że żyjemy *wszyscy* w kraju, gdzie *każdy przestrzegający prawa obywatel cieszy się wolnością myśli i wolnością działania nieporównywalną z warunkami panującymi w jakimkolwiek innym kraju.* Większość z nas nigdy nie sporządzi sobie inwentarza korzyści, jakie przynosi wolność. Nie porównywaliśmy naszej nieograniczonej wolności z wolnością ograniczaną w różnych krajach.

Rozporządzamy wolnością myśli, wolnością wyboru rodzaju wykształcenia i cieszenia się nim, wolnością religii, wolnością polityczną, wolnością przedsięwzięcia, jakiemu chcemy się oddać, zawodu lub specjalności, wolnością gromadzenia i posiadania *wszelkiej własności, jaką zdołamy uzyskać,* wolnością wyboru miejsca zamieszkania, wolnością zawierania małżeństw, wolnością zapewniającą równe prawa ludziom wszystkich ras, wolnością przenoszenia się ze stanu do stanu, wolnością wyboru rodzaju pożywienia oraz wolnością *ubiegania się o każdą pozycję życiową, do której zajęcia przygotujemy się odpowiednio,* włącznie z prezydenturą Stanów Zjednoczonych.

Dysponujemy też innymi rodzajami wolności, był to tylko rzut oka na najważniejsze z nich, które otwierają przed nami możliwości najwyższego rzędu. Te rozległe wolności są tym bardziej zadziwiające, że Stany Zjednoczone są jedynym krajem na świecie gwarantującym je każdemu obywatelowi, niezależnie od tego, czy urodził się Amerykaninem czy naturalizował się w USA.*)

Spróbujmy z kolei przypatrzyć się niektórym błogosławionym następstwom tych wolności, które złożono w nasze ręce. Weźmy za przykład przeciętną rodzinę amerykańską (mam na myśli rodziny o przeciętnym dochodzie) i podsumujmy korzyści dostępne każdemu członkowi takiej rodziny zamieszkałej w tym kraju obfitości i nieograniczonych możliwości! Po wolności myśli i działania następują wolności wyboru pożywienia, ubrania i zamieszkania, stanowiące trzy główne potrzeby życiowe.

Żywność: ze względu na ogólną wolność, przeciętna rodzina amerykańska jest w stanie zdobyć dowolnie wybrany rodzaj i wystarczającą do zaspokojenia swych potrzeb ilość żywności, odpowiednio do skali swych zarobków.

---

* Informacja nieścisła: prezydentem USA może być wyłącznie człowiek urodzony w tym kraju. *(przyp. tłum.)*

Ubiór: wszędzie na terenie Stanów Zjednoczonych, kobieta o przeciętnych wymaganiach jest w stanie ubrać się wygodnie i odpowiednio za nie więcej niż pięćset dolarów rocznie, a mężczyzna za tyleż lub mniej.
Mieszkanie: przeciętna rodzina amerykańska mieszka w wygodnym mieszkaniu, z centralnym ogrzewaniem, elektrycznością i gazem.

Grzanki, które jada na śniadanie, przygotowywane są w elektrycznym tosterze, kosztującym parę dolarów. Mieszkanie sprząta się odkurzaczem elektrycznym. Przez całą dobę w kuchni i łazience dostępna jest ciepła woda. Żywność przechowuje się w chłodziarce elektrycznej. Kobieta zakręca włosy, pierze bieliznę i prasuje przy użyciu łatwego w obsłudze sprzętu elektrycznego, który wystarczy podłączyć do kontaktu. Mężczyzna goli się maszynką elektryczną, a oboje przez całą dobę zaopatrywani są w wiadomości i rozrywki z całego świata za pośrednictwem odbiornika radiowego i telewizyjnego.

W mieszkaniu jest wiele innych udogodnień, ale już te wyliczenia dają pewne wyobrażenie o wolnościach, jakimi cieszymy się w Ameryce.

Wymieniłem tu jedynie trzy podstawowe potrzeby życiowe, żywność, ubiór i mieszkanie. Przeciętny obywatel amerykański korzysta także z innych przywilejów i udogodnień dostępnych za umiarkowany wysiłek, nie przekraczający ośmiu godzin pracy dziennie.

Przeciętny obywatel amerykański ma zapewnioną ochronę prawa własności nie spotykaną w żadnym innym kraju na świecie. Może swe oszczędności umieścić w banku pewien, że rząd mu je zagwarantuje i pośpieszy z pomocą, jeśli bank zbankrutuje. Obywatel amerykański nie potrzebuje paszportu ani żadnego zezwolenia, jeśli zechce się przenieść z jednego stanu do drugiego. Może udać się dokąd zechce i kiedy zechce wrócić. Co więcej, może sobie podróżować pociągiem, autem, autobusem, samolotem lub statkiem, zależnie od możliwości finansowych.

Zaufaj kapitałowi

Słyszymy często polityków, jak rozprawiają o wolności w Ameryce, kiedy zabiegają o głosy wyborców, rzadko jednak zdarza im się poświęcić należytą uwagę analizie źródeł i istoty owej „wolności". Nie mając nic do stracenia i nie powodowany żadnymi ukrytymi motywami, mogę swobodnie przystąpić do zanalizowania tego tajemniczego, abstrakcyjnego, często mylnie rozumianego „czegoś", co przynosi każdemu obywatelowi Stanów Zjednoczonych więcej błogosławionych korzyści i możliwości zdobywania pomyślności, przysparzania sobie wolności w każdej dziedzinie życia, niż to jest do pomyślenia w innym kraju.

Czuję się uprawniony do analizowania tego źródła i istoty wolności, ponieważ znam obecnie i znałem w przeszłości, w ciągu ponad półwiecza, wielu spośród ludzi, którzy sprawowali władzę i wielu, którzy dziś ją dzierżą w swych rękach.

Ten tajemniczy dobroczyńca ludzkości ma na imię kapitał!

Na kapitał składają się nie tylko pieniądze, ale przede wszystkim grupy wysoko zorganizowanych, inteligentnych ludzi, które planują sposoby i środki skutecznego wykorzystania pieniędzy dla dobra społecznego i własnej korzyści.

Grupy te składają się z uczonych, wychowawców, chemików, wynalazców, ludzi zajmujących się reklamą, prawników, lekarzy, ekspertów od spraw transportu, analizy biznesu i wielu innych, wysoko wyspecjalizowanych dziedzin wiedzy przydatnej w przemyśle i handlu. Są to pionierzy, poszukiwacze nowych szlaków i nowych obszarów. Wspierają oni uniwersytety, szpitale, szkoły, budują drogi, wydają gazety, opłacają zasadniczą część wydatków rządowych, zajmują się niezliczonymi, a istotnymi, sprawami służącymi rozwojowi ludzkości. Krótko mówiąc, kapitaliści są mózgiem naszej cywilizacji, ponieważ dostarczają całego tworzywa dla oświaty, nauki i postępu ludzkiego.

Pieniądze nie wsparte myślą są zawsze niebezpieczne. Wykorzystywane w sposób właściwy, stają się sednem cywilizacji.

Pewnego wyobrażenia o potędze zorganizowanego kapitału można nabrać przedstawiając sobie siebie obciążonego brzemieniem odpowiedzialności za przygotowanie rodzinie prostego śniadania, bez posiadania kapitału.

Po herbatę musielibyśmy wybrać się do Chin lub Indii, które leżą dość daleko od Ameryki. Nawet jeśli jesteś dobrym pływakiem, zmęczyłbyś się taką wyprawą. A stanąłby przed tobą kolejny problem: jakimi pieniędzmi byś się tam posłużył, gdybyś nawet rozporządzał fizyczną możliwością przepłynięcia przez ocean?

Aby zdobyć cukier, musiałbyś znów przepłynąć kawał oceanu na Kubę lub powędrować pieszo do cukrowniczych regionów stanu Utah. Nawet jednak wtedy mógłbyś powrócić bez cukru, ponieważ do jego wyprodukowania potrzebna jest zorganizowana praca i pieniądze, nie mówiąc już o rafineriach, transporcie i dostawach detalicznych umożliwiających ci postawienie na stole pełnej cukiernicy.

Stosunkowo łatwo zdobyłbyś jajka w pobliskiej wsi, ale aby przynieść do domu sok grejpfrutowy musiałbyś się wybrać na Florydę.

Kolejną długą wędrówkę odbyłbyś do Kansas lub jakiegoś innego stanu z „pasa zbożowego" po mąkę na chleb.

Wyroby mączne musiałbyś skreślić ze swego menu, ponieważ można je zdobyć wyłącznie za sprawą pracy i sprawnej organizacji ludzi dysponujących odpowiednią maszynerią, a to wszystko wymaga kapitału.

Z kolei musiałbyś popłynąć do Ameryki Południowej, gdzie zerwałbyś trochę bananów, w drodze powrotnej zajrzałbyś na którąś z pobliskich farm po mleko, masło i śmietanę. Dopiero teraz twoja rodzina mogłaby zasiąść do śniadania.

Zakrawa to na absurd, prawda? Ale przecież cała ta procedura byłaby koniecznością, gdyby tych wszystkich prostych produktów nie stawiano ci w zasięgu ręki w wyniku funkcjonowania systemu kapitalistycznego.

Cywilizację zbudowano na bazie kapitału

Kwoty pieniężne niezbędne do zbudowania i eksploatowania szlaków kolejowych i morskich koniecznych dla zorganizowania systemu transportu zaspokajającego proste potrzeby śniadaniowe są tak ogromne, że przekraczają ludzką wyobraźnię. Sięgają setek milionów dolarów, nie mówiąc już o całej armii wyspecjalizowanych pracowników transportu morskiego i lądowego. Ale transport jest tylko jednym z elementów nowoczesnej cywilizacji w kapitalistycznej Ameryce. Zanim otrzyma się coś, co trzeba przewieźć, musi to coś wyrosnąć z ziemi lub zostać wytworzone i przygotowane do wysłania na rynek. Wymaga to kosztujących miliony dolarów urządzeń i narzędzi, maszyn, opakowań, kontenerów i wreszcie marketingu, a to wszystko wymaga pracy milionów ludzi.

Szlaki morskie i lądowe nie wyrosły same z ziemi i nie działają bynajmniej automatycznie. Zbudowano je dla potrzeb cywilizacji dzięki pracy i zdolnościom organizacyjnym ludzi obdarzonych wyobraźnią, wiarą, zapałem, zdecydowaniem i wytrwałością! Tych ludzi nazywamy kapitalistami. Powodowało nimi pragnienie budowania, zdobywania, świadczenia użytecznych usług, uzyskiwania zarobku i gromadzenia bogactw. A ponieważ świadczyli usługi, bez których nie byłoby cywilizacji, zgromadzili wielkie bogactwa.

Aby to podsumowanie ich osiągnięć uczynić w pełni jasnym i zrozumiałym dodam, że owi kapitaliści są ludźmi samodzielnie uformowanymi, natomiast większości z nas zdarzyło się wysłuchiwać na ich temat demagogicznych przemówień oskarżycielskich. To są właśnie ci ludzie, których radykałowie, populiści, nieuczciwi gracze polityczni i demagogiczni przywódcy związkowi nazywają „grabieżcami z Wall Street".

Nie zamierzam tu opowiadać się za żadną grupą ludzi czy też systemem ekonomicznym ani przeciw nim.

Zamierzeniem tej książki — *zamierzeniem, któremu poświęciłem więcej niż pół wieku pracy* — jest przedstawienie tym wszystkim, którzy chcą ją poznać, najbardziej niezawodnej filozofii życiowej, dzięki której każda jednostka może zdobyć taką ilość bogactwa jakiej zapragnie.

Przeanalizowałem korzyści ekonomiczne płynące z systemu kapitalistycznego w dwóch celach:

1. Po to, by dowieść, że wszyscy, którzy dążą do bogactwa muszą uznać system, który kontroluje wszystkie drogi wiodące do bogactwa, zarówno mniejszego jak i większego, i dostosować się do tego systemu.
2. Aby ukazać drugą stronę medalu, przeciwstawną tej, którą politykierzy przedstawiają w sposób zniechęcający do dążenia do bogactwa, traktując zorganizowany kapitał jako coś w rodzaju śmiertelnej trucizny.

Nasz kraj jest krajem kapitalistycznym. Rozwijał się w oparciu o kapitał, a my jesteśmy ludźmi, którzy głoszą, że mają prawo korzystać z błogosławieństw wolności nam stworzonych, ludźmi, którzy dążą do bogactwa będąc świadomymi faktu, że ani te bogactwa, ani możliwości ich zdobycia nie byłyby osiągalne, gdyby zorganizowany kapitał nam ich nie stworzył.

Jest tylko jedna pewna droga gromadzenia i legalnego posiadania bogactw, a wiedzie ona przez świadczenie użytecznych usług. Nie stworzono nigdy żadnego innego systemu, w którym człowiek mógłby legalnie dochodzić do bogactwa za pośrednictwem wykorzystywania zwykłej siły liczb lub poprzez oferowanie równoważnej wartości tego co otrzymuje, w takiej lub innej postaci.

Wszędzie wokół obfitość, wszędzie mnóstwo możliwości

Ameryka obdziela wszystkich wolnością i możliwościami zdobywania bogactwa, jakiego każdy rzetelny człowiek pragnie. Kiedy się ktoś wybiera na polowanie, wybiera teren łowiecki oferujący bogate możliwości. Ta sama zasada obowiązuje przy poszukiwaniu dróg do bogactwa.

Jeśli poszukujesz bogactwa, nie przegap możliwości oferowanych przez kraj, którego obywatele są tak bogaci, że kobiety wydają miliony dolarów rocznie na szminki, puder i inne kosmetyki.

Jeśli poszukujesz pieniędzy, uważnie przypatrz się krajowi, gdzie setki milionów dolarów rocznie wydaje się na papierosy.

Nie śpiesz się nadmiernie z opuszczeniem kraju, w którym ludzie dobrowolnie, a nawet chętnie, wydają miliony dolarów rocznie na rozgrywki futbolowe, koszykarskie i zapaśnicze zakłady.

Pamiętaj także, że są to dopiero zaczątki — źródła, z których napływa pomyślność. Wspomniałem tylko o kilku luksusach i sprawach nie najistotniejszych. Pamiętaj, że przemysł budowlany, transportowy i marketing tych paru wytworów dostarcza stałego zajęcia wielu milionom ludzi, którzy otrzymują za swe usługi wiele milionów dolarów miesięcznie i wydają je swobodnie zarówno na potrzeby podstawowe, jak i luksusy.

Zachowaj w pamięci zwłaszcza to, że cała ta wymiana towarów i usług opiera się na obfitości i możliwościach gromadzenia bogactw. Tu właśnie spełnia się cel naszej amerykańskiej wolności. Nic nie jest w stanie powstrzymać nikogo przed włączeniem się w wysiłki konieczne do rozwijania biznesu. Jeśli ktoś jest obdarzony wybitnym talentem, wykształceniem, doświadczeniem, może zdobyć ogromne bogactwo. Ci skromniej przez los obdarzeni zadowolić się muszą skromniejszym bogactwem. Każdy może zapewnić sobie środki do życia za cenę nominalnego wysiłku w pracy.

No więc żyjesz w takich warunkach!

Możliwości rozkładają się przed tobą szeroką gamą. Postąp krok do przodu, wybierz możliwość najodpowiedniejszą dla ciebie, stwórz plan działania i przystąp do jego realizacji wykazując w tym wytrwałość. Reszty dokona kapitalistyczna Ameryka. Możesz w wielkim stopniu na niej polegać — kapitalistyczna Ameryka zapewnia każdemu możliwości świadczenia użytecznych usług i gromadzenia bogactw proporcjonalnych do wartości tych usług.

„System" nikomu nie odmawia takiej szansy, ale nie może obiecać i nie obiecuje czegoś za nic, ponieważ sam podlega nieubłaganej kontroli praw ekonomii, które nie uznają ani nie tolerują przez dłuższy czas niczego, co się opiera na braniu bez dawania.

WNIOSKI POD ROZWAGĘ:

Cztery dynamiczne reguły przewodzić ci powinny przy formowaniu „trustu mózgów", który wydatnie rozszerzy twe możliwości zdobywania pieniędzy.

Możesz dobrać sobie ludzi, którzy cię inspirują, dzielą się z tobą swymi możliwościami umysłowymi, współtworzą i pomnażają twą wielką wiarę w sukces.

Wykorzystuj jedenaście sekretów dobrego przywództwa; wystrzegaj się dziesięciu przyczyn, dla których niektórzy aspirujący do roli przywódczej ponoszą klęskę; sześć dziedzin oczekujących na nowe przywództwo i pięć sposobów uzyskania dobrej pracy otwiera przed tobą rozległe perspektywy.

Sporządź na piśmie wykaz lub résumé (streszczenie) według podanej w tej książce dyspozycji, a drzwi staną przed tobą otworem, pracodawcy zaproszą cię do zajęcia ważnego dobrze płatnego stanowiska.

Pomyślność Ameryki oparto na kapitale, niewiele w gruncie rzeczy różnym od tego, który nosisz w sobie.

Sukces nie wymaga usprawiedliwień.
Klęska nie znosi wymówek.

VIII Siódmy krok do bogactwa: UMIEJĘTNOŚĆ DECYDOWANIA

Dowiesz się, jak przekształcać opinie w decyzje i wdrażać je w życie. Dowiesz się też, w jaki sposób i kiedy zmienić decyzje dla zwiększenia zysku i korzyści.

Przeankietowanie ponad dwudziestu pięciu tysięcy mężczyzn i kobiet, którzy doznali życiowej klęski wykazało, że brak umiejętności decydowania znalazł się niemal na czele listy trzydziestu jeden głównych przyczyn tej klęski.

Gnuśność, będąca przeciwieństwem zdecydowania, jest najczęstszym wrogiem, którego każdy człowiek musi w sobie pokonać.

Kiedy zapoznacie się z tym rozdziałem, będziecie umieli sprawdzić swą umiejętność podejmowania *szybkich i stanowczych* decyzji oraz będziecie przygotowani do wdrażania w życie zasad stosowanych przy ich podejmowaniu.

Analiza doświadczeń kilkuset ludzi, którzy zebrali majątek przekraczający milion dolarów dowodzi, że *każdy z nich* miał w zwyczaju natychmiastowe podejmowanie decyzji, zmieniał je zaś powoli, jeśli w ogóle musiał je zmieniać. Natomiast *wszyscy bez wyjątku* ludzie, którym się nie powiodło, podejmowali decyzje *opieszale*, natomiast *zmieniali je szybko i często.*

Jedną z najcenniejszych zalet Henry'ego Forda był jego zwyczaj podejmowania decyzji szybkich i stanowczych, a zmieniał je powoli. Zwyczaj ten był tak charakterystyczny dla Forda, że zyskał mu opinię człowieka upartego. I ten właśnie zwyczaj skłonił Forda do wytrwałego produkowania słynnego modelu T (najbrzydszego samochodu na świecie), mimo iż wszyscy jego doradcy i wielu sprzedawców samochodów ponaglało go do zmiany produkowanego modelu tego popularnego auta.

Być może pan Ford nazbyt długo z tą zmianą zwlekał, z drugiej jednak strony jego upór pozwolił zbić na tym modelu ogromną fortunę, zanim zmiana stała się *konieczna*. Nie ulega wątpliwości, że zwyczaj pana Forda trwania przy raz podjętej decyzji mógł być formą uporu, ale jest to cecha cenniejsza od opieszałości w podejmowaniu decyzji i pośpiechu w ich zmienianiu.

Dobre rady są tanim towarem

Większość ludzi ponoszących klęski w swych zabiegach o zdobycie pieniędzy zazwyczaj łatwo ulega opiniom innych. Pozwalają oni myśleć za siebie gazetom i plotkującym sąsiadom. Dobre rady są najtańszym towarem na świecie. Każdy ma cały worek opinii na różne tematy, którymi służy na zawołanie. Jeśli ulegasz opiniom innych w chwili, gdy masz podjąć decyzję, jest bardziej prawdopodobne, że nie osiągniesz sukcesu w żadnym przedsięwzięciu, niż gdybyś opierał się na własnej tylko żądzy pieniędzy.

Jeśli podlegasz opiniom innych, przygłuszasz własną żądzę.

Trzymaj się swoich poglądów, kiedy zabierasz się do wdrażania w życie przedstawionych tutaj zasad — i zgodnie z nimi *podejmuj własne decyzje* oraz realizuj je. Nikogo nie obdarzaj pełnym zaufaniem, poza członkami twego „trustu mózgów", a dobierając sobie jego skład upewnij się, że włączyłeś doń tylko takich ludzi, którzy wykazują pełne zrozumienie dla twego celu i utożsamiają się z nim.

Bliscy przyjaciele i krewni, choć mogą sobie z tego nie zdawać sprawy, często utrudniają podejmowanie decyzji swymi „radami", a czasem też żartami, które w ich rozumieniu mają być dowcipne. Tysiące ludzi podlegają kompleksowi niższości przez całe życie, ponieważ ktoś pewny siebie, a w gruncie rzeczy będący ignorantem, poderwał ich wiarę w siebie krytycznymi opiniami lub szyderstwem.

Masz własny umysł i na nim się opieraj. Podejmuj decyzje według własnego uznania. Jeśli potrzebne są ci od innych ludzi informacje, które umożliwią ci podjęcie decyzji, co będzie się z pewnością zdarzać, zwróć się o te informacje spokojnie, bez ujawniania swych zamiarów.

Jest rzeczą charakterystyczną dla ludzi o powierzchownej i cząstkowej wiedzy, że starają się wywrzeć wrażenie, iż dysponują wiedzą pełną. Ludzie ci zazwyczaj bardzo dużo mówią, a bardzo niechętnie słuchają. Jeśli chcesz nabrać umiejętności właściwego decydowania, miej oczy i uszy szeroko otwarte — usta natomiast trzymaj zamknięte. Ci co zbyt dużo mówią, niewiele robią. Jeśli chętniej mówisz niż słuchasz, nie tylko pozbawiasz się wielu możliwości zebrania użytecznej wiedzy, ale ujawniasz swe plany i zamierzenia ludziom, którzy z wielką uciechą ci je zakłócą, ponieważ ci zazdroszczą.

Zapamiętaj też, że ilekroć otwierasz usta w obecności kogoś dysponującego rozległą wiedzą, odsłaniasz przed nim swój własny zakres wiedzy, bądź też jej brak! Wiedza naprawdę bogata kryje się na ogół za *skromnością i powściągliwością słowną*.

Zachowaj w pamięci fakt, iż każdy człowiek, z którym się stowarzyszasz, podobnie jak ty rozgląda się za możliwością zdobycia pieniędzy. Jeśli o swoich planach rozwodzisz się zbyt otwarcie, nie dziw się, że cię ktoś uprzedzi w dotarciu do celu, do którego zdążałeś powolniej niż on, trwoniąc energię na gadulstwo.

Niech twą pierwszą decyzją będzie zamknięcie ust, a otwarcie oczu i uszu.

Mogłaby ci o tym postanowieniu przypominać na przykład kartka papieru, na której dużymi literami wypiszesz sobie: „Opowiedz światu o swych zamierzonych dokonaniach, ale najpierw je wykonaj".

Jest to odpowiednik maksymy brzmiącej: „Czyny, nie słowa, liczą się najbardziej".

Decyzje o znaczeniu historycznym

Wartość decyzji mierzy się skalą odwagi, jakiej wymagało ich podjęcie. Wielkie decyzje, które stały się podwalinami naszej cywilizacji, podejmowano nieraz za cenę ogromnego ryzyka, niekiedy ryzyka śmiertelnego.

Decyzję Lincolna o ogłoszeniu słynnej Proklamacji Emancypacyjnej, przyznającej równe prawa kolorowej ludności Ameryki, podjęto z pełną świadomością tego, że obróci ona przeciw jej autorowi tysiące jego dotychczasowych przyjaciół i sojuszników politycznych.

Decyzja Sokratesa o wypiciu kubeczka cykuty, podjęta jako wyraz niezgody na kompromis w sprawie jego poglądów, była heroiczna. Utrwaliła się w pamięci ludzkości na tysiące lat, dając wszystkim pokoleniom prawo do wolności myśli i wypowiedzi.

Decyzja generała Roberta E. Lee'go, który przeszedł na stronę konfederacji stanów południowych, była decyzją odważną, ponieważ dobrze wiedział, że będzie go kosztowała życie, a także z pewnością zapłacą za nią swym życiem inni.

Zdarzenie w Bostonie

Wszyscy obywatele Stanów Zjednoczonych są przeświadczeni, że jednak największą decyzję wszystkich czasów podjęto 4 lipca 1776 roku w Filadelfii, kiedy to pięćdziesięciu sześciu ludzi podpisało swymi nazwiskami dokument, który — z czego sobie dokładnie zdawali sprawę — albo miał przynieść wolność Amerykanom, albo spowodować *zaciśnięcie stryczka na szyi każdego z sygnatariuszy!*

Słyszeliście oczywiście o tym dokumencie, ale być może nie wyciągnęliście z tego należytych wniosków dotyczących wagi osobistego dokonania.

Wszyscy mamy w pamięci datę podjęcia tej decyzji, ale niewielu z nas zdaje sobie sprawę ze skali odwagi, jakiej wymagało jej podjęcie. Naszą historię zapamiętujemy taką, jakiej nas uczono; zapamiętujemy daty i nazwiska ludzi uczestniczących w bitwach; zapamiętujemy nazwy miejscowości takie jak Valley Forge i Yorktown; zapamiętujemy George'a Washingtona i lorda Cornwallisa. Ale niewiele wiemy o siłach, które stały za tymi nazwiskami, datami, miejscowościami. A jeszcze mniej wiemy o tej nieuchwytnej sile, która zapewniła nam wolność na długo przedtem *zanim wojska George'a Washingtona wkroczyły do Yorktown.*

Tragedią właściwie jest to, że historycy nie podają na ogół najmniejszej nawet wzmianki o tej nieuchwytnej potędze, która zrodziła wolność naszego narodu, powołanego do ustanowienia nowych standardów niepodległości dla wszystkich krajów na świecie. Nazywam to tragedią, ponieważ jest to ta sama, samo-swoja siła, którą każda jednostka powinna wykorzystać w celu pokonania przeciwności losu i nadania życiu ceny, na jaką ono zasługuje.

Przyjrzyjmy się wydarzeniom, które zrodziły ową siłę. Cała sprawa zaczyna się od pewnego zdarzenia w Bostonie, które miało miejsce 5 marca 1770 roku. Żołnierze brytyjscy patrolowali ulice miasta jawnie zagrażając spokojowi jego obywateli. Koloniści czuli się urażeni wtargnięciem uzbrojonych ludzi pośród siebie. Zaczęli otwarcie wypowiadać swe niezadowolenie, obrzucając żołnierzy zarówno wyzwiskami jak i kamieniami, aż wreszcie oficer dowodzący żołnierzami wydał rozkaz: „Na bagnety... naprzód!"

Rozgorzała bitwa. Przyniosła śmierć i rany wielu ludziom. Wydarzenie to wywołało tak wielkie wzburzenie, że lokalny parlament prowincji (złożony z najwybitniejszych kolonistów) zwołał specjalne posiedzenie mające zdecydować o podjęciu konkretnych działań. Członkami parlamentu byli m.in. John Hancock i Samuel Adams. Odważnie wezwali w swych przemówieniach do usunięcia wszystkich żołnierzy brytyjskich z Bostonu.

Zapamiętajcie to sobie: decyzja zrodzona w umysłach dwóch odważnych ludzi może zostać słusznie uznana za akt narodzin wolności, którą się obecnie w Stanach Zjednoczonych cieszymy. Zapamiętajcie też, że ta decyzja wymagała wiary i odwagi, ponieważ była niebezpieczna.

Zanim sesja parlamentu się zakończyła, upoważniono Samuela Adamsa do rozmów z gubernatorem prowincji, Hutchinsonem, i przedłożenia mu żądania, by żołnierze brytyjscy opuścili Boston.

Żądanie to zostało przyjęte, żołnierzy wycofano, ale wydarzenie owo na tym się nie zakończyło. Stworzyło ono nową sytuację, która miała doprowadzić do odwrócenia całego trendu cywilizacyjnego.

Umysły jednoczą się w działaniu

Istotną rolę w dalszych wydarzeniach odegrał Richard Henry Lee, który korespondował z Samuelem Adamsem wymieniając się z nim odważnymi poglądami i nadziejami dotyczącymi sytuacji mieszkańców kolonii i poprawienia ich doli. Adams nabrał w toku tej wymiany listów przekonania, że objęcie taką wymianą korespondencji trzynastu kolonii może doprowadzić do skoordynowania wysiłków niezbędnych do rozwiązania trapiących te kolonie problemów. W dwa lata po incydencie z żołnierzami brytyjskimi w Bostonie (w marcu roku 1772) Adams przedłożył parlamentowi wniosek o powołanie komitetu do spraw wymiany korespondencji między koloniami, obejmującego swym działaniem wszystkie trzynaście kolonii i mającego w każdej z nich swego specjalnego przedstawiciela, którego to komitetu „zadaniem będzie przyjacielska współpraca dla ulepszenia sytuacji w koloniach brytyjskiej Ameryki”.

Był to zaczątek organizacji mającej nieocenione znaczenie dla wywalczenia wolności dla ciebie i dla mnie. Grupa „trustu mózgów" wkrótce została powołana. W jej skład wchodzili m.in. Adams, Lee i Hancock.

Zorganizowano ów komitet. Obywatele kolonii nieraz już wdawali się w spontaniczne utarczki z żołnierzami brytyjskimi, podobne do zamieszek w Bostonie, ale nie przyniosły one żadnego pożytku. Nie koordynował tych odosobnionych potyczek żaden „trust mózgów"! Żadna grupa ludzi nie połączyła swych serc, umysłów, ducha i ciała we wspólnym postanowieniu przecięcia konfliktów z Brytyjczykami na dobre, aż do czasu, kiedy Adams, Lee i Hancock uformowali ów komitet.

Tymczasem Brytyjczycy również nie pozostawali bezczynni. Oni również przygotowali „trust mózgów" mający działać na ich rzecz, a mieli do swej dyspozycji pieniądze i żołnierzy.

Szybka decyzja zmienia bieg historii

Korona brytyjska powołała Cage'a na gubernatora Massachusetts, na miejsce Hutchinsona. Jednym z pierwszych kroków nowego gubernatora było skierowanie do Adamsa specjalnego wysłannika, który miał go zastraszyć i skłonić do zaprzestania działań opozycyjnych.

Aby zrozumieć ducha owych wydarzeń, zapoznajmy się z rozmową, jaką ów wysłannik (pułkownik Fenton) odbył z Adamsem.

Pułkownik Fenton: „Panie Adams, zostałem upoważniony przez gubernatora Cage'a do oświadczenia panu, że gubernator uprawniony został do zapewnienia panu wszelkich korzyści, jakie pan uzna za zadowalające (była to próba skorumpowania Adamsa!) pod warunkiem, że przerwie pan działalność opozycyjną w stosunku do zarządzeń władz. Gubernator radzi panu szczerze, Sir, aby nie sprawiał pan więcej przykrości Jego Królewskiej Wysokości. Postępowanie pańskie kwalifikuje się do kary zgodnie z aktem Henryka VIII, na mocy którego ludzie dokonujący takich czynów na rozkaz gubernatora prowincji odsyłani są do Anglii i sądzeni tam za zdradę albo knucie zdrady. Ale jeśli pan zmieni swe postępowanie, nie tylko uzyska pan znaczne korzyści osobiste, lecz także zawrze pan pokój z królem".

Samuel Adams miał do wyboru dwie decyzje. Mógł zaprzestać działalności opozycyjnej, i uzyskać znaczne korzyści, lub też kontynuować ją ryzykując zawiśnięcie na szubienicy!

Tak więc nadeszła chwila, w której Adams podjąć musiał *natychmiastową* decyzję, która mogła go kosztować życie. Najpierw Adams uzyskał od pułkownika Fentona słowo honoru, że jego odpowiedź przekazana zostanie gubernatorowi wiernie co do słowa.

Odpowiedź ta brzmiała: „Proszę więc powiedzieć gubernatorowi Cage'owi, że ufam, iż od dawna już zawarłem pokój z królem królów. Żadne względy osobiste nie przywiodą mnie do porzucenia słusznej sprawy mego kraju. I proszę też powiedzieć gubernatorowi Cage'owi, iż szczerze mu radzę, by nie urażał więcej uczuć zrozpaczonego narodu".

Kiedy gubernator Cage zapoznał się z sarkastyczną odpowiedzią Adamsa, wpadł w gniew i ogłosił proklamację, w której można było przeczytać: „W imieniu Jego Wysokości króla oferuję i przyrzekam jego najwyrozumialsze wybaczenie wszystkim ludziom, którzy złożą broń i powrócą do swych obowiązków i pokojowych zajęć, wyłączając z tego wybaczenia jedynie Samuela Adamsa i Johna Hancocka, których wyczyny mają charakter zbyt odrażający, aby zasłużyć na jakiekolwiek inne potraktowanie oprócz surowej kary".

Można by więc powiedzieć, używając nowoczesnego slangu, że Adams i Hancock stali się „chłopcami do bicia"! To wyzwanie rzucone przez wzburzonego gubernatora, zmusiło obu zaatakowanych do podjęcia kolejnej — równie niebezpiecznej — decyzji. Zwołali natychmiast konspiracyjne zebranie swych stronników. Kiedy się już zgromadzili w wyznaczonym miejscu, Adams zamknął drzwi na klucz, schował go do kieszeni i oświadczył zgromadzonym, iż stało się koniecznością powołanie przedstawicielskiego kongresu kolonistów oraz że nikt nie opuści tego pomieszczenia, dopóki kongres taki nie zostanie utworzony.

Zapanowało wielkie podniecenie. Niektórzy zwracali uwagę na możliwe konsekwencje tak radykalnego postępowania. Inni wyrażali poważne wątpliwości co do rozważności *tak ostrej decyzji*, która może urazić króla. W tym zamkniętym na klucz pomieszczeniu znajdowali się jednak dwaj ludzie, Hancock i Adams, głusi na podszepty lęku, ślepi na perspektywę klęski. Ulegając sile ich myślenia pozostali uczestnicy spotkania doszli do wspólnego postanowienia, że za pośrednictwem komitetu korespondującego z koloniami amerykańskimi podejmie się przygotowania do zwołania na dzień 5 września 1774 roku w Filadelfii posiedzenia Pierwszego Kongresu Kontynentalnego.

Zapamiętajcie tę datę. Jest wcześniejsza od 4 lipca 1776. Gdyby nie podjęto *decyzji* o zwołaniu Kongresu Kontynentalnego, nie można by było podpisać Deklaracji Niepodległości.

Jeszcze przed pierwszym posiedzeniem nowego Kongresu, inny działacz, w innej części kraju, zaangażowany był głęboko w przygotowywanie do publikacji „Ogólnego przeglądu praw Ameryki brytyjskiej". Nazywał się Thomas Jefferson, mieszkał w Wirginii, a jego stosunki z lordem Dunmorem (przedstawicielem korony brytyjskiej w tej prowincji) były tak napięte, jak stosunki Hancocka i Adamsa z ich gubernatorem.

Niedługo po opublikowaniu „Ogólnego przeglądu praw" poinformowano Jeffersona, że znalazł się w stanie oskarżenia o zdradę główną wobec rządu Jego Królewskiej Wysokości. Jeden ze współpracowników Jeffersona, Patrick Henry, dał wtedy upust swym poglądom, zamykając wywody zdaniem, które na zawsze upamiętniło się jako klasyczna maksyma: „Jeśli to ma być zdrada, popełnij jej jak najwięcej".

Tacy oto ludzie, nie rozporządzający siłą ani władzą, orężem ani pieniędzmi, ustanawiali z całkowitym przekonaniem wewnętrznym przyszłość kolonii, rozpoczynając od otwarcia sesji Pierwszego Kongresu Kontynentalnego, i kontynuując swe wysiłki — z przerwami — aż do 7 czerwca 1776, kiedy to Richard Henry Lee wstał i zwracając się w stronę przewodniczącego zgłosił zgromadzeniu następujący wniosek:

„Panowie, wnoszę, aby te oto Zjednoczone Kolonie, będące z mocy prawa wolnymi i niepodległymi Stanami, uznały, iż są zwolnione z wszelkiej zależności od korony brytyjskiej i że wszystkie powiązania polityczne pomiędzy nimi a państwem Wielkiej Brytanii są, i powinny być, całkowicie zerwane".

Thomas Jefferson odczytuje Deklarację Niepodległości

Niezwykły wniosek Richarda Lee poddano dyskusji burzliwej i tak długotrwałej, że zaczęła nużyć wnioskodawcę. W końcu, po kilkudniowej debacie, Lee ponownie wszedł na mównicę i przemówił pełnym, czystym głosem: „Panie przewodniczący, dyskutujemy nad tą sprawą od kilku już dni. Mamy w tej chwili jeden już tylko krok do uczynienia. Dlaczego więc z nim zwlekamy, panie przewodniczący? Na cóż zdać się mogą dalsze deliberacje? Zdobądźmy się na wydanie na świat Republiki Amerykańskiej. Niech się rozwija, nie po to, by niszczyć i zdobywać, lecz by na powrót ustanowić pokój i prawo".

Zanim wniosek Richarda Lee poddano pod głosowanie, sam wnioskodawca musiał wyjechać do Wirginii, wezwany tam w związku z ciężką chorobą w jego rodzinie; zanim jednak opuścił Filadelfię, sprawę złożył w ręce swego przyjaciela, Thomasa Jeffersona, który zobowiązał się doprowadzić ją do końca. Wkrótce przewodniczący Kongresu (Hancock) powołał Jeffersona na przewodniczącego komitetu mającego opracować Deklarację Niepodległości.

Komitet długo i intensywnie pracował nad dokumentem, który po uchwaleniu przez Kongres miał oznaczać, że każdy z ludzi, którzy go podpiszą, ryzykuje własnym życiem w przypadku, gdy kolonie przegrają wojnę z Wielką Brytanią, mającą niechybnie wybuchnąć w następstwie tego uchwalenia.

Dokument opracowano, jego projekt odczytano przed Kongresem 28 czerwca. Przez kilka następnych dni dyskutowano nad nim, uściślając poszczególne sformułowania i nadając mu formę ostateczną. Wreszcie Thomas Jefferson stanął przed Kongresem i nieulękłym głosem odczytał to jedno z najpoważniejszych postanowień, jakie kiedykolwiek przelano na papier:

„Kiedy w toku doświadczeń człowieczych okazuje się konieczne, by jeden naród zerwał więzi polityczne łączące go z drugim, i ustanowił w obliczu potęg ziemskich swój samodzielny i równoprawny byt, do którego upoważniają go prawa natury i prawa boskie, szacunek dla opinii ludzkości zobowiązuje go do wyłożenia przyczyn, które go popchnęły do usamodzielnienia..."

Po odczytaniu dokumentu przez Jeffersona poddano go pod głosowanie i uchwalono, podpisy pod nim złożyło pięćdziesięciu sześciu sygnatariuszy, każdy z nich zaś ryzykował ten czyn swym życiem. Dzięki tej decyzji narodził się naród, którego powołaniem stało się odtąd szerzenie w świecie prawa do podejmowania decyzji.

Przemyślcie sobie wydarzenia, które doprowadziły do uchwalenia Deklaracji Niepodległości, a przekonacie się, że naród nasz, który obecnie zajmuje pozycję przewodnią i stanowi potęgę światową, narodził się z decyzji podjętej przez „trust mózgów" złożony z pięćdziesięciu sześciu osób. Zwróćcie uwagę na fakt, że ta właśnie decyzja zapewniła sukces wojskom Washingtona, ponieważ jej *duch* zagościł w sercu każdego żołnierza, który walczył pod jego rozkazami i pozwolił wytworzyć taką siłę duchową, która nie mogła poddać się przegranej.

Zwróć też uwagę (dla własnego pożytku) na okoliczność, że siła, która obdarzyła nasz naród wolnością, była siłą samo-swoją, na którą może się zdobyć każda jednostka ludzka zdolna do samopoświęcenia. Siła ta formuje się według reguł przedstawionych w niniejszej książce. Nietrudno odnaleźć w historii rodzenia się Deklaracji Niepodległości zastosowanie przynajmniej sześciu spośród tych zasad: *żądzy, zdecydowania, wiary, wytrwałości i grupy „trustu mózgów" oraz wyraźnego zaplanowania działań.*

Siła aktywnego umysłu

Filozofia moja doprowadza do wniosku, że myśl wsparta żarliwą żądzą przejawia skłonność do przetworzenia się w swój fizyczny ekwiwalent. W historii powstania Deklaracji Niepodległości, a także w historii United States Steel Corporation znaleźć można dokładny opis metody, w oparciu o którą dokonuje się ta zadziwiająca przemiana.

Nie licz na cud w poszukiwaniu tej metody, bo się go nie doczekasz. Musisz się oprzeć tylko na prawach natury. Prawa te odsłaniają się przed każdym, kto w nie uwierzy i zdobędzie się na odwagę oparcia się na nich. Można je wykorzystać dla uzyskania przez naród wolności, a także dla zdobycia bogactwa przez jednostkę.

Ludzie podejmujący stanowcze i określone decyzje, wiedzą czego chcą i najczęściej to zdobywają. Przywódcy ze wszystkich dziedzin życia decydują się szybko i stanowczo. To jest właśnie główna przyczyna, dla której stali się przywódcami. Świat przywykł do otwierania wszystkich drzwi przed ludźmi, których słowa i czyny dowodzą, że wiedzą dokąd zmierzają.

Niezdecydowanie jest nawykiem, który zazwyczaj rodzi się już w młodości. Utrwala się w latach szkolnych, a potem i w uniwersyteckich u ludzi, którzy nie mają wytkniętego celu.

Nawyk niezdecydowania przechodzi wraz z absolwentem do jego zajęć zawodowych — w istocie rzeczy, to on mu wybiera zawód. Na ogół młodzi ludzie po zakończeniu edukacji imają się pierwszej pracy, jaka im się nadarzy. Podejmują ją, bo podlegają nawykowi niezdecydowania. Dziewięćdziesiąt osiem procent ludzi zatrudnionych dziś na posadach pozostaje na nich, ponieważ nie stać ich na określone decyzje wybrania określonego zajęcia oraz wiedzy na temat odnalezienia właściwego pracodawcy.

Stanowcze decyzje zawsze wymagają odwagi, czasem odwagi wielkiej. Pięćdziesięciu sześciu ludzi, którzy podpisali Deklarację Niepodległości, ryzykowało życiem sygnując swymi nazwiskami ów dokument. Człowiek, który podejmuje stanowczą decyzję zdobycia szczególnej pracy i uzyskania wynagrodzenia, jakie uznaje za właściwe, nie ryzykuje życiem; ryzykuje tylko swą ekonomiczną wolnością. Niezależność finansowa, bogactwo, wymarzone zajęcie i pozycja zawodowa nie są nieosiągalne dla kogoś, kto nie zgadza się na bierne wyczekiwanie na nie, lecz planuje i zdobywa te rzeczy. Ktoś, kto pożąda bogactwa w ten sam sposób, w jaki Samuel Adams pożądał wolności dla kolonii amerykańskich, niezbędnej dla ich pomyślnego rozwoju, na pewno osiągnie życiowy sukces.

WNIOSKI POD ROZWAGĘ:

Brak zdecydowania jest główną przyczyną klęski. Każdy z nas ma swe zdanie na różne tematy, ale w końcu to twoje zdanie tworzy twój świat. Tak jak decyzja podjęta w Filadelfii w roku 1776 nadaje siłę i pewność dzisiejszemu światu.

Aktywny umysł wytwarza niezwykłe moce. Niezdecydowanie często wywodzi się jeszcze z młodości; jak go uniknąć i jak dopomagać innym w jego uniknięciu?

Przemyśl wydarzenia, które doprowadziły do podjęcia wielkich decyzji i sporządź sobie na całe życie przepis na podejmowanie decyzji i skuteczne ich realizowanie w każdej dziedzinie życia.

Żądza wolności rodzi wolność; żądza bogactwa przynosi powodzenie w życiu.

Każdy z możnych ludzi pozostaje we władaniu swych własnych sił wewnętrznych.

IX *Ósmy krok do bogactwa: WYTRWAŁOŚĆ*

Rozpoznaj swe słabości, które stoją na drodze do wytkniętego celu i pokonaj je. Wytrwałość przywiedzie cię do uzyskania władzy szanowanej, sprawdzonej i rosnącej.

Wytrwałość jest istotnym czynnikiem w procesie przetwarzania żądzy w jej odpowiednik pieniężny. Podstawą wytrwałości jest siła woli.

Siła woli i żądza odpowiednio z sobą połączone stanowią parę nierozerwalną. Ludzie, którzy zbili wielkie fortuny znani są na ogół z opanowania, a niekiedy z uporu. Ale często są źle rozumiani. Charakteryzuje ich bowiem siła woli, którą łączą z wytrwałością i wspierają nimi swą żądzę *zapewnienia* sobie przedmiotów swego pożądania.

Większość ludzi skłonna jest zarzucić swe cele i dążenia pod wpływem pierwszych trudności czy niepowodzeń. Niewielu tylko trwa przy nich aż do osiągnięcia zamierzonych wyników.

Wyraz „wytrwałość" nie ma konotacji heroicznych, ale odnosi się do ludzi, których wola musi być nieugięta jak stal.

Zdobywanie fortuny na ogół opiera się na wszystkich trzynastu zasadach wyłożonej w tej książce filozofii. Zasady te powinien zrozumieć oraz wytrwale stosować każdy dążący do bogactwa.

Słabe żądze przynoszą nikłe rezultaty

Jeśli czytasz tę książkę z zamiarem zastosowania w praktyce wiedzy, która jest tu wyłożona, pierwszym testem twej wytrwałości będzie dokonanie sześciu czynności opisanych w rozdziale drugim. Jeśli nie należysz do owych dwóch procent ludzi, którzy mają ściśle wytknięty cel w życiu i konkretny plan jego osiągnięcia, powinieneś uważnie przeczytać wyłożone tu zalecenia i uczynić z nich codzienną rutynę postępowania, od której nigdy nie odstępujesz. Brak wytrwałości jest jedną z głównych przyczyn życiowej klęski. Co więcej, doświadczenia tysięcy ludzi dowiodły, że brak wytrwałości jest wadą właściwą większości ludzi. Ale wadę tę można pokonać poprzez stanowczy wysiłek. Stopień i rychłość zwycięstwa nad brakiem wytrwałości zależą *całkowicie* od żarliwości czyjeś żądzy.

Punktem wyjścia wszelkich osiągnięć życiowych jest ich pożądanie. Zakarbuj to sobie w pamięci. Słabe żądze przynoszą nikłe rezultaty, podobnie jak słaby płomień wytwarza mało ciepła. Jeśli stwierdzasz u siebie brak wytrwałości, środkiem na uleczenie tej słabości może być silniejsze rozpalenie twej żądzy.

Przeczytaj ten rozdział do końca, a następnie wróć do rozdziału II o *Żądzy bogactw i natychmiast* przystąp do wykonywania zaleceń zawartych w wyliczonych tam sześciu krokach. Zapał, z jakim będziesz je wypełniał, wykaże ci jasno, jak silna — bądź jak słaba — jest w istocie twa żądza pieniędzy. Jeśli się przekonasz, że nie jesteś nimi zainteresowany, możesz uznać, że nie osiągnąłeś jeszcze „świadomości pieniądza", którą musisz w sobie wyrobić, jeśli chcesz zdobyć fortunę.

Bogactwa ciążą ku ludziom, których umysły zostały przygotowane do ich przyciągania, podobnie jak woda ciąży ku oceanowi.

Jeśli stwierdzisz, że nie masz w sobie należytej wytrwałości, skup swą uwagę na zaleceniach wyłożonych w rozdziale X *Siła „trustu mózgów"*; wesprzyj się swym „trustem mózgów" i poprzez zbiorowy wysiłek członków tej grupy możesz osiągnąć wytrwałość swych działań. Dalsze zalecenia dotyczące rozwijania cnoty wytrwałości znajdziesz w rozdziałach dotyczących autosugestii i podświadomości. Stosuj się do zaleceń zawartych w tych rozdziałach aż do chwili, w której twój nowy nawyk przeniknie do twej podświadomości i uformuje w niej wyraźny obraz przedmiotu twego pożądania. Od tej chwili przestaniesz już odczuwać upośledzenie wynikłe z braku wytrwałości.

Twoja podświadomość działa nieprzerwanie, zarówno wtedy kiedy się budzisz, jak i kiedy zasypiasz.

Magia „świadomości pieniądza"

Dorywcze lub spazmatyczne wysiłki zmierzające do przyjęcia tych zasad nie będą miały dla ciebie żadnej wartości. Aby osiągnąć pożądane wyniki, musisz stosować wszystkie te zasady, aż wejdą ci w trwały zwyczaj. W żaden inny sposób nie zdołasz wyrobić sobie „świadomości pieniądza".

Tak jak bieda spada na ludzi poddających się jej, tak i pieniądze lgną do tych, których świadomość przysposobiona jest do ich przyciągania, i w obu przypadkach dzieje się to za sprawą tych samych praw natury. Świadomość ubóstwa ogarnia umysły, które nie są owładnięte świadomością pieniądza. Świadomość ubóstwa rozwija się bez *świadomego* ulegania nawykom, które jej sprzyjają. Świadomość pieniądza musi zostać powołana do życia, chyba że ktoś się z nią urodził.

Jeśli przyjmiesz do wiadomości znaczenia powyższych stwierdzeń, zrozumiesz znaczenie wytrwałości w gromadzeniu fortuny. Bez wytrwałości poniesiesz klęskę zanim do tego gromadzenia przystąpisz. A dzięki wytrwałości zwyciężysz.

Jeśli kiedykolwiek doznałeś nocnego koszmaru, pojmiesz znaczenie wytrwałości. Leżysz w łóżku na pół obudzony, z uczuciem jakbyś się dusił. Nie jesteś w stanie poruszyć żadnym mięśniem. Uświadamiasz sobie, że musisz odzyskać kontrolę nad pracą twych mięśni. Poprzez wytrwałe wysiłki siły woli odzyskujesz w końcu władzę w palcach jednej ręki. Poruszając nimi odzyskujesz władzę uruchomienia mięśni całej ręki, aż możesz nią poruszać. W ten sam sposób odzyskujesz władzę nad drugą ręką. Potem nad mięśniami nogi jednej i drugiej. Wreszcie — wskutek szczególnego wysiłku woli — odzyskujesz kontrolę nad całym systemem mięśniowym i „otrząsasz się" ze swego koszmaru. Cała operacja dokonana została krok po kroku.

Masz utajonego przewodnika

Z inercji umysłowej możesz „otrząsnąć się" w podobny sposób, zrazu wykonując ruchy ostrożne i stopniowo wzmagając ich tempo, aż odzyskasz pełną kontrolę nad swą wolą. Bądź wytrwały nawet w sposób zrazu powolny, wraz z wytrwałością przyjdzie do ciebie sukces.

Jeśli grupę swego „trustu mózgów" dobrałeś starannie, znajdziesz w jej składzie przynajmniej jedną osobę, której silna wola dopomoże ci w rozwijaniu wytrwałości. Niektórzy z tych, którzy zdobyli wielkie fortuny, dokonali tego z konieczności. Rozwinęli w sobie nawyk wytrwałości, ponieważ okoliczności zmusiły ich do tego, *by się stali wytrwali.*

Ci, którzy wyrobili sobie nawyk wytrwałości, wydają się doznawać uczucia zabezpieczenia przed klęską życiową. Niezależnie od tego, ile ich w życiu spotkało porażek, w końcu wdzierają się oni na szczyty powodzenia. Czasem można odnieść wrażenie, że kieruje nimi jakiś utajony przewodnik, którego zadaniem jest poddawanie człowieka kolejnym próbom zniechęcających doświadczeń. Ludzie ci podnoszą się z kolejnych porażek i nadal dążą do celu; a inni wykrzykują: „Brawo! Wiedzieliśmy, że sobie dadzą radę!" Ów utajony przewodnik nie zezwala nikomu cieszyć się osiągnięciami bez uprzedniego poddania go testowi na wytrwałość. Ci, którzy tego testu nie przejdą, odpadają z dalszych konkurencji.

Ci zaś, którzy go skutecznie zaliczają, zostają za swą wytrwałość sowicie nagrodzeni. Otrzymują wszelkie dobra, o które zabiegali. A i to nie wszystko! Otrzymują coś bardziej wartościowego od materialnej rekompensaty — świadomość, że *każda porażka kryje w sobie zalążek równoważącej ją korzyści.*

Porażka: zdarzenie przejściowe

Są jednak od tej reguły pewne wyjątki; niewielu ludzi zaznało we własnym doświadczeniu znaczenia wytrwałości. Są i tacy, którzy nie uznają porażki za zdarzenie przejściowe. Są też wreszcie i tacy, których żądze tak są utrwalone, że ich porażka obraca się w końcu w zwycięstwo. My, którzy obserwujemy życie z ubocza, stwierdzamy, że przytłaczająca większość ludzi ponoszących klęski nigdy się już z nich nie podnosi. Widzimy niewielu takich, którzy karę w postaci porażki traktują jak *ponaglenie do zwiększenia wysiłków.* Tacy ludzie nigdy w swym życiu nie włączają biegu wstecznego. Ale nie dostrzegamy istnienia tego, czego większość z nas nawet się nie domyśla, a mianowicie niepokonalnej siły, która rozwija się w ludziach stających w obliczu załamania. Kiedy nam przychodzi nazwać tę siłę, nazywamy ją wytrwałością i niech już tak pozostanie. Wiemy tylko, że jeśli komuś brakuje wytrwałości, nie osiąga sukcesu pod wpływem żadnego innego czynnika.

Kiedy przelałem te słowa na papier, oderwałem wzrok od rękopisu i skierowałem go przed siebie, za okno, gdzie przy następnej przecznicy na Broadwayu obejrzeć można słynne przedstawienia: „Grób straconych nadziei" i „Otwarte drzwi do szczęścia". Na Broadway ściągają ludzie z całego świata w poszukiwaniu sławy, fortuny, władzy, miłości i tego wszystkiego, co ludzie nazywają sukcesem. Co jakiś czas ktoś wyłania się z tego pochodu i świat dowiaduje się, że oto ktoś nowy zawładnął Broadwayem. Ale nikomu nie udaje się podbić Broadwayu od razu. Uznaje on talent, rozpoznaje genialność i opłaca ją obficie tylko *wtedy, kiedy* wybijający się artysta nie zaprzestał wysiłków.

Wtedy dopiero wiadomo, że poznał on sekret podbicia Broadwayu. Sekret ów nierozłącznie związany jest z pojęciem *wytrwałości!*

Zawiera się ów sekret w historii walki Frannie Hurst, której wytrwałość zapewniła je podbój Wielkiej Białej Drogi. Frannie Hurst przybyła do Nowego Jorku w roku 1915 z zamiarem zdobycia fortuny piórem. Opór napotkała nie od razu, ale zaznała go w pełnym wymiarze. Przez cztery lata „szlifowała nowojorskie bruki". Dni spędzała na pracy, noce na marzeniach. Kiedy nadzieje w niej słabły, nie wypowiadała słów rezygnacji — „W porządku, Broadway zwyciężył" — tylko mówiła: „W porządku, Broadway, może innych pokonałeś, ale nie mnie. Zmuszę cię do tego, żebyś mnie uznał!"

Jedna z redakcji (*Saturday Evening Post*) odmawiała jej *trzydzieści sześć* razy, zanim przyjęła do druku jedno jej opowiadanie. Przeciętny pisarz, tak jak w innych dziedzinach działający przeciętny człowiek, zarzuciłby tę pracę po pierwszych odmowach. Ona szlifowała nowojorskie bruki, ponieważ była zdecydowana odnieść zwycięstwo.

Wreszcie przyszła zapłata. Bariery usunięto, utajony przewodnik poddał Frannie Hurst testowi, który przeszła. Od pewnej chwili to wydawcy i redaktorzy zaczęli wydeptywać ścieżki do jej drzwi. Pieniądze napływały tak szybko, że nie nadążała z ich liczeniem. Potem odkryli ją filmowcy, a pieniądze nie ciekły już strużką, lecz napływały szeroką falą.

Macie oto przykład, co może zdziałać wytrwałość. Frannie Hurst nie jest wyjątkiem. Gdziekolwiek ktoś zarobił wielkie pieniądze, możecie być pewni, że miała w tym udział wytrwałość. Broadway może zaoferować byle żebrakowi kubek kawy i sandwicza, ale od tych, którzy chcą odnieść na nim poważny sukces, żąda wytrwałości.

Kiedy te słowa przeczyta Kate Smith, wypowie formułę: amen. Przez całe lata śpiewała bez wynagrodzenia do każdego mikrofonu, do jakiego zdołała się przecisnąć. Broadway mówił: „Przyjdź tu i zdobądź swoje, jeśli potrafisz". Próbowała, aż pewnego dnia Broadway znużył się i powiedział: „No i o co chodzi? Nie znasz pojęcia «załamanie się», więc podaj swoją cenę i ochoczo zabieraj się do pracy". Podała tę cenę, była bardzo wysoka.

Każdy może wyrobić w sobie wytrwałość

Wytrwałość jest pewnym nastawieniem umysłowym, stąd może być rozwijana. Jak wszystkie stany umysłu, opiera się na pewnych podstawach, z których najważniejsze to:

1. *Określony cel:* pierwszym i najważniejszym krokiem do wyrobienia wytrwałości jest to, by człowiek wiedział, czego pragnie. Ważna siła motywująca pomaga pokonywać przeciwności.
2. *Żądza:* jest rzeczą stosunkowo łatwą wyrobić w sobie wytrwałość w dążeniu do celu, którego gorąco się pożąda.
3. *Wiara w siebie:* wiara we własne możliwości do zrealizowania zamierzonego planu życiowego zachęca człowieka do wykonywania go z wytrwałością (wiarę w siebie można rozwijać według zasad przedstawionych w rozdziale o autosugestii).
4. *Określony charakter planu życiowego:* plany ukierunkowane ściśle, nawet jeśli są niepraktyczne czy słabe, umacniają wytrwałość.
5. *Właściwa wiedza:* przekonanie, że czyjeś plany są zdrowe, oparte na doświadczeniu i obserwacji, sprzyja wytrwałości; zgadywanie zamiast wiedzy niszczy wytrwałość.
6. *Kooperatywność:* zrozumienie, życzliwość i harmonijna współpraca z innymi sprzyja umacnianiu wytrwałości.
7. *Siła woli:* zwyczaj skupiania myśli na wypracowywaniu planów wiodących do osiągnięcia zamierzonego celu prowadzi do wytrwałości.
8. *Nawyk:* wytrwałość jest wynikiem nawyku. Myśl wchłania powszednie doświadczenia, którymi się karmi, i staje się ich częścią. Najgorszego ze wszystkich wrogów, lęk,

można pokonać poprzez *zdecydowane ponawianie aktów odwagi*. Wiedzą o tym wszyscy, którzy uczestniczyli w wojnie.

Ośmiopunktowy „inwentarz wytrwałości"

Zanim ukończysz lekturę rozdziału o wytrwałości, sporządź inwentarz własnych możliwości wewnętrznych i wyraźnie wskaż, jakich istotnych zalet ci nie dostaje. Osądź się odważnie, punkt po punkcie i sprawdź, których z ośmiu czynników składających się na wytrwałość brakuje ci w dostatecznym stopniu. Analiza taka może cię doprowadzić do odkryć, które nakażą ci inaczej traktować samego siebie.

Znajdziesz poniżej wykaz prawdziwych wrogów, którzy zagradzają ci drogę do życiowych osiągnięć. Będą to nie tylko „symptomy" wskazujące na brak wytrwałości, ale tkwiące głęboko w podświadomości przyczyny tej słabości. Przestudiuj tę listę starannie i spójrz na siebie odważnie, jeśli rzeczywiście chcesz wiedzieć, jaki jesteś i do czego jesteś zdolny. Oto słabości, które musi wyplenić z siebie każdy, kto chce dojść do bogactwa:

1. Nieumiejętność zrozumienia i jasnego określenia, czego właściwie się pragnie.
2. Gnuśność, motywowana lub pozbawiona przyczyn (oparta na rozwiniętym systemie wykrętów i usprawiedliwień).
3. Brak zainteresowania uzyskaniem specjalistycznej wiedzy.
4. Niezdecydowanie, nawyk „zdawania się na bieg spraw" we wszelkich sytuacjach, zamiast stawać z nimi oko w oko (także oparte na wykrętach).
5. Nawyk zasłaniania się wykrętami zamiast tworzenia określonych planów rozwiązania problemu.
6. Samozadowolenie. Na tę przypadłość mało jest leków i mała nadzieja przed tymi, którzy na nią zapadli.
7. Obojętność, zwykle oparta na skłonności do zawierania we wszelkich sytuacjach kompromisów zamiast pokonywania napotykanych trudności.
8. Nawyk obwiniania innych za własne pomyłki i uznawania okoliczności niesprzyjających za nieuniknione.

9. Słabość pożądania, za którą płaci się niedbałością w wyborze motywacji popychającej do działania.
10. Skłonność, niekiedy wręcz ochocza, do wycofania się z realizacji zamierzeń przy pierwszych sygnałach porażki (oparta na jednym lub kilku z głównych lęków).
11. Brak ściśle zarysowanych planów spisanych na papierze, które można analizować.
12. Nawyk zaniedbywania nasuwających się pomysłów lub przeoczania możliwości otwierających się przed człowiekiem.
13. Żywienie w sobie życzeń zamiast woli spełnienia pragnień.
14. Nawyk godzenia się z ubóstwem zamiast pragnienia dostatku i bogactwa, ogólny brak ambicji, by *być*, *zrobić*, *posiąść*.
15. Rozglądanie się za wszelkimi „drogami na skróty" do bogactwa, nie wymagającymi opłacenia go uczciwym ekwiwalentem (łącząca się zwykle ze skłonnością do hazardu umożliwiającego „odcięcie się" obciążeń życiowych).
16. Lęk przed krytyką, niezdolność do tworzenia planów i wdrażania ich w życie w obawie przed tym, co inni ludzie o nich pomyślą lub powiedzą. Tego przeciwnika należałoby umieścić na czele listy, ponieważ zwykle czai się w ludzkiej podświadomości, gdzie go trudno rozpoznać (patrz: Sześć Głównych Lęków w następnym rozdziale).

Wszyscy umieją krytykować

Zatrzymajmy się przy niektórych objawach lęku przed krytyką. Większość ludzi pozwala krewnym, przyjaciołom i opinii publicznej wpływać na siebie w tak znacznym stopniu, że nie są w stanie żyć własnym życiem w obawie przed krytyką.

Wielka liczba ludzi popełnia pomyłki przy zawieraniu małżeństwa, ugina się pod jego ciężarem i wiedzie życie ubogie i nieszczęśliwe, ponieważ obawia się krytyki, na jaką by się naraziła naprawiając ten błąd. (Każdy, kto podlega tego rodzaju strachowi wie, jak nienaprawialne wyrządza on szkody poprzez zabicie w człowieku ambicji i żądzy osiągnięć życiowych).

Miliony ludzi zaniedbują uzyskanie dodatkowego wykształcenia po ukończeniu szkoły, ponieważ obawiają się krytyki.

Niezliczona liczba mężczyzn i kobiet, zarówno młodych jak i starych, dozwala krewnym niszczyć swe życie, ponieważ obawia się krytyki. (Żadne obowiązki nie wymagają od nikogo wyrzeczenia się ambicji osobistych i prawa układania własnego życia po swojemu).

Ludzie uchylają się od sprawdzenia swych możliwości w biznesie, ponieważ obawiają się krytyki ze strony innych w przypadku porażki. *Lęk przed krytyką jest w takich przypadkach silniejszy od żądzy sukcesu.*

Zbyt wielu ludzi wzdraga się przed stawianiem sobie ambitnych celów, a nawet przed obraniem ambitnej kariery, ponieważ obawia się krytyki ze strony krewnych i „przyjaciół", którzy mogliby powiedzieć: „Nie sięgaj tak wysoko, ludzie pomyślą, żeś oszalał".

Kiedy Andrew Carnegie zasugerował, bym poświęcił dwadzieścia lat na sformułowanie filozofii osobistego sukcesu, pierwszym impulsem, jaki się we mnie zrodził był lęk przed tym, co ludzie na to powiedzą. Sugestia ta wyznaczała mi cel życiowy wykraczający daleko poza to, co sobie planowałem. Z szybkością błyskawicy mój umysł zaczął produkować wykręty i usprawiedliwienia, wszystkie były pochodną wewnętrznego lęku przed krytyką. Coś mi we wnętrzu mówiło: „Nie zdołasz tego zrobić — zadanie jest ogromne i wymaga zbyt długiego czasu na wykonanie — co twoi krewni o tobie pomyślą? Jak zarobisz na utrzymanie? Nikt nigdy nie sformułował filozofii sukcesu, co ci daje prawo mniemać, że ty zdołasz to zrobić? Kim w końcu jesteś, żeby sięgać tak wysoko? Pamiętaj o swym skromnym pochodzeniu — co ty wiesz o filozofii? Ludzie pomyślą, żeś zwariował (tak się też stało). Dlaczego nie podjął się tego nikt przedtem?"

Takie oto — i inne liczne — pytania przebiegały mi przez myśl i domagały się odpowiedzi. Wydawało mi się, że nagle cały świat zwrócił na mnie uwagę po to, by wyśmiać moją chęć podjęcia sugestii pana Carnegiego.

Miewałem już różne okazje sposobne do tego, by uśmiercić w sobie ambicję, zanim objęła ona nade mną władzę. Później, już po przeanalizowaniu doświadczeń życiowych tysięcy ludzi, stwierdziłem, że większość pomysłów nawiedzających ludzi znajduje się jakby w stanie uśpienia i wymaga tchnienia w nie życia w postaci wdrożenia ich w określone plany natychmiastowego działania. Już w chwili narodzin pomysł wymaga troskliwej opieki. Każda minuta, o którą przedłuża się jego życie, zwiększa szanse na jego trwałe przeżycie. Lęk przed krytyką przewodzi siłom unicestwiającym większość pomysłów, które nigdy nie weszły w fazę dokładnego planowania działań i realizacji.

Sami sobie dawali „natchnienie"

Wielu ludzi sądzi, że sukces materialny jest wynikiem szczęśliwego „natchnienia". Jest w tym mniemaniu ziarno prawdy, ale ludzie, którzy pokładają wiarę w samym tylko szczęściu, niemal zawsze podlegają rozczarowaniu, ponieważ nie dostrzegają innego czynnika, który musi się włączyć w akcję, żeby człowiek mógł nabrać pewności co do swego sukcesu. Jest to wiedza o tym, które ze szczęśliwych „natchnień" należy wprowadzić w czyn.

W okresie Wielkiego Kryzysu aktor W.C. Fields stracił wszystkie pieniądze i pozostał bez środków do życia i bez pracy, ponieważ jego sposób zarabiania (wodewil) zniknął ze scen. Co gorsza, był już po sześćdziesiątce, który to wiek większość ludzi uznaje za „starość". Tak był spragniony powrotu do zawodu, że zaoferował swoją pracę bez wynagrodzenia w nowej dziedzinie sztuki — filmie. Do tego wszystkiego pękł mu jeden z kręgów szyjnych. Wielu ludziom starczyłoby tych przeciwności losu, żeby wycofać się z życia. Ale Fields cechował się wytrwałością. Rozumiał, że jeśli wytrwa, prędzej czy później nawiedzi go owo „natchnienie", i tak się też stało, i to nie przypadkiem.

Marie Dressler znalazła się również na bruku, bez pieniędzy, kiedy miała już prawie sześćdziesiąt lat. Ona też postanowiła czekać na „natchnienie" i doczekała się go. Jej wytrwałość przyniosła wiele wspaniałych sukcesów pod koniec życia, w okresie następującym długo po progu czasowym, po którego przekroczeniu większość kobiet i mężczyzn porzuca wszelkie nadzieje na dokonanie jeszcze czegokolwiek.

Eddie Cantor stracił cały majątek w roku 1929 w wyniku wielkiego krachu na giełdzie, ale pozostała mu jeszcze wytrwałość i odwaga. Za pomocą tych zalet — oraz obojga oczu —

doszedł na powrót do dochodów wynoszących 10 000 dolarów tygodniowo! Doprawdy dzięki samej wytrwałości — bez udziału innych zalet — można wiele osiągnąć!

Jedynym „natchnieniem" na jakim można polegać, jest „natchnienie" udzielone samemu sobie. A nawiedza ono człowieka za sprawą wytrwałości. Punktem wyjścia jest wyraźne określenie życiowego celu.

Potrzebowali tylko samych siebie

Był sobie kiedyś pewien król, władca ogromnego imperium. Ale w głębi swego serca nie czuł się wcale władcą, lecz człowiekiem samotnym. Jeszcze jako książę Walii, przez ponad czterdzieści lat znosił udrękę nieudanego małżeństwa, a księżniczki z całej Europy słały mu się do stóp. Nie miał właściwie żadnego życia prywatnego, a kiedy zasiadł na tronie jako Edward VIII, jego udziałem stała się tylko dojmująca pustka wewnętrzna, której nie byli w stanie zrozumieć jego pogodnie usposobieni poddani — mogła tę pustkę wypełnić jedynie miłość.

A co można powiedzieć o pani Wallis Simpson? Mimo dwukrotnie doznanych krachów, nie zaprzestała poszukiwania miłości. Bowiem jej podstawowym obowiązkiem było kochać. Co jest najważniejszą sprawą na świecie? Mistrz nazywał to miłością — nie prawa sprawowane przez mężczyzn, nie krytycyzm, gorycz czy podporządkowanie sobie drugiego człowieka, nie małżeństwo z politycznego rozsądku, lecz właśnie miłość.

Co myślicie o pani Wallis Simpson, o kimś, kto dobrze wiedział, kogo pragnie, i wstrząsnął całym wielkim imperium, aby tego kogoś zdobyć? Te kobiety, które znoszą cierpienia w świecie rządzonym przez mężczyzn, które nie mają równych mężczyznom możliwości wygrania pojedynku z życiem, powinny z uwagą studiować życie tej niezwykłej kobiety, która — w wieku uważanym przez większość niewiast za „starość" — wygrała najtrudniejszą walkę w całym swym doświadczeniu życiowym.

A co myśleć o królu Edwardzie? Czy nie opłacił on zbyt wysoką ceną prawa do miłości jedynej kobiety, jakiej pragnął?

Możemy tylko snuć różne przypuszczenia. Ale możemy też podziwiać *decyzję*, możemy widzieć, jaką zapłacono za nią cenę i to w sposób całkowicie otwarty.

Imperium Brytyjskie wkroczyło w nowy porządek światowy. Książę Windsoru i jego żona pojednali się w końcu z rodziną królewską. Dzieje ich miłości, *wytrwałości*, ceny, jaką im wypadło zapłacić za triumf ich uczucia, wydają się należeć do odległej przeszłości. Ale winniśmy na zawsze zapamiętać tych dwoje ludzi walczących o największy skarb na świecie, który w końcu posiedli.

Przepytaj pierwszych stu ludzi, których spotkasz, czego najbardziej w życiu pragną, a przekonasz się, że dziewięćdziesięciu ośmiu z nich nie będzie ci w stanie na to odpowiedzieć. Jeśli będziesz odpowiedź z nich wyciskał, niektórzy odpowiedzą: „bezpieczeństwa", wielu odpowie: „pieniędzy", a niewielu: „szczęścia"; ale będą i tacy, którzy chcieliby „uznania społecznego", „łatwego życia", albo żeby mogli „śpiewać, tańczyć lub pisać". Ale nikt nie będzie potrafił określić tych pragnień w ścisłych terminach ani przedstawić choćby w zarysie planu, dzięki któremu chcieliby spełnić te gorąco upragnione życzenia. Bogactwo nie przychodzi na życzenie. Osiąga się je jedynie poprzez ściśle wytyczone plany działania, wsparte dojrzale ukształtowanymi pożądaniami, i poprzez wytrwałość.

Cztery kroki do wytrwałości

1. Określony cel wsparty gorącą żądzą jego osiągnięcia.
2. Określony plan przewidujący stałą działalność.
3. Umysł odporny na wszystkie negatywne i zniechęcające wpływy, włącznie z deprymującymi przestrogami krewnych, znajomych, przyjaciół i współpracowników.
4. Przyjacielski związek z jedną lub kilkoma osobami, które będą umacniały cię w trwaniu przy wytkniętym planie działań i ich celu.

Kroki te mają decydujące znaczenie dla zdobycia sukcesu w każdej dziedzinie życia. Naczelnym celem trzynastu zasad mojej filozofii jest uczynienie człowieka zdolnym do zrobienia z tych zachowań swego stałego zwyczaju.

Kroki te wiodą człowieka ku możliwości sprawowania kontroli nad swym powołaniem ekonomicznym.

Kroki te wiodą do wolności i niezależności myśli.

Kroki te wiodą ku bogactwu, na mniejszą lub większą skalę.

Kroki te wiodą ku władzy, sławie i światowemu uznaniu.

Kroki te gwarantują ci pojawienie się szczęśliwych „natchnień".

Kroki te prowadzą ku przetworzeniu marzeń w rzeczywistość materialną.

Kroki te prowadzą ku pokonaniu lęku, nieśmiałości i obojętności.

Tych zaś wszystkich, którzy nauczą się podejmowania tych czterech kroków, czeka wspaniała nagroda. Jest nią przywilej własnoręcznego wypisywania miejsca przeznaczenia na bilecie, z którym się podróżuje przez życie i uzyskiwania od życia tych wszystkich korzyści, jakich się pragnie.

Czy możesz uzyskać wsparcie Nieograniczonego Rozumu?

Czy siły nadprzyrodzone wspierają ludzi wytrwałych w ich zmaganiach z przeciwnościami losu? Czy cnota wytrwałości wytwarza w umyśle człowieka jakąś formę duchowej, psychicznej lub chemicznej aktywności, która przynależy do sił ponadnaturalnych? Czy Nieograniczony Rozum obiera stronę człowieka, który nadal walczy mimo przegranej bitwy, mając przeciw sobie cały świat?

Wiele takich pytań rodzi mi się w myślach, kiedy się przypatruję ludziom takim jak Henry Ford, który startował z nizin społecznych, a stworzył olbrzymie imperium przemysłowe właściwie z niczego oprócz wytrwałości. Albo jak Thomas A. Edison, który mając za sobą niepełne trzy miesiące szkolnej edukacji stał się czołowym wynalazcą światowym i przetworzył swą wytrwałość w urządzenia takie jak dyktafon i projektor filmowy, nie mówiąc o wielu dziesiątkach innych wynalazków.

Miałem szczęśliwą sposobność przeprowadzić z oboma rozmowy analizujące ich życiowe sukcesy, rok po roku, i wynikłą stąd możność bezpośredniego przestudiowania ich życiowego dorobku, tak więc mogę powiedzieć z pełnym przekonaniem, że w obu nie znalazłem cnoty wyższej nad wytrwałość, tak iż wypadło mi uznać ją za główną przyczynę sprawczą ich dokonań życiowych.

Kiedy przeprowadzi się wnikliwą analizę postaci proroków, filozofów, cudotwórców i przywódców religijnych z przeszłości, dochodzi się do wniosku, że wytrwałość w wysiłkach skoncentrowanych na osiągnięciu głównego, wyraźnie wytyczonego, celu była głównym źródłem ich dokonań.

Weźmy za przykład Mahometa, przypatrzmy się jego życiu, porównajmy je z ludźmi sukcesu w nowożytnej epoce przemysłu i finansów, a przekonamy się, że ma on coś z nimi wspólnego, a mianowicie — wytrwałość!

Jeśli jesteście zainteresowani docieczeniem źródeł tej dziwnej siły, która nadaje mocy wytrwałości, przeczytajcie którąś z biografii Mahometa, najlepiej autorstwa Essada Beya. Przytaczam tu krótkie omówienie tej książki, pióra Thomasa Sugruego, zamieszczone w *Herald Tribune*, które zachęci do przeczytania historii życia człowieka stanowiącego najbardziej zadziwiający przykład potęgi wytrwałości w dziejach cywilizacji ludzkiej:

Thomas Sugrue

OSTATNI Z WIELKICH PROROKÓW

Mahomet był prorokiem, choć nigdy nie dokonał cudu. Nie był mistykiem, nie odebrał formalnego wykształcenia; misję swą podjął po ukończeniu czterdziestego roku życia. Kiedy oznajmił, że jest wysłannikiem Boga niosącym światu prawdziwą religię, obśmiano go i uznano za wariata. Dzieci zaczepiały go, a kobiety oblewały pomyjami. Wygnano go z rodzinnej Mekki, a jego uczniowie porzucili swe ziemskie dobra i udali się wraz z nim na pustynię. Głosił swe nauki przez dziesięć lat, doświadczając w zamian jedynie wygnania, ubóstwa i ośmieszenia. Ale przed upływem kolejnych dziesięciu lat stał się dyktatorem całej Arabii, władcą Mekki, głową nowej religii, która miała się rozlać po Dunaj i Pireneje, zanim straciła rozmach, którego jej nadał. Rozmach ten opierał się na trzech czynnikach: potędze słowa, skuteczności modlitwy i związku człowieka z Bogiem.

Kariera Mahometa nigdy nie miała sensu. Przyszedł na świat po to, by zubożyć jedną z najświetniejszych rodzin w Mekce. Ponieważ Mekka, leżąca na skrzyżowaniu światowych szlaków, szczycąca się świętym kamieniem Kaaba, wielki ośrodek handlu, była miejscem niezdrowym, dzieci wysyłano z niej na pustynię, by wyrastały wśród Beduinów. Również Mahomet wyrastał w takich warunkach, czerpiąc siły i zdrowie z mleka nomadzkich mamek. Pasał owce i we wczesnej młodości najęty został przez bogatą wdowę na przewodnika jej karawan. Podróżował po całym Wschodzie, rozmawiając z ludźmi różnych wyznań religijnych i przypatrując się wyradzaniu się chrześcijaństwa w różne sekty. Kiedy osiągnął dwudziesty ósmy rok życia, Khadija, bogata wdowa, obdarzyła go swymi względami i poślubił ją. Jej ojciec sprzeciwiał się temu małżeństwu, musiała go więc spić i omamić, by uzyskać odeń ojcowskie błogosławieństwo. Dalszych dwanaście lat Mahomet przeżył jako bogaty, szanowany i niezwykle szczęśliwy w interesach kupiec. Po czym nagle uszedł na pustynię, z której pewnego dnia powrócił z pierwszym wersetem Koranu, oznajmiając Khadiji, że objawił mu się archanioł Gabriel i obwieścił mu, iż ma się stać Wysłannikiem Boga.

Koran, objawienie słowa bożego, w całym życiu Mahometa najbliżej graniczy z cudem. Nie był on bowiem poetą, nie miał daru słowa. Ale kiedy recytował wersety Koranu wiernym, okazywały się lepsze od wierszy pisanych przez zawodowych poetów z ich plemion. To właśnie Arabowie uznali za cud. Wedle nich dar słowa był najcenniejszym z darów, poetę uznawali za wszechmocnego. Co więcej, Koran głosił, że wszyscy ludzie są równi wobec Boga, a świat powinien być demokratycznym państwem — Islamem. Była to herezja polityczna, co więcej, Mahomet pragnął zniszczyć wszystkie 360 idoli na dziedzińcu otaczającym Kaabę, co spowodowało jego wygnanie z miasta. Idole bowiem ściągały do Mekki plemiona pustynne i ożywiały handel. Stąd więc kapitaliści, biznesmeni z Mekki, do których i Mahomet się zaliczał, powstali przeciw niemu. Wtedy schronił się na pustyni i zażądał zwierzchności nad światem.

Rozpoczął się rozwój islamu. Na pustyni rozgorzał płomień, który nigdy nie wygasł — przybrał postać demokratycznej armii walczącej jak jeden mąż i przygotowanej na śmierć dla zwycięstwa. Mahomet wezwał Żydów i chrześcijan, by się doń przyłączyli; bo właściwie nie tworzył nowej religii. Zwracał się do wszystkich wierzących w Boga jedynego, by zjednoczyli się w prostej wierze. Gdyby Żydzi i chrześcijanie przyjęli to wezwanie, islam opanowałby świat. Ale go nie przyjęli. Nie uznali nawet innowacji Mahometa polegającej na ludzkim podejściu do wojny. Kiedy armie proroka wkroczyły do Jerozolimy, nikt nie stracił życia z powodu swej wiary. A kiedy wkraczali do niej krzyżowcy, po stuleciach, nie ocalił życia żaden mahometanin, ani mężczyzna, ani kobieta, ani dziecko. Chrześcijanie przyjęli natomiast pewien pomysł muzułmański: instytucję nauczającą zwaną uniwersytetem.

WNIOSKI POD ROZWAGĘ:

Wytrwałość zmienia charakter człowieka, tak jak żar węgla przetapia zwykłe żelazo w niełamliwą stal. Poprzez wytrwałość rozwijasz w sobie magiczną siłę świadomości pieniądza, a podświadomość pracuje nieprzerwanie na rzecz zdobycia pieniędzy, których pożądasz.

Ośmiopunktowy inwentarz wytrwałości wskazuje ci na czym oprzeć wewnętrzną wytrwałość. Osiem dziedzin specjalnego treningu zawiera w sobie cele wytknięte dla twej wytrwałości.

Ludzie tacy jak Frannie Hurst, Kate Smith, W. C. Fields uczą nas, jak bezcenną wartością jest wytrwałość. Mahomet i inni prorocy dowodzą, iż wytrwałość zmienia bieg historii.

Cztery proste kroki wiodą ku wykształceniu w sobie *nawyku* wytrwałości, a także wskazują, jak przezwyciężyć wszelkie *negatywne* i zniechęcające wpływy, które mogły na tobie zaciążyć.

Bacz na kroki, które podejmujesz z wysiłkiem;
przekonasz się, że wysiłek wzmacnia
i ustokrotnia czynione przez ciebie kroki.

X Dziewiąty krok do bogactwa: SIŁA „TRUSTU MÓZGÓW"

Posłużą wam zgodnie: pewna zasada ekonomiczna i zasada psychologiczna. Potęga „trustu mózgów" pomoże wam zdobyć pieniądze i pomnażać je.

Władza jest sprawą zasadniczą przy zarabianiu pieniędzy. Plany będą jałowe i bezużyteczne, jeśli nie wesprzesz ich władzą zdolną przetwarzać je w działanie. W rozdziale tym przedstawię wam metodę, za pomocą której człowiek może osiągnąć i sprawować władzę.

Władzę można zdefiniować jako „zorganizowaną i rozumnie ukierunkowaną wiedzę". W tym rozumieniu tego pojęcia, jakie tu przyjąłem, władza odnosi się do wysiłków wystarczających na tyle, by uczynić człowieka zdolnym do przetworzenia żądzy w jej pieniężny odpowiednik. Zorganizowany wysiłek osiąga się przez koordynację wysiłków dwóch ludzi albo ich większej liczby, zmierzających do ściśle określonego celu w atmosferze harmonijnej współpracy.

Władza jest niezbędna do zdobycia pieniędzy! Niezbędna jest też do utrzymania pieniędzy już zdobytych!

Przepatrzmy teraz sposoby uzyskiwania władzy. Jeśli władza jest „wiedzą zorganizowaną", sprawdźmy najpierw źródła wiedzy:

1. *Nieograniczony Rozum:* z tym źródłem wiedzy można nawiązać kontakt w sposób przedstawiony w innym rozdziale tej książki, z pomocą wyobraźni twórczej.
2. *Nagromadzone doświadczenie:* doświadczenie nagromadzone przez ludzkość (bądź tę jego część, która podległa zorganizowaniu i utrwaleniu) można znaleźć w każdej bibliotece publicznej. Istotnej części tego nagromadzonego doświadczenia naucza się w szkołach i na uniwersytetach, gdzie poddaje się je poklasyfikowaniu i zorganizowaniu.
3. *Eksperyment i praca badawcza:* na polu wiedzy i praktycznie biorąc w każdej dziedzinie życia ludzie codziennie zbierają, klasyfikują i organizują na swój sposób nowe fakty. Do tego źródła skierować się musi każdy, kto nie

ma dostępu do wiedzy poprzez „nagromadzone doświadczenie". I tu trzeba posłużyć się wyobraźnią twórczą.

Wiedzę można uzyskać z każdego z wymienionych tu źródeł. Może być ona przeistoczona we władzę przez zorganizowanie jej w określone plany i przez skonkretyzowanie tych planów w działaniu.

Zbadanie trzech głównych źródeł wiedzy wyraźnie wykaże trudność, na jaką natknie się człowiek, który zechce oprzeć się tylko na własnych wysiłkach w zbieraniu wiedzy i wyrażaniu jej w formie określonych planów konkretyzujących się w działaniu. Jeśli te jego plany są zwarte i jeśli obejmują działalność rozległą, musi włączyć innych do współpracy zanim będzie mógł im powierzyć niezbędną część swej władzy.

Tajemnica sukcesu Andrew Carnegiego

„Trust mózgów" można określić jako „koordynację wiedzy i wysiłków, w atmosferze harmonijnego współdziałania dwóch lub więcej osób w zamiarze osiągnięcia konkretnego celu".

Żadna jednostka nie może uzyskać wielkiej władzy bez oparcia się o „trust mózgów". W następnym rozdziale podam zalecenia co do tworzenia planów w celu przetworzenia żądzy pieniądza w jej pieniężny ekwiwalent. Jeśli będziesz się stosował do tych zaleceń wytrwale i rozumnie, i zastosujesz się także do zasad doboru członków swego „trustu mózgów", osiągniesz ten cel już przynajmniej w połowie zanim się sam w tym zorientujesz.

Abyś lepiej zrozumiał nieuchwytną potęgę osiągalną za pośrednictwem właściwie dobranego „trustu mózgów", podam ci najpierw dwie cechy charakteryzujące zasadę „trustu mózgów", z których jedna ma charakter ekonomiczny, a druga psychologiczny. Czynnik ekonomiczny jest ewidentny. Korzyści ekonomiczne może uzyskiwać każdy, kto otoczy się grupą ludzi pragnących okazać mu szczerą pomoc w duchu harmonijnej współpracy. Ta forma przymierza współpracowniczego stała u kolebki niemal każdej wielkiej fortuny. Dokładne zrozumienie tej wielkiej prawdy może w decydującej mierze określić twój status finansowy.

Faza psychiczna zasady „trustu mózgów" jest znacznie trudniejsza do uchwycenia. Możesz skorzystać w tym względzie ze znaczącej sugestii zawartej w stwierdzeniu: „Każda para umysłów, które z sobą kiedykolwiek współgrały, wytwarzała trzecią niewidzialną siłę, która mogła przypominać trzeci umysł".

Umysł ludzki jest formą energii, częścią pierwiastka duchowego w przyrodzie. Kiedy dwa umysły lub dwóch ludzi współpracuje ze sobą w duchu harmonii wzajemnej, wkład energii duchowej każdego z nich tworzy nowe zjawisko, które stanowi właśnie „psychiczną" warstwę „trustu mózgów".

Na zasadę „trustu mózgów", czy też raczej na jej ekonomiczny aspekt, zwrócił mi po raz pierwszy uwagę Andrew Carnegie przed trzydziestu z górą laty. Odkrycie tej zasady sprawiło, że podjąłem się mego życiowego zadania.

„Trust mózgów" pana Carnegiego składał się z zespołu około pięćdziesięciu ludzi, których zebrał wokół siebie w określonym celu wytwarzania i sprzedawania stali. Przypisywał całą swą fortunę władzy, jaką uzyskał dzięki temu „trustowi mózgów".

Przypatrz się relacjom ludzi, którzy zbili wielkie fortuny, a także wielu tych, którzy doszli do fortun pomniejszych, a przekonasz się, że posługiwali się oni świadomie lub nieświadomie zasadą „trustu mózgów".

Wielkiej władzy nie można osiągnąć w żaden inny sposób!

Musisz posłużyć się nie tylko własnym umysłem

Umysł ludzki porównać można do baterii elektrycznej. Ogólnie wiadomo, że zespół baterii elektrycznych wytwarza więcej energii od baterii pojedynczej. Jest też faktem dobrze znanym, że pojedyncza bateria wytwarza energię proporcjonalnie mniejszą od energii wytwarzanej przez zespół baterii.

Umysł działa na podobnej zasadzie. Ma to związek z faktem, że niektóre umysły są wydajniejsze od innych i nasuwa wniosek, że grupa umysłów skoordynowana (lub powiązana) w duchu harmonijnej współpracy dostarczy więcej energii myślowej od umysłu pojedynczego, podobnie jak zespół baterii elektrycznych dostarczy więcej energii od baterii pojedynczej.

Przenośnia ta wykazuje z całkowitą pewnością, że zasada „trustu mózgów" stanowi sekret władzy uzyskanej przez ludzi, którzy otaczają się innymi ludźmi o wydajnych umysłach.

Wynika też stąd kolejne stwierdzenie, przybliżające nas do zrozumienia psychicznego aspektu zasady „trustu mózgów": kiedy zespół umysłów współdziała harmonijnie, połączona energia wytworzona w wyniku tego zespolenia staje się dostępna dla każdego z umysłów wchodzących w skład zespołu.

Bardzo dobrze wiadomo, że Henry Ford zaczynał swą działalność życiową przygnieciony biedą, brakiem wykształcenia i niewiedzą. Równie dobrze wiadomo, że w niewiarygodnie krótkim okresie dziesięciu lat pan Ford pokonał wszystkie te upośledzenia, a w ciągu dwudziestu pięciu lat stał się jednym z najbogatszych ludzi w Ameryce. Zechciejcie teraz skojarzyć ten fakt z pewną informacją uzupełniającą, że najszybciej dokonywane osiągnięcia pana Forda dały się zauważyć od czasu, gdy stał się osobistym przyjacielem Thomasa A. Edisona, a zaczniecie rozumieć, jakie znaczenie może mieć wpływ jednego umysłu na drugi. Postąpcie jeszcze o krok dalej, by stwierdzić fakt, że najbardziej zadziwiające osiągnięcia pana Forda datują się od chwili, w której zawiązał spółkę z Harveyem Firestonem, Johnem Burroughsem i Lutherem Burbankiem (z których każdy rozporządzał wielkimi możliwościami umysłowymi), a znajdziecie kolejny dowód na to, że władza może stać się wynikiem przyjacielskiego sojuszu umysłów.

Ludzie opierają się na naturze, obyczajach i władzy myślowej innych, z którymi stowarzyszają się w duchu zrozumienia i harmonii. Przez swój związek z Edisonem, Burbankiem, Burroughsem i Firestonem, pan Ford wzmocnił swe władze umysłowe zsumowaną treścią inteligencji, doświadczenia, wiedzy i sił duchowych tych czterech ludzi. Co więcej, udoskonalił i zrobił użytek z formuły „trustu mózgów" przez zastosowanie zasady, którą wyłożyłem w niniejszej książce.

Zasada ta jest osiągalna także dla ciebie!

Wspominaliśmy już o Mahatmie Gandhim.

Przypatrzmy się metodzie, dzięki której osiągnął on swą niebywałą władzę. Można to wyjaśnić w kilku słowach. Doszedł do swej władzy poprzez włączenie ponad dwustu milionów ludzi do współdziałania duchem i ciałem, w atmosferze harmonii, dla osiągnięcia wspólnego celu.

Krótko mówiąc, Gandhi dokonał cudu, bo to jest cud, kiedy jednoczy się dwieście milionów ludzi — nie pod przymusem —

we wspólnym działaniu, w atmosferze harmonii. Jeśli wątpisz, że to jest cud, spróbuj nakłonić jakichkolwiek dwóch osobników do harmonijnej współpracy *przez dłuższy czas.*

Wszyscy zarządzający jakimiś przedsiębiorstwami wiedzą, jak trudnym zadaniem jest wdrożenie pracowników do wspólnej pracy w atmosferze choćby tylko przypominającej harmonijną.

Lista głównych dróg wiodących do uzyskania władzy rozpoczyna się, jak widzieliście, od kontaktu z Nieograniczonym Rozumem. Kiedy dwóch — lub więcej — ludzi jednoczy siły w duchu harmonii i wspólnie pracuje dla określonego celu, przez swe przymierze ustawiają się oni w pozycji umożliwiającej im zaczerpywanie energii bezpośrednio z wielkiego uniwersum Nieograniczonego Rozumu. Jest to największe z wszystkich źródeł energii. Jest to źródło, z którego czerpią geniusze i wielcy przywódcy (czy zdają sobie z tego sprawę, czy nie).

Dalsze dwa główne źródła, z których uzyskać można wiedzę niezbędną do uzyskania władzy, nie są w większym stopniu niezawodne od pięciu ludzkich zmysłów. A zmysły nie zawsze są niezawodne.

W następnych rozdziałach przedstawię metody, dzięki którym można się skutecznie kontaktować z Nieograniczonym Rozumem.

Ta książka nie jest wykładem jakiejś religii. Żadna z podstawowych zasad przedstawionych w niej nie może być odbierana jako pośrednio czy bezpośrednio wynikająca z jakiegoś określonego obrządku religijnego. Książkę tę poświęciłem wyłącznie temu, by przysposobić czytelnika do przetwarzania żądzy pieniędzy w jej pieniężny odpowiednik.

Przeczytaj ją, *przemyśl* i rozważ zawarte w niej zalecenia. W miarę tego jej zasadniczy temat odsłoni się przed tobą i ukaże w odpowiedniej perspektywie. Dostrzeżesz wtedy szczegółową treść kolejnych rozdziałów.

Ubóstwo nie wymaga planowania

Pieniądze są nieśmiałe i płoche. Trzeba je zdobyć i utrzymać za pomocą metod nie odróżniających się od tych, do których się ucieka stanowczy amant dla zdobycia dziewczyny, którą sobie upodobał. I zrządzeniem przypadku siła stosowana dla „pozyskania" pieniędzy niewiele się różni od mocy koniecznej do uwiedzenia dziewczyny. Siła owa musi być połączona z wiarą, jeśli ma przynieść zamierzony rezultat i musi być wsparta pożądaniem. Musi też być wsparta wytrwałością i podporządkowana planowi, wedle którego rozwija się działanie.

Kiedy pieniądze napływają do kogoś w obfitości upoważniającej do użycia określenia „wielkie pieniądze", spotyka to człowieka, który zgarnia je z taką łatwością, jakby zbierał w naczynie wodę spływającą z wodospadu. Istnieje bowiem niewidoczny strumień mocy, który można porównać do rzeki, z tym że jeden jej nurt unosi z sobą tych, co weń wstąpili, ku coraz większej pomyślności — drugi zaś spycha w przeciwnym kierunku tych wszystkich nieszczęśników (niezdolnych nawet do tego, by się z tego nurtu wyrwać), co nie odnaleźli nurtu pomyślności, w rejony ubóstwa i nędzy.

Każdy z tych, co zebrali wielkie fortuny, uznaje istnienie tego prądu życia. Tworzy go proces myślowy. Pozytywne uczucia myślowe tworzą ów nurt wiodący ku pomyślności. Uczucia negatywne tworzą nurt wciągający ludzi w biedę.

Zjawisko to nasuwa wniosek o wyjątkowym znaczeniu dla tych, którzy czytają niniejszą książkę w celu znalezienia recepty na zdobycie fortuny.

Jeśli tkwisz w tym nurcie mocy życiowej, który niesie cię ku ubóstwu, książka ta może stać się dla ciebie kołem ratunkowym umożliwiającym przerzucenie się w ów drugi nurt życia. Ale może się tak stać tylko wtedy, jeśli zastosujesz się do jej zaleceń. Pobieżna lektura i przejście do porządku dziennego nad zawartymi w niej treściami nie przyniesie ci żadnego pożytku.

Ubóstwo i bogactwo często zamieniają się miejscami. Kiedy bogactwo przychodzi na miejsce ubóstwa, dzieje się tak zazwyczaj w wyniku dobrze opracowanego i konsekwentnie realizowanego planu życiowego. Ubóstwo nie wymaga planowania. I nie potrzebuje pomocy, ponieważ jest silne i brutalne. Bogactwo jest nieśmiałe i wstydliwe. Musi zostać „pozyskane".

WNIOSKI POD ROZWAGĘ:

Największy wkład Andrew Carnegiego w sukces osobisty i finansowy — „trust mózgów" — jest do twojej dyspozycji. Jest to najskuteczniejsza droga do zorganizowania i wprowadzenia wiedzy na drogę wiodącą do długotrwałej władzy.

Umysł ludzki jest formą energii. Jeśli dwa umysły (lub więcej) współdziałają w duchu wzajemnej harmonii, tworzą „bank" energii oraz trzecią niewidzialną siłę, którą można porównać do trustu mózgów.

Planowanie i organizowanie wysiłków jest rzeczą niezbędną, gdy chcesz zdobyć bogactwo. Łatwo trwać w biedzie; ubóstwo nie wymaga planowania.

Do twej dyspozycji stoją w pogotowiu trzy główne źródła uzyskiwania energii myślowej. Mogą z nich korzystać wedle uznania ci, którzy wiedzą, jaki czynić z nich użytek — tak jak ty wiesz to teraz.

Szczęście osiąga się przez działanie,
a nie przez bierne posiadanie.

XI *Dziesiąty krok do bogactwa:* *TAJEMNICA PRZETWARZANIA ENERGII SEKSUALNEJ*

Dowiesz się, w jaki sposób każdy z nas może wykorzystać swój wielki zapas energii seksualnej do wzmocnienia swych dążeń do sukcesu. Zrozumiesz, w jaki sposób kobiety wspierają mężczyzn w tym dążeniu i jak uzyskać całkowitą korzyść z tej odwiecznej prawdy.

Wyraz „przetwarzanie" oznacza „przemianę lub przeistoczenie jednego elementu, czy też formy energii, w drugi".

Uczucie miłosne prowadzi do przetworzenia się w stan umysłu.

Ze względu na nieznajomość przedmiotu ogólnie wiąże się ten stan umysłu z czynnikiem fizycznym, gdyż większość ludzi poddana jest fałszywym wpływom przy zdobywaniu wiedzy o seksie i czynnik ten zostaje wpojony w ich myślenie.

Uczucie miłosne wspierane jest trzema potencjalnymi możliwościami. Oto one:

1. Zachowanie gatunku ludzkiego.
2. Względy zdrowotne (nie ma skuteczniejszej metody terapeutycznej).
3. Przeistoczenie się przeciętności w genialność za pomocą przetworzenia.

Przeistoczenie seksualne można wytłumaczyć prosto i jasno. Oznacza ono przesterowanie umysłu z myślenia w kategoriach fizycznych w myślenie o innym charakterze.

Pożądanie płciowe jest najsilniejszą z żądz ludzkich. Ożywieni tym pożądaniem ludzie rozwijają do niebywałego stopnia wyobraźnię, odwagę, siłę woli, wytrwałość i wyobraźnię twórczą. Żądza kontaktu seksualnego jest tak silna, że ulegający jej ludzie z własnej woli ryzykują życie i opinię dla jej zaspokojenia. Jeśli się tę motywację skieruje na inne tory, zachowuje ona swą siłę, zdolność pobudzania wyobraźni, odwagi itp., co może być wykorzystane jako potężny napęd twórczy w literaturze, sztuce lub innej profesji czy też powołaniu, włącznie z dążeniem do bogactwa.

Przetworzenie energii seksualnej wymaga ćwiczenia siły woli, ale nagroda opłaca sowicie ten wysiłek. Żądza nie może ani nie powinna być okiełznana ani wyeliminowana. Powinna natomiast znaleźć ujście w innych formach ekspresji, które służą ciału, umysłowi i duszy człowieka. Jeśli się nie znajdzie dla niej jakiegoś ujścia, rozładuje się wyłącznie poprzez kanały fizyczne.

Na rzece można wznieść tamę, która powstrzyma spływ wody, ale zacznie ona szukać dla siebie ujścia. To samo dotyczy energii seksualnej. Może zostać powstrzymana lub opanowana na pewien czas, ale w samej jej naturze leży poszukiwanie form wyrażenia się. Jeśli się jej nie przetworzy w jakiś twórczy wysiłek, znajdzie dla siebie ujście pozbawione wartości.

Przemożna siła seksu

Człowiek, który wie jak znaleźć ujście dla popędu płciowego poprzez jakiś twórczy wysiłek, zalicza się do szczęśliwych. Badania naukowe dowiodły następujących faktów:

1. Ludzie osiągający najwięcej w życiu należą do osobników o wysoko rozwiniętej energii seksualnej, dla której umieli znaleźć sposób przetworzenia.
2. Mężczyźni, którzy zdobyli wielkie fortuny i zyskali wyjątkowe uznanie dla swych osiągnięć w dziedzinie literatury, sztuki, przemysłu, architekturze i innych dziedzinach, motywowani byli wpływem kobiety.

Badania, które doprowadziły do tych stwierdzeń, objęły biografie różnych znakomitości z okresu dwóch tysięcy lat. Gdziekolwiek stwierdzano niepospolite osiągnięcia jakiejś kobiety lub mężczyzny, przekonywano się, że jednostki te charakteryzowały się wysoką energią seksualną.

Popęd płciowy jest „niepokonalną siłą", której nie jest w stanie przeciwstawić się „mdłe ciało". Ożywieni tym uczuciem ludzie obdarzeni zostają w działaniu niezwykłą siłą. Jeśli uznasz tę prawdę, pojmiesz znaczenie stwierdzenia, że przeistoczenie seksualne stanowi sekret zdolności twórczych.

Jeśli się usunie gruczoły płciowe człowiekowi lub zwierzęciu, pozbawia się go głównej siły napędowej. Przypatrz się z tego punktu widzenia jakiemukolwiek zwierzęciu, które wykastrowano. Byk staje się łagodnym jak krowa wołem. Otrzebienie odbiera każdemu samcowi, zarówno człowieczemu jaki i zwierzęcemu, całą tkwiącą w nim wolę walki.

Czynniki stymulujące umysł — dobre i złe

Umysł ludzki poddaje się czynnikom stymulującym, dzięki którym wprawiony zostaje w wibracje o wysokim natężeniu, nazywane entuzjazmem, wyobraźnią twórczą, gorącą żądzą itp. Umysł ludzki najłatwiej ulega następującym stymulatorom:

1. Żądzy zaspokojenia seksualnego;
2. Miłości;
3. Gorącej żądzy sławy, władzy, materialnych lub pieniężnych korzyści;
4. Muzyce;
5. Przyjaźni z osobnikami tej samej lub przeciwnej płci;
6. Przymierzu z „trustem mózgów" złożonym z dwóch lub więcej osób, zmierzających do duchowego lub materialnego rozwoju;
7. Wspólnemu poczuciu zagrożenia doświadczanego przez ludzi objętych wspólnym wyrokiem;
8. Autosugestii;
9. Lękowi;
10. Narkotykom i alkoholowi.

Żądza zaspokojenia seksualnego znajduje się na czele listy stymulatorów, które w największym stopniu „pobudzają" umysł i uruchamiają „przekładnię" przerzucającą myśli w płaszczyznę akcji fizycznej. Osiem spośród tych stymulatorów ma charakter naturalny i konstruktywny. Dwa są destrukcyjne. Przedstawiłem tu tę listę w celu umożliwienia czytelnikom porównawczego zbadania głównych źródeł stymulacji myślenia. Wyniknie z takiego badania niezbicie, że uczucie miłosne jest ze wszech miar najintensywniejszym i najpotężniejszym ze wszystkich stymulatorów myślenia.

Niektórzy mądrale utrzymują, że geniusz to człowiek, który „nosi długie włosy, cudacznie się odżywia, żyje samotnie i stanowi przedmiot żartów dla dowcipnisiów". Ale lepsza definicja geniusza głosi, że jest to „człowiek, który odkrył jak zwiększać intensywność myślenia do tego stopnia, by móc swobodnie sięgać do źródeł wiedzy niedostępnych dla zwykłego myślenia".

Człowiek myślący zechce z pewnością zadać kilka pytań dotyczących tej definicji geniusza. Pierwsze brzmieć będzie: „W jaki sposób można nawiązać kontakt ze źródłami wiedzy niedostępnymi dla zwykłego myślenia?”

Następne zaś: „Czy znane są takie źródła wiedzy, które są osiągalne tylko dla geniuszy, i w jaki właściwie sposób stają się one dostępne?”

Przedstawię tu sposób, w jaki będziesz mógł sam poddać się próbie poprzez pewne doświadczenie i znaleźć odpowiedź na oba te pytania.

Twój szósty zmysł — wyobraźnia twórcza

Istnienie szóstego zmysłu ustalono już ponad wszelką wątpliwość. Tym szóstym zmysłem jest wyobraźnia twórcza. Władza wyobraźni twórczej jest tym przymiotem, którego większość ludzi nigdy w ciągu życia nie wykorzystuje, a jeśli nawet to czyni, to najczęściej przez przypadek. Niewielki tylko procent ludzi posługuje się nią świadomie i w jasno uświadamianym celu. Ci, którzy świadomie sięgają po wyobraźnię twórczą i rozumieją jej funkcjonowanie, są geniuszami.

Władza wyobraźni twórczej stanowi bezpośrednią więź łączącą ograniczony umysł człowieka z Nieograniczonym Rozumem. A tak zwane objawienia przypisywane uniesieniom religijnym oraz wszelkie odkrycia głównych i nowych praw na polu naukowym i wynalazczym dokonują się za sprawą wyobraźni twórczej.

Wzniosły plan myślenia

Jeśli jakiś pomysł lub koncept rodzi się w myśli człowieka w formie zwanej „olśnieniem”, bierze on początek z któregoś z następujących źródeł lub z kilku z nich:

1. Nieograniczony Rozum.
2. Czyjeś myślenie podświadome, zbierające wszelkie impulsy zmysłowe i myślowe, które kiedykolwiek powstały w umyśle ludzkim za sprawą pięciu zmysłów.
3. Myślenie innego człowieka, które trafia do czyjegoś umysłu za sprawą konkretnej myśli, obrazu czy pomysłu zakomunikowanego czyjejś świadomości.
4. Podświadomość innego człowieka.

Nie znamy innych źródeł, z których mogłyby pochodzić inspiracje lub „olśnienia".

Kiedy praca umysłu ludzkiego pobudzana jest przez jeden lub kilka z tych stymulatorów myślenia, dzieje się tak poprzez wyprowadzenie jej daleko poza ramy myślenia zwykłego i umożliwienie jej pokonywania odległości, skali i toków myślenia nieosiągalnych na jego zwyczajowym poziomie, na którym operują umysły zaangażowane w rozwiązywanie problemów biznesu rutynowymi metodami profesjonalnymi.

Kiedy jednak umysł wzbije się na wyższy poziom myślenia za sprawą którejś z form jego stymulacji, zajmuje pozycję dającą się porównać do sytuacji kogoś wzbijającego się w samolocie w przestworza i mogącego ogarnąć wzrokiem horyzonty nieporównanie rozleglejsze od dostrzeganych z ziemi. Co więcej, myśl ludzka wyniesiona na ten wyższy poziom nie podlega już bodźcom, które ją zaprzątają zaspokojeniem podstawowych potrzeb życiowych, takich jak żywność, ubiór i mieszkanie. Wkracza w obszar, na który nie mają wstępu sprawy powszedniości, tak jak doliny i wzgórza maleją oglądane z samolotu.

Na tym właśnie wzniosłym planie myślenia wyobraźnia twórcza uzyskuje pełną swobodę działania. Otwierają się tam możliwości dla owego szóstego zmysłu. Otwiera się na pomysły, których człowiek nigdy by nie doznał w żadnych innych warunkach. „Szósty zmysł" jest władzą umysłową, która wyznacza granicę między geniuszem a człowiekiem zwykłym.

Głos wewnętrzny

Wyobraźnia twórcza staje się tym bardziej podatna na oddziaływanie czynników wywodzących się spoza czyjegoś myślenia podświadomego, im częściej jest wykorzystywana i im w większym stopniu człowiek na niej polega oraz im większe stawia jej zadania poprzez impulsy myślowe. Władza ta utrwala się i rozwija wyłącznie przez stosowanie.

To co nazywa się „sumieniem" człowieka działa wyłącznie poprzez szósty zmysł.

Wielcy artyści, pisarze, muzycy i poeci stają się wielcy, ponieważ nabierają zwyczaju polegania na „cichym głosie wewnętrznym", który się do nich zwraca gdzieś z głębi duszy, za sprawą wyobraźni twórczej. Ludzie obdarzeni „bogatą” wyobraźnią dobrze wiedzą, że najlepsze pomysły nawiedzają ich w formie „olśnień”.

Pewien wybitny mówca nie osiąga formy dopóki nie zamknie oczu i nie odda się w pełni we władanie swej wyobraźni twórczej. Kiedy go spytano, dlaczego zamyka oczy przemawiając, odparł: „Czynię tak, bo rozmawiam z myślami, które wydobywają się z mego wnętrza”.

Jeden z najlepiej prosperujących i najszerzej znanych finansistów amerykańskich zwykł był przymykać oczy na dwie lub trzy minuty przed podjęciem ważnej decyzji. Kiedy go spytano o przyczynę takiego zachowania, wyjaśnił: „Zamknąwszy oczy mogę sięgnąć do źródła wyższej inteligencji”.

„Wykluwanie” się pomysłów

W późnym okresie swego życia dr Elmer R. Gates z Chevy Chase w stanie Maryland opatentował ponad dwieście pożytecznych wynalazków, z których kilka miało znaczenie wręcz fundamentalne, a doszedł do nich w wyniku ustawicznego kształcenia i rozwijania zdolności wyobraźni twórczej. Metoda jego jest ważna i interesująca dla ludzi dążących do zdobycia statusu geniusza, który dr Gates bez wątpienia uzyskał. Był on naprawdę wielkim, choć mało rozsławionym, uczonym w skali światowej.

W swym laboratorium urządził pomieszczenie, które nazwał „pokojem osobistej komunikacji”. W praktyce było to studio akustyczne odcięte od światła dziennego. Wyposażenie stanowił niewielki stół, na którym leżała ryza papieru do pisania. Naprzeciw stołu, na ścianie, znajdował się przycisk uruchamiający oświetlenie elektryczne. Kiedy dr Gates zapragnął uzyskać kontakt z siłami wnikającymi weń za pośrednictwem wyobraźni twórczej, zamykał się w tym pokoju, zasiadał przy stole, wyłączał światło i *skupiał się* na znanych już *czynnikach wynalazku*, nad którym pracował, trwając w takim położeniu aż do chwili, w której nawiedzało go „olśnienie” objawiające mu nieznane uprzednio elementy owego wynalazku.

Pewnego razu pomysły spływały nań z taką szybkością, że spisywał je pośpiesznie przez niemal trzy godziny. Kiedy ich napływ ustał i dr Gates przejrzał swe notatki, stwierdził, że zawierają dokładny opis zasad nie mających odpowiednika w danych uznanych już przez świat nauki. Co więcej, rozwiązanie problemu ujęte było w tych notatkach w sposób w pełni przemyślany.

Dr Gates utrzymywał się z tego właśnie „wykluwania się pomysłów" przeznaczonych dla różnych klientów indywidualnych i wielkich korporacji. Jeden z największych koncernów amerykańskich zapłacił mu kiedyś niebotyczną sumę za pomysł, który „wykluł się" w ciągu godziny pracy w „pokoju osobistej komunikacji".

Władze umysłowe bywają często zwodnicze, ponieważ w dużym stopniu opierają się na zgromadzonym już przez człowieka doświadczeniu. Ale nie cała wiedza, którą człowiek poprzez swe doświadczenie gromadzi, jest dokładna. Znacznie pewniejsze są pomysły uzyskiwane za sprawą wyobraźni twórczej, ponieważ napływają one ze źródeł pewniejszych od tych, z których czerpią zdolności umysłowe.

Źródło geniuszu leży w twym zasięgu

Główna różnica między geniuszem a zwykłym pomysłodawcą polega na tym, że geniusz posługuje się zdolnością twórczej wyobraźni, podczas gdy „rutyniarz" opiera się jedynie na swym doświadczeniu. Wynalazca z dziedziny nauki musi posługiwać się zarówno syntetyzującymi, jak i twórczymi zdolnościami wyobraźni.

Tak więc na przykład, wynalazca ów rozpoczyna pracę nad wynalazkiem od zebrania i uporządkowania znanych już pomysłów lub zasad uzyskanych przez doświadczenie za pomocą zdolności syntetyzujących (zdolności umysłowych). Jeśli stwierdzi, że znana wiedza w danym przedmiocie jest niewystarczająca dla dokonania wynalazku, odwołuje się do wiedzy dostępnej mu za pomocą zdolności *twórczych.* Metoda stosowana przezeń różni się w zależności od cech indywidualnych poszczególnych wynalazców, ale ogólna procedura jest taka:

1. Pobudza swój umysł tak, by pracował na wyższym od przeciętnego poziomie, używając do tego celu jednego lub dwóch stymulatorów myślenia, bądź też jakiegoś innego czynnika stymulującego wedle własnego uznania.

2. Skupia się na znanych czynnikach (dokonanej już części) swego wynalazku i wytwarza w swej wyobraźni dokładny obraz czynników nieznanych (nie dokonana jeszcze część) wynalazku. Utrzymuje ten obraz w wyobraźni aż do czasu, kiedy wniknie on w jego podświadomość, po czym daje umysłowi odpocząć uwalniając go od wszelkich myśli i oczekując „olśnienia" rozjaśniającego mu umysł.

Niekiedy rezultaty takiego postępowania są określone i natychmiastowe. Zdarza się, że są negatywne, co zależy od stopnia rozwoju szóstego zmysłu bądź też zdolności twórczych.

Pan Edison przeprowadził ponad dziesięć tysięcy różnych kombinacji pomysłów przez zdolności syntetyzujące swej wyobraźni zanim „dostroił" je do zdolności twórczych i znalazł rozwiązanie nowe, udoskonalone w jego jaśniejącym wnętrzu. Tak właśnie się narodził fonograf.

Zebrano wiele przekonujących dowodów istnienia wyobraźni twórczej. Dowody te wynikają z dokładnego przeanalizowania doświadczeń ludzi, którzy stali się przywódcami w różnych dziedzinach życia nie mając zbyt rozległego wykształcenia. Lincoln jest wybitnym przykładem przywódcy, który doszedł do wielkości dzięki odkryciu i wykorzystaniu mocy swej wyobraźni twórczej. A odkrył ją i uczynił z niej użytek w wyniku inspiracji, jaką zawdzięczał stymulującemu działaniu miłości do Ann Rutledge, co jest stwierdzeniem najwyższej wagi badania źródeł ludzkiej genialności.

Energia seksualna podlega przetworzeniu

Historia zna wielu przywódców, których dokonania wiązały się ściśle z wpływem kobiet, który wyzwalał twórcze moce ich umysłów poprzez stymulowanie pożądania seksualnego. Jednym z nich był Napoleon Bonaparte. Kiedy inspirowała go pierwsza żona, Józefina, pozostawał niepokonany i niedościgniony. Kiedy zaś „wyższa instancja" jego władz umysłowych nakazała mu usunąć Józefinę w cień, rozpoczął się jego schyłek. Niewiele mu już pozostało czasu do klęski i zesłania na wyspę św. Heleny.

Gdyby mógł nam na to pozwolić dobry smak, moglibyśmy wymienić długą listę wybitnych osobistości, dobrze znanych społeczeństwu amerykańskiemu, które osiągnęły szczyty życiowego powodzenia w wyniku inspiracji zawdzięczanej żonom, a następnie utraciły pieniądze wskutek zamiany tych żon na nowe. Napoleon nie był jedynym człowiekiem, który przekonał się o tym, że inspiracja *płynąca z właściwego źródła* jest wielokroć silniejsza od wszelkich namiastek, których może dostarczać przeciętny rozum.

Umysł ludzki wymaga stymulowania!

A największym i najskuteczniejszym stymulatorem jest seks. Kiedy się rozwinie i przetworzy jego energię, jest ona w stanie wznieść człowieka w wyższe regiony myślenia, które umożliwia mu ominięcie źródeł zmartwienia i udręki, jakie go przygniatają na niższym poziomie myślenia.

Dla przypomnienia podam tu listę osób, które osiągnęły wyjątkowy sukces życiowy i o których wiadomo z biografii, że charakteryzowały się nieprzeciętną energią seksualną. Ich geniusz niewątpliwie wyrastał z przetworzenia energii seksualnej. Oto nazwiska tych osobistości:

GEORGE WASHINGTON — NAPOLEON BONAPARTE
WILLIAM SHAKESPEARE — ABRAHAM LINCOLN
ROBERT BURNS — THOMAS JEFFERSON
ELBERT HUBBARD — ELBERT H. GARY
WOODROW WILSON — JOHN H. PATTERSON
ANDREW JACKSON — ENRICO CARUSO
RALPH WALDO EMERSON

Znajomość biografii innych jeszcze osobistości pozwoli ci uzupełnić tę listę. I spróbuj znaleźć w całej historii cywilizacji choćby jednego człowieka, który osiągnął wielkie powodzenie w jakiejkolwiek dziedzinie i który by nie charakteryzował się dobrze rozwiniętą energią seksualną.

Jeśli nie chcesz opierać się na biografiach ludzi już nie żyjących, rozejrzyj się wśród ludzi sukcesu, których znasz i spróbuj wskazać kogoś, kto by cierpiał na niedostatek tej energii.

Energia seksualna jest energią twórczą wszystkich geniuszów. *Nigdy nie było na świecie, i nigdy nie będzie, żadnego wybitnego przywódcy, budowniczego ani artysty, który by odznaczał się brakiem tej energii.*

Oczywiście myliłby się głęboko ktoś, kto by sądził, że wszyscy ludzie, którzy charakteryzują się obfitością energii seksualnej są geniuszami. Człowiek osiąga status geniusza jedynie pod warunkiem, że potrafi stymulować swe myślenie tak skutecznie, iż pozwala mu ono dotrzeć do wszystkich dostępnych źródeł energii poprzez siłę twórczą jego wyobraźni. Głównym stymulatorem, dzięki któremu to „uwznioślenie" umysłu może się dokonać, jest energia seksualna. Zwykłe *posiadanie* tej energii nie wystarcza do osiągnięcia genialności. Energia ta musi zostać *przetworzona* z pożądania fizycznego kontaktu w *inną* formę pożądania i działania, zanim będzie ona zdolna wynieść kogoś na poziom genialności.

Większość ludzi jednak nie tylko nie osiąga tego poziomu, lecz przez złe pojmowanie i stosowanie tej wielkiej siły *zniża się* do poziomu zwierzęcego.

Traci się wiele energii seksualnej

Po przebadaniu doświadczeń dwudziestu pięciu tysięcy ludzi wyciągnąłem wniosek, że ci, którzy doszli do wybitnych osiągnięć w życiu, dopięli swego celu tuż przed osiągnięciem czterdziestego roku życia i nie spuścili z tonu do czasu, w którym znacznie przekroczyli pięćdziesiątkę. Fakt ten zdziwił mnie tak bardzo, że podjąłem sumienne badania nad jego przyczynami.

Badania te przywiodły mnie do stwierdzenia, że główną przyczyną, dla której większość ludzi sukcesu nie rozpoczęła wielkiej kariery przed osiągnięciem wieku pomiędzy czterdziestką a pięćdziesiątką jest skłonność do wydatkowania energii w drodze fizycznego wyrażania uczucia miłosnego. Większość ludzi *nigdy* nie dowiaduje się, że potrzeby seksualne mają inne możliwości zaspokojenia, które swą wagą wielokrotnie przerastają wyraz fizyczny. Większość zaś tych, którzy dochodzą do tej prawdy, odnajduje ją *po utracie wielu lat,* w których energia seksualna osiąga swój szczyt, zwykle między czterdziestym piątym a pięćdziesiątym rokiem życia. Dopiero wtedy przychodzi okres wielkich dokonań.

Życie wielu ludzi przed osiągnięciem przez nich tego wieku, a czasem i później, ograniczone jest w swej skali przez ciągłe rozpraszanie energii, która mogłaby być skierowana w inne, pożyteczniejsze kanały. Ich najlepsze i najsilniejsze uczucia wiatr roznosi na cztery strony świata. To do tego zjawiska odnosi się ludowe powiedzenie „zje pica szlachcica i chłopu rady da".

Żądza ekspresji seksualnej jest zdecydowanie najskuteczniejszym i najbardziej pobudzającym uczuciem ludzkim, stąd też ta właśnie żądza, *ujęta w karby i przetworzona* w działanie odmienne od ekspresji fizycznej, może zrodzić najwspanialsze dokonania.

Przyroda dostarcza świetnych bodźców

Nie brak w historii przykładów na to, że ludzie osiągali status geniusza w wyniku stosowania sztucznych stymulatorów myślenia w postaci alkoholu lub narkotyków. Edgar Allan Poe napisał „Kruka" pozostając pod działaniem alkoholu, „śniąc sny, których śmiertelnicy nie ośmielali się śnić nigdy przedtem". James Whitcomb Riley napisał swe najlepsze utwory także pod wpływem alkoholu. Być może dlatego właśnie dostrzegł owo „przemieszanie rzeczywistego i urojonego, młyn nad rzeką i opary nad strumieniem". Robert Burns również pisał w odurzeniu:

„W kompanii jednak nie cymbała
Przyjemnie wypić
Jest humor wtedy, myśl dojrzała
Od słów człek kipi..."*

Pamiętajmy jednak, że wielu takich ludzi w końcu się zniszczyło. Natura przygotowała własne środki, za pomocą których człowiek może stymulować swe myślenie tak, by je dostroić do przyjmowania myśli wspaniałych i wyjątkowych — napływających nie wiadomo skąd! I nie wynaleziono stymulatorów doskonalszych od tych, które stworzyła natura.

Jest faktem stwierdzonym przez psychologów, że istnieje ścisły związek między pożądaniem płciowym i potrzebami duchowymi — fakt ten rzuca światło na szczególne postępowanie ludzi uczestniczących w orgiach nazywanych „odrodzeniem" duchowym, spotykanych wśród prymitywnych indywiduów.

Uczucia ludzkie rządzą światem i ustanawiają cele cywilizacji. Ludzie w swym działaniu podlegają wpływom „uczuć" w większym stopniu niż wpływowi rozumu. Twórcze dyspozycje umysłowe wprawiane są w ruch również prze emocje, a *nie przez chłodny rozum*. A najsilniejszym uczuciem ludzkim jest

---

* Przełożyła Zofia Kierszys

seks. Są też inne stymulatory myślenia, niektóre z nich już wymieniałem, ale żaden z nich, ani nawet kombinacja kilku tych bodźców, nie może się równać pod względem siły oddziaływania z seksem.

Stymulator myślenia to każdy rodzaj wpływu, jaki czasowo lub stale zwiększa intensywność myślenia. Dziesięć wyliczonych tu stymulatorów należy do najczęściej spotykanych. Przez wskazane tu źródła człowiek może wchodzić w kontakt z Nieograniczonym Rozumem lub też korzystać z niewyczerpanych zasobów podświadomości, zarówno własnej, jak i cudzej, którą to procedurę *uznajemy za genialność.*

Seks jako sprzedawca

Pewien nauczyciel, który w ciągu swej działalności wyszkolił ponad 30 000 sprzedawców, uczynił zadziwiające odkrycie, że ludzie o rozwiniętej energii płciowej są najlepszymi sprzedawcami. Wyjaśnieniem tego jest fakt, że ta część osobowości, którą nazywamy „osobistym magnetyzmem" nie jest niczym innym jak energią seksualną. Ludzie o rozwiniętym pierwiastku seksualnym mają tego magnetyzmu pod dostatkiem. Przez rozwijanie i zrozumienie charakteru tej siły witalnej można osiągnąć wielkie korzyści w stosunkach z ludźmi. Energia ta może być okazywana ludziom na kilka sposobów:

1. *Uścisk ręki:* dotknięcie ręki natychmiast objawi istnienie tego magnetyzmu lub jego brak.
2. *Ton głosu:* magnetyzm lub energia seksualna jest czynnikiem modulującym głos, nadającym mu muzyczności i uroku.
3. *Postawa i sposób poruszania się:* ludzie o rozwiniętej energii seksualnej poruszają się szybko i z wdziękiem.
4. *Wibrowanie myśli:* ludzie o wysokiej energii seksualnej dokonują „przemieszania" uczuć erotycznych z myślami, mogą to czynić na zawołanie i wpływać w ten sposób na otoczenie.
5. *Zdobienie ciała:* ludzie o silnym potencjale seksualnym bardzo dbają o swój wygląd. Dobierają swe ubiory wedle stylu stosownego dla ich osobowości, budowy fizycznej, usposobienia itp.

Kiedy dobry menedżer angażuje sprzedawcę, zwraca *przede wszystkim* uwagę na to, czy charakteryzuje się on osobistym magnetyzmem. Ludzie, którym brakuje energii seksualnej nigdy się nie zdobędą na entuzjazm, a entuzjazm jest najważniejszym atrybutem sprzedawcy, niezależnie od tego czym handluje.

Mówca, kaznodzieja, prawnik i sprzedawca pozbawiony energii seksualnej jest „nudziarzem" niezdolnym do wywarcia wrażenia na innych. Wiąże się to z faktem, że większość ludzi podlega wpływom tych tylko osób, które zwracają się do ich uczuć, w ten sposób tłumaczy się fakt, że energia seksualna jest cechą nieodłączną od innych zdolności sprzedawcy. Sprzedawca mistrzowski osiąga owo mistrzostwo, ponieważ świadomie lub nieświadomie *przetwarza* swą energię seksualną w entuzjazm handlowy! Z tego stwierdzenia wynika też praktyczna sugestia co do rzeczywistego znaczenia przetwarzania seksualnego.

Sprzedawca, który wie jak odwrócić swe myśli od spraw seksu i skierować je na sprawy sprzedaży z tak wielkim entuzjazmem i zdecydowaniem, jakie by wykazywał zdążając do pierwotnego, seksualnego celu, osiągnął poziom artyzmu w przetwarzaniu energii seksualnej, niezależnie od tego, czy zdaje sobie z tego sprawę, czy nie. Większość sprzedawców przetwarzających w ten sposób tę energię nie zdaje sobie z tego sprawy i nie uświadamia też sobie, w jaki sposób tego dokonuje.

Przetwarzanie energii seksualnej wymaga większej siły woli niż może z siebie w tym celu wykrzesać przeciętny człowiek. Wszyscy jednak mogliby się zdobyć na ten wysiłek stopniowo. Bo choć wymagania są tu wysokie, nagroda jaką się uzyskuje opłaca je z nadwyżką.

Zbyt wiele jest nieporozumień wokół seksu

Sprawy seksu stanowią dziedzinę, w której większość ludzi wykazuje niewybaczalną ignorancję. Potrzeby seksualne są źle rozumiane, lekceważone lub wyszydzane przez ignorantów i ludzi opanowanych poczuciem winy.

Mężczyźni i kobiety, o których wiadomo, że spotkało ich błogosławieństwo — tak, błogosławieństwo! — w postaci wysokiego potencjału seksualnego, postrzegani są na ogół jako upośledzeni. A powinni być uznawani za obdarzonych błogosławieństwem, a nie za maniaków.

Nawet w naszych oświeconych czasach miliony ludzi cierpią na kompleks niższości wynikły z fałszywego przekonania, że ich wysoki potencjał seksualny jest wadą. Uznawanie energii seksualnej za cnotę nie powinno być traktowane jako usprawiedliwienie libertynizmu. Uczucia erotyczne stają się cnotą dopiero wtedy, gdy postępuje się z nimi mądrze i rozważnie. Można ich nadużywać, a wtedy zdarza się, że zamiast człowieka wzbogacać, wyniszczają jego ciało i umysł.

Autorowi wydaje się sprawą znaczącą odkrycie, że praktycznie biorąc każdy wybitny człowiek, którego doświadczenia miał możność przeanalizować, doszedł do swych osiągnięć pod wpływem kobiety. W wielu wypadkach „kobietą wciągniętą w sprawę" była skromna, wierna żona, o której opinia publiczna wiedziała niewiele lub niczego nie wiedziała. W kilku innych — źródłem inspiracji była „ta druga".

Każdy rozumny człowiek zdaje sobie sprawę z tego, że inspiracja za pomocą nadużywania alkoholu i narkotyków jest niszczącą formą nieopanowania. Ale nie każdy wie, że nadużywanie ekspresji seksualnej może się stać obyczajem równie niszczącym, jak uzależnienie od narkotyków lub alkoholu.

Maniak seksualny nie różni się w istocie od człowieka uzależnionego! Obaj tracą kontrolę nad swymi władzami umysłowymi i siłą woli. Wiele przykładów hipochondrii bierze początek z nawyków wynikłych z ignorancji prawdziwych funkcji seksualnych.

Można dowieść, że ignorancja w sprawach przetwarzania energii seksualnej karze ignorantów bardzo surowo i pozbawia ich znacznych korzyści.

Rozległa ignorancja w sprawach seksu wynika stąd, że kwestie te otoczone są tajemnicą i zasłoną milczenia. Ta zasłona tajemniczości i milczenia ma na młodzież taki sam wpływ, jaki kiedyś wywierała prohibicja. Jej skutkiem jest rosnące zaciekawienie i pragnienie zakosztowania tego „zakazanego owocu", czegoś co jest „*verboten*"; i ku zawstydzeniu wszystkich prawodawców, a także większości lekarzy, mimo wykształcenia wysoko wykwalifikowanych wykładowców mających uczyć młodzież — wiedza na te tematy wcale nie jest łatwo dostępna.

Lekcja najbardziej owocnych lat

Rzadko się zdarza, by ktoś wspiął się na wyżyny życiowych osiągnięć przed dobiegnięciem do czterdziestki. Przeciętny człowiek osiąga pełnię swych twórczych możliwości między czterdziestym a sześćdziesiątym rokiem życia. Opieram to stwierdzenie na wnikliwej analizie doświadczeń życiowych tysięcy mężczyzn i kobiet. Niech to będzie pocieszeniem dla tych, którzy nie zdobyli się jeszcze na poważniejsze osiągnięcia życiowe przed czterdziestką i tych, którzy osiągnąwszy ten wiek zaczynają się lękać „starości". Można przyjąć za zasadę, że wiek między czterdziestką a pięćdziesiątką jest najbardziej owocny w życiu człowieka. Powinien on wkraczać w ten okres życia z nadzieją i dobrze przygotowany, bez lęku.

Jeśli pragniesz dowodu na to, że większość ludzi nie rozpoczynała złotego okresu swej życiowej kariery przed osiągnięciem czterdziestki, przestudiuj biografie najwybitniejszych ludzi sukcesu znanych wszystkim Amerykanom, a przyznasz temu poglądowi rację. Henry Ford nie wszedł na drogę wiodącą go na szczyty sukcesu zanim nie osiągnął czterdziestego roku życia. Andrew Carnegie zaczął zbierać nagrody za swój życiowy wysiłek dopiero kiedy skończył czterdzieści lat. Najbardziej zadziwiające jego dokonania nastąpiły później. James J. Hill wynalazł klucz telegraficzny mając lat czterdzieści. Najświetniejsze jego osiągnięcia życiowe nastąpiły jeszcze później. Biografie najwybitniejszych przemysłowców i finansistów amerykańskich obfitują w dowody, że wiek między czterdziestym a sześćdziesiątym rokiem życia jest najbardziej produktywny w życiu człowieka.

Między trzydziestym a czterdziestym rokiem życia człowiek uczy się sztuki przetwarzania energii seksualnej (jeśli jest w ogóle w stanie się tego nauczyć). Jej odkrycia dokonuje się na ogół przypadkowo, a często człowiek nie jest nawet tego odkrycia świadomy. Spostrzega, że jego zdolność osiągania życiowych dokonań wzrasta między trzydziestym piątym a czterdziestym rokiem życia, ale w większości przypadków nie dociera do jego świadomości przyczyna tej zmiany, nie pojmuje, że to natura sama zaczyna nadawać harmonii uczuciom miłości i seksu człowieka w tym wieku, tak że może on oprzeć się na tych dwóch potężnych siłach i korzystać z nich obu łącznie, jako ze stymulatorów swego myślenia.

Tylko ty sam możesz się przywieść do genialności

Seks sam z siebie jest potężnym bodźcem do działania, ale jego moce podobne są do cyklonu — bywają niekontrolowalne. Kiedy jednak uczucie miłosne zaczyna łączyć się z żądzą seksualną, wynikiem tego związku staje się określony kierunek dążeń, trafność osądu, opanowanie. Kto z ludzi, którzy osiągnęli czterdziestkę, jest na tyle nieszczęśliwy, by nie móc przeanalizować tych stwierdzeń i zastosować ich do własnych doświadczeń?

Kiedy człowiek powoduje się żądzą zdobycia kobiety opartą jedynie na pasjach seksualnych, może być — i zwykle bywa — zdolny do niepowszednich dokonań, ale jego działania mogą być chaotyczne, rozproszone lub wręcz niszczycielskie. Jeśli powoduje się on wyłącznie pożądaniem seksualnym, może kraść, oszukiwać, a nawet popełnić morderstwo. Ale kiedy jego seksualne pasje połączone są z miłością, ten sam człowiek będzie działać w sposób zdrowy, zrównoważony, rozumny.

Miłość, romantyka, seks — wszystko to są uczucia, które mogą wznieść człowieka na wyżyny osiągnięć. Miłość jest uczuciem, które działa jak wentyl bezpieczeństwa i polisa ubezpieczeniowa, organizując ludzkie wysiłki. Te trzy uczucia, połączone, mogą człowieka przywieść do genialności.

Uczucia są stanem umysłu. Natura wyposażyła człowieka w „chemię myślową", która działa według zasad podobnych do zasad chemii organicznej. Jest dobrze znany fakt, że chemik może wyprodukować śmiertelną truciznę przez wymieszanie różnych elementów, z których żaden — sam z siebie — użyty we właściwych proporcjach nie jest szkodliwy. Z uczuć również można utworzyć trującą mieszankę. Połączenie miłości i zazdrości może z człowieka uczynić dziką bestię.

Obecność któregoś z uczuć destruktywnych w myśleniu ludzkim może za sprawą chemii mózgowej wytworzyć truciznę zabijającą w człowieku zmysł sprawiedliwości i uczciwości.

Droga do genialności wiedzie przez rozwijanie, kontrolowanie i wykorzystywanie seksu, miłości i romantyki. W skrócie można ten proces przedstawić następująco:

Ośmielenie tych uczuć do tego, by stały się dominującymi czynnikami myślenia człowieka i wyeliminowanie z tego myślenia uczuć negatywnych. Umysł jest wytworem obyczaju.

Opiera się na myślach *dominujących*, które go żywią. Za sprawą siły woli człowiek może zanegować obecność każdego uczucia i umocnić istnienie innego. Kontrola nad umysłem poprzez siłę woli nie jest trudna. Umacnia się ją poprzez wytrwałość i nawyk. Sekret tej kontroli polega na zrozumieniu procesu przetwarzania. Jeśli w umyśle człowieka zagości jakaś myśl negatywna, można ją przetworzyć w pozytywną lub też w pozytywne uczucie, poprzez prostą procedurę zmiany sposobu myślenia.

Nie ma innej drogu do genialności niż przez własny wysiłek! Człowiek może się wspiąć na szczyty osiągnięć finansowych lub życiowego powodzenia jedynie poprzez wykorzystywanie energii seksualnej, ale historia pełna jest dowodów świadczących o tym, że może on — i często się to zdarza — zabrać tam z sobą pewne cechy charakteru, które pozbawią go zdolności zarówno utrzymania tych zdobyczy, jak i cieszenia się nimi. Sprawa ta zasługuje na przemyślenia, ponieważ dotyczy reguły odnoszącej się zarówno do mężczyzn, jak i kobiet. Nieznajomość tej reguły kosztowała tysiące ludzi utratę ich przywilejów, nawet kiedy już zdobyli bogactwo.

Potężne doświadczenie miłości

Wspomnienia miłosne nigdy nie wygasają. Tkwią w pamięci, wpływają na zachowanie człowieka i powodują jego postępowaniem jeszcze długi czas po tym, jak źródło inspiracji wygasło. Nie jest to odkrycie nowe. Każdy człowiek, który doznał uczucia gorącej miłości wie, że żłobi ono trwałe ślady w sercu ludzkim. Skutki miłości są trwałe, ponieważ miłość jest zjawiskiem o charakterze duchowym. Człowiek, którego miłość nie stymuluje do wspinaczki na szczyty jego możliwości, jest przypadkiem beznadziejnym — umarł za życia, choć wydaje się, że jeszcze żyje.

Wróć myślą w przeszłość i zanurz się we wspomnieniach dawnej miłości. Osłodzi ci to gorycz dzisiejszych trosk i zawodów. Stworzy możliwość ucieczki od nieprzyjemnych realiów życia, a może nawet — kto wie? — przenosząc twój umysł choćby przejściowo w świat fantazji zasili go pomysłami i planami, które odmienią twój status finansowy i stan twego ducha?

Jeśli uważasz się za nieszczęśliwca, który kochał i utracił miłość, odrzuć tę myśl. Ktoś kto kochał naprawdę szczerze, nigdy tej miłości nie utraci. Miłość jest zjawiskiem kapryśnym i pełnym temperamentu. Przychodzi kiedy zechce i odchodzi bez ostrzeżenia. Przyjmuj ją i ciesz się kiedy cię nawiedza, ale nie rozpaczaj po jej zniknięciu. Rozpacz nigdy ci jej nie przywróci.

Odrzuć też myśl, że miłość przytrafia się człowiekowi tylko raz w życiu. Może się ona pojawiać wielokrotnie, ale nie ma dwóch takich miłości, które by oddziaływały na człowieka w ten sam sposób. Zdarza się i zwykle tak właśnie bywa, że jedno doświadczenie miłosne żłobi w sercu człowieka bruzdy wyjątkowo głębokie, ale wszystkie kolejne doświadczenia są błogosławieństwem i tylko u osobników pozbawionych uczuć lub cynicznych miłość nie pozostawia śladu.

Nie powinno się też uznawać zawodów miłosnych, nie zdarzają się takie ludziom, którzy rozumieją różnicę między uczuciem miłosnym a seksualną namiętnością. Główna różnica polega na tym, że miłość jest zjawiskiem duchowym, podczas gdy seks jest zjawiskiem biologicznym. Żadne doświadczenie, które wnika swą siłą duchową w głąb ludzkiego serca, nie może być bolesne, chyba że wypaczone zostaje przez ignorancję lub zazdrość.

Miłość jest bez wątpienia najsilniejszym doświadczeniem życiowym. Wprowadza człowieka w łączność z Nieograniczonym Rozumem. Kiedy łączy się z romantyką i seksem, może wznieść człowieka na wyżyny twórczej wydajności. Uczucia miłosne, seks i romantyka są trzema kątami trójkąta, na którym wspiera się ludzki geniusz.

Miłość jest uczuciem wielostronnym, mającym miejsca cierniste i wielobarwne. Ale najintensywniejszym i żarliwym rodzajem miłości jest ta jej odmiana, której doświadcza się poprzez połączenie uczucia miłosnego i seksu. Małżeństwa nie obdarzone żarliwością uczuciową właściwie zrównoważoną seksem nie są szczęśliwe — i rzadko bywają trwałe. Ani sama miłość, ani sam seks nie może przynieść szczęścia. Kiedy zaś te dwa wspaniałe czynniki zostają z sobą zespolone, małżeństwo może zapewnić stan umysłu tak bliski uduchowieniu, jak to jest tylko możliwe w planie ziemskim.

Kiedy dołącza się do tego romantyka, znikają bariery dzielące ograniczony umysł człowieka od Nieograniczonego Rozumu. I wyłania się geniusz!

Powszedniość może uśmiercić związek małżeński

Chciałbym teraz przedstawić wniosek, który — pod warunkiem, że zostanie należycie zrozumiany — wnieść może harmonię do gnębionych chaosem bardzo licznych małżeństw. Rozdźwięki przybierające formy kłótliwości mogą być wynikiem *braku wiedzy* w sprawach seksu. Nie ma mowy o rozdźwiękach między małżonkami, kiedy miłość, romantyka i właściwe pojmowanie spraw seksu zespalają się w harmonijną całość.

Mężowie, których żony właściwie rozumieją związki zachodzące między uczuciami miłości, romantyką i seksem, należą do szczęśliwców. Motywowani przez tę trójcę są w stanie uporać się z każdym kłopotem życiowym, ponieważ najprostsze nawet formy życiowych starań przybierają konkretne formy za sprawą pracy i miłości.

Bardzo stare powiedzenie głosi, iż „żona może męża stworzyć lub zniszczyć", ale nie zawsze zdajemy sobie sprawę z jego znaczenia. „Stworzenie" i „zniszczenie" są rezultatami zrozumienia przez nią uczuć miłości, żądzy seksualnej i romantyki lub ich niezrozumienia.

Jeśli kobieta dozwala mężczyźnie na to, by stracił zainteresowanie dla niej i zaczął interesować się innymi kobietami, najczęściej wynika to z jej ignorancji lub też utraty zainteresowania przedmiotem żądzy seksualnej, miłości i romansu. Stwierdzenie to zakłada oczywiście, iż przedtem istniała pełna miłość pomiędzy nimi. Odnosi się to również do mężczyzny, który pozwala zamrzeć zainteresowaniu żony jego osobą.

Pary małżeńskie bardzo często cierpią z powodu nacisku powszedniości. Gdyby te sytuacje dokładnie przeanalizować, okazałoby się, że prawdziwą przyczyną kłopotów jest obojętność lub ignorancja w tych kwestiach.

W jaki sposób kobiety zdobywają swą władzę

Najpotężniejszą siłą motywującą mężczyznę jest chęć zyskania podziwu kobiety! Już myśliwy z epoki prehistorycznej, jeszcze przed świtem cywilizacji, dążył do tego, by okazać się wspaniałym w oczach kobiety. Natura męska nie zmieniła się od tych czasów. „Myśliwy" dzisiejszy nie przynosi do domu skór upolowanych zwierząt, ale swą chęć pozyskania względów kobiety realizuje za pomocą pięknych strojów, samochodów, zamożności. Mężczyzna nowoczesny żywi tę samą co mężczyzna prehistoryczny żądzę wzbudzenia podziwu w kobiecie. Zmieniły się tylko metody jego wzbudzania. Mężczyźni, którzy zbili wielkie fortuny bądź doszli do szczytów władzy i sławy uczynili to głównie dla spełnienia swej *żądzy zyskania podziwu u kobiet*. Jeśli usuniecie kobiety z ich życia, powodzenie życiowe straci wartość dla większości mężczyzn.

To właśnie ta wrodzona mężczyźnie żądza pozyskiwania podziwu u kobiet daje kobiecie władzę stworzenia lub zniszczenia mężczyzny.

Kobieta rozumiejąca naturę męską i umiejąca grać na niej, nie obawia się konkurencji ze strony innych kobiet. Mężczyźni mogą być „gigantami" o niezłomnie silnej woli w stosunkach z innymi mężczyznami, ale dają sobą kierować kobietom, które sobie wybrali.

Większość mężczyzn nie chce się przyznać do tego, że podlega wpływowi kobiet, które sobie upodobali, ponieważ w naturze mężczyzny leży dążenie do uznania go za silniejszą połowę gatunku ludzkiego. Kobieta inteligentna zdaje sobie z tego sprawę i rozumnie nie daje poznać zakresu swego wpływu.

Niektórzy mężczyźni wiedzą o tym, że podlegają wpływowi kobiet sobie obranych — żon, kochanek, matek czy sióstr — ale w taktowny sposób unikają rebelii, ponieważ są na tyle inteligentni, iż rozumieją, że mężczyzna staje się w pełni szczęśliwy dopiero podlegając modyfikującemu wpływowi kobiety. Mężczyzna, który nie uznaje tej ważnej prawdy życia, odmawia sobie mocy, która wspomogłaby go bardziej w osiągnięciu sukcesu życiowego niż wszystkie inne czynniki tego sukcesu razem wzięte.

WNIOSKI POD ROZWAGĘ:

Dwa zadziwiające fakty dotyczące energii seksualnej dają ci nowy wgląd w bogate źródło osobistej władzy. Energia seksualna może być źródłem geniuszu tak wspaniałego, jak geniusz Thomasa Edisona i Andrew Jacksona.

Energia seksualna kryje się za twym entuzjazmem, wyobraźnią twórczą, gorącą żądzą, wytrwałością i wszystkimi innymi przymiotami, które mogą cię uczynić bogatym i szczęśliwym.

Odnajdź dla siebie uwznioślona płaszczyznę myślenia, która obdarzy cię „olśnieniami". Możesz dostroić się do skarbnicy pomysłów ukrytej w podświadomości innych ludzi.

Wielka tajemnica każdego utalentowanego wynalazcy odsłania się przed tobą w dwóch prostych, lecz pobudzających postaciach. Przekonasz się także, że nawet „rozum" może nie dopomóc ci w tak znacznym stopniu, jak energia seksualna — nigdy nie rezygnująca ze swego naturalnego uzewnętrznienia — lecz dająca się wykorzystać w sposób, który wielu mężczyzn odkrywa zbyt późno.

U źródeł wszelkiej siły życiowej
biją także źródła nie kończącego się powodzenia życiowego.

XII Jedenasty krok do bogactwa: *MYŚLENIE PODŚWIADOME*

Dowiesz się, w jaki sposób myślenie podświadome drzemie — jak uśpiony gigant — w oczekiwaniu planu i celów, jakie sobie postawisz i jakie wesprze. W końcu będziesz mógł nasycić swą podświadomość pozytywnie ukierunkowanymi myślami, które przyniosą ci wszystko, czego w życiu pragniesz.

Myślenie podświadome obejmuje to pole podświadomości, na którym każdy impuls myślowy, który trafia do myślenia podświadomego za pośrednictwem któregoś z pięciu zmysłów, zostaje zarejestrowany i zaklasyfikowany i z którego myśli mogą być wyjmowane jak litery z kasety drukarskiej.

Odbiera ono i magazynuje impresje lub myśli, niezależnie od ich charakteru. Możesz zasiać w swym myśleniu podświadomym dowolny plan, myśl lub cel, który chcesz poddać przetworzeniu w jego ekwiwalent fizyczny lub pieniężny. Podświadomość zajmie się najpierw pragnieniami dominującymi, połączonymi z takimi uniesieniami uczuciowymi jak wiara.

Rozważ to w odniesieniu do zaleceń zawartych w rozdziale II o żądzy, gdyż podejmując sześć kroków tam przedstawionych oraz zalecenia zawarte w rozdziale VII o tworzeniu i wykonywaniu planów, dojdziesz do zrozumienia wagi myśli przetworzonej.

Myślenie podświadome funkcjonuje i za dnia, i w nocy. Poprzez procedurę nie znaną człowiekowi myślenie podświadome odwołuje się do Nieograniczonego Rozumu, czerpiąc stamtąd siły, za pomocą których swobodnie przetwarza pragnienia człowieka w ich ekwiwalent fizyczny, czyniąc zazwyczaj użytek z najprostszych środków, poprzez które cel ten daje się osiągnąć.

Nie jesteś w stanie *w pełni* kontrolować swego myślenia podświadomego, ale możesz powierzyć mu dowolny plan, żądzę lub zamierzenie, któremu pragniesz nadać konkretną formę. Przeczytaj ponownie zalecenia dotyczące wykorzystania myślenia podświadomego zawarte w rozdziale czwartym, o autosugestii.

Zebrano wiele dowodów na poparcie przekonania, że myślenie podświadome jest linią łączącą ograniczony umysł człowieczy z Nieograniczonym Rozumem. Jest pośrednikiem, za pomocą którego człowiek może oprzeć się na mocy Nieograniczonego Rozumu. Tylko one zdolne są uruchomić ów tajemny proces, za sprawą którego impulsy myślowe ulegają zmodyfikowaniu i przemianie w swój duchowy ekwiwalent. Są też jedynym medium, za którego pośrednictwem modlitwa przeistoczona zostaje w źródło zdolne udzielić odpowiedzi na modlitewną prośbę.

Pierwszym dokonaniem musi być myśl

Możliwości twórczego dokonania powiązane z myśleniem podświadomym są niebywałe i niepojęte. Przejmują człowieka lękiem.

Ilekroć rozpoczynam dyskusję o myśleniu podświadomym, odczuwam swą małość i słabość związaną zapewne z faktem, iż cała wiedza ludzka w tym przedmiocie jest tak bardzo ograniczona.

Jeśli przyjmiesz za rzeczywistość istnienie myślenia podświadomego i uświadomisz sobie możliwośi tego medium przetwarzającego twe żądze w ich odpowiednik fizyczny lub pieniężny, ogarniesz też myślą pełne znaczenie zaleceń zawartych w rozdziale II o żądzy. Pojmiesz także, dlaczego w tak uporczywy sposób napominałem cię, byś swym żądzom nadawał jasną formę i żebyś je spisywał na papierze. Zrozumiesz też konieczność wytrwałego realizowania tych zaleceń.

Trzynaście zasad stanowi bodziec, dzięki któremu staniesz się władny dotrzeć do swego myślenia podświadomego i wpływać na nie. Nie zrażaj się, jeśli ci się nie uda osiągnąć tego za pierwszym podejściem. Zapamiętaj, że myślenie podświadome może być dowolnie kierowane *jedynie przez nawyk,* wedle zaleceń zawartych w rozdziale drugim o wierze. Nie miałeś jeszcze dość czasu, by rozwinąć w sobie wiarę. Bądź cierpliwy. I bądź wytrwały.

Pewną liczbę stwierdzeń zawartych w rozdziałach III o wierze i IV o autosugestii powtórzę tutaj dla dobra twego podświadomego myślenia. Pamiętaj, że twe myślenie podświadome działa wedle własnej woli, *niezależnie od tego, czy próbujesz wywrzeć na nie wpływ, czy nie.* To naturalnie oznacza, że stymulatorami twego podświadomego myślenia staje się także lęk przed ubóstwem i wszelkie inne myśli negatywne, jakich nie zdołałeś opanować i zastąpić pożywniejszym pokarmem dla twej podświadomości.

Myślenie podświadome nigdy nie pozostaje bezczynne! Jeśli zaniedbasz zasadzenia w nim swych pożądań, będzie się ono żywić myślami stanowiącymi *skutek twego zaniedbania.* Wyjaśnialiśmy już, że impulsy myślowe, zarówno negatywne jak i pozytywne, przenikają stale do myślenia podświadomego za pośrednictwem czterech źródeł, które wymieniłem w rozdziale XI o przetworzeniu energii seksualnej.

Na razie wystarczy, abyś zapamiętał, że żyjesz *na co dzień* w strumieniu impulsów myślowych wszelakiego rodzaju, które bez twej wiedzy wnikają w twoje myślenie podświadome. Niektóre z tych impulsów mają charakter negatywny, inne pozytywny. Podejmujesz oto próbę przecięcia dopływu impulsów negatywnych i swobodnego wpływania na twe myślenie podświadome poprzez pozytywne impulsy pożądania.

Kiedy ci się to uda, zdobędziesz klucz, który ci otworzy wstęp do myślenia podświadomego. Co więcej, będziesz sprawował kontrolę nad dostępem do tego myślenia tak doskonałą, że żadne niepożądane myśli nie będą w stanie zakłócić twego podświadomego myślenia.

Wszystko, co człowiek tworzy, bierze początek z impulsu myślowego. Człowiek nie jest w stanie stworzyć niczego, czego by uprzednio nie wymyślił. Za pomocą wyobraźni impulsy myślowe mogą wejść w skład planów. Wyobraźnia zaś, jeśli pozostaje pod kontrolą, może być wykorzystana do tworzenia planów lub zamierzeń, które wiodą do sukcesu w dziedzinie, w której pracujesz.

Wszystkie impulsy myślowe mające na celu przetworzenie się w ich fizyczny ekwiwalent i dowolnie wprowadzane w myślenie podświadome, muszą przejść przez wyobraźnię i zostać wsparte wiarą. „Przemieszanie" wiary z planem lub zamierzeniem w celu podporządkowania im myślenia podświadomego może się dokonać wyłącznie za sprawą wyobraźni.

Ze stwierdzeń tych wyprowadzisz łatwo wniosek, że swobodne wykorzystywanie myślenia podświadomego wymaga skoordynowanego stosowania wszystkich podanych tu zasad.

Jak rozwijać uczucia pozytywne

Myślenie podświadome bardziej jest podatne na wpływ impulsów myślowych przemieszanych z „uczuciami" i emocjami niż wywodzących się jedynie z rozumowych dyspozycji ludzkiego mózgu. Wiele dowodów potwierdza teorię, że tylko myśli zemocjonowane wywierają wpływ sprawczy na myślenie podświadome. Jest też faktem dobrze znanym, że to uczucia i emocje rządzą postępowaniem większości ludzi. Jeśli jest prawdą, że myślenie podświadome szybciej reaguje na impulsy myślowe dobrze zmieszane z emocjami i łatwiej poddaje się ich wpływom, sprawą zasadniczą staje się zaznajomienie się z najważniejszymi z uczuć. Jest siedem uczuć pozytywnych i siedem negatywnych. Uczucia negatywne *same z siebie* wnikają w impulsy myślowe, co następnie powoduje przenikanie ich do podświadomego myślenia. Uczucia pozytywne trzeba wszczepiać w impulsy myślowe za pomocą autosugestii, które człowiek na własne życzenie wprowadza w swe myślenie podświadome (zalecenia w tym względzie zawarte są w rozdziale trzecim o autosugestii).

Te uczucia lub też impulsy myślowe mogą być porównane do drożdży w chlebie, ponieważ stanowią element aktywny, który przetwarza impulsy myślowe ze stanu biernego w stan czynny. W ten sposób można zrozumieć, dlaczego impulsy myślowe dobrze przemieszane z uczuciami oddziałują silniej niż impulsy myślowe zrodzone w „chłodnym umyśle".

Przysposabiaj się do wywierania wpływu na „wewnętrzne audytorium" twego podświadomego myślenia oraz do jego nadzorowania w celu wprowadzenia doń żądzy pieniędzy, która ma być przetworzona w swój pieniężny ekwiwalent. Jest więc rzeczą istotną, byś przyswoił sobie metodę docierania do tego „wewnętrznego audytorium". Musisz przemawiać doń jego językiem, gdyż inaczej nie zrozumie twego wezwania. Najlepiej rozumie język uczuć i emocji. Przedstawię więc teraz siedem głównych uczuć pozytywnych i siedem głównych uczuć negatywnych, tak abyś mógł oprzeć się na tych pierwszych, a ustrzec tych drugich, i byś wydawał polecenia swemu myśleniu podświadomemu tylko według uczuć pozytywnych.

SIEDEM GŁÓWNYCH UCZUĆ POZYTYWNYCH

Pożądanie
Wiara
Miłość
Seks
Entuzjazm
Romantyka
Nadzieja

Są też inne uczucia pozytywne, ale te siedem zalicza się do najsilniejszych i najczęściej wykorzystywanych w wysiłkach twórczych. Doskonal te siedem uczuć (doskonalić je można tylko przez stosowanie) i inne uczucia pozytywne, a będą stawały do twej dyspozycji ilekroć będziesz ich potrzebował. Miej też w pamięci, że studiujesz książkę, której celem jest dopomóc ci w ukształtowaniu w sobie „świadomości pieniądza" poprzez *wypełnienie twego myślenia uczuciami pozytywnymi.*

SIEDEM GŁÓWNYCH UCZUĆ NEGATYWNYCH
(których się trzeba wystrzegać)

Lęk
Zazdrość
Nienawiść
Odwet
Smutek
Przesądy
Gniew

Uczucia pozytywne i negatywne nie mogą opanować umysłu jednocześnie. Jedne lub drugie muszą go zdominować. Sprawą twej osobistej odpowiedzialności jest upewnienie się, że uczucia pozytywne osiągnęły dominujący wpływ na twoje myślenie. Z pomocą przyjdzie ci prawo nawyku. *Nabierz nawyku* rozwijania i wykorzystywania uczuć pozytywnych! Mogą one zdominować twój umysł tak całkowicie, że uczucia negatywne *nie będą doń miały dostępu!*

Tylko przez dokładne i wytrwałe wypełnianie tych zaleceń możesz zyskać kontrolę nad twym podświadomym myśleniem. Wystarczy jedno uczucie negatywne w twym myśleniu świadomym, by *zniszczyć* wszystkie pozytywne przemiany dokonane przez twe myślenie podświadome.

Modlitwa a myślenie podświadome

Jeśli jesteś człowiekiem wierzącym i praktykującym, z pewnością zauważyłeś, że większość ludzi ucieka się do modlitwy, kiedy nie pomagają już wszelkie inne środki. A ponieważ robią to wtedy, kiedy wszystko zawiodło, przystępują do modlitwy w stanie lęku i zwątpienia, które są *uczuciami, wedle których działa myślenie podświadome* i za których pośrednictwem porozumiewa się on z Nieograniczonym Rozumem. I właśnie to uczucie dociera wtedy do Nieograniczonego Rozumu i według niego ma on oddziaływać na człowieka.

Jeśli się modlisz o coś, ale w trakcie modlitwy żywisz obawę, że możesz tego nie otrzymać, albo że twoja prośba nie zostanie wysłuchana przez Nieograniczony Rozum, modlitwa twoja *będzie daremna.*

Niekiedy modlitwy przynoszą rezultaty o jakie w nich chodzi. Jeśli zaznałeś kiedy takiego doświadczenia, że otrzymałeś to, o co się modliłeś, powróć do tego doświadczenia pamięcią i odtwórz ten stan umysłu, w którym się znajdowałeś w trakcie tej modlitwy, a z pewnością się przekonasz, że przedstawiona tutaj teoria jest czymś więcej niż teorią.

Metoda, za pomocą której wchodzisz w kontakt z Nieograniczonym Rozumem, podobna jest do tej, za sprawą której wibracje dźwiękowe rozprzestrzeniają się przez radio; przy czym wiesz oczywiście, że dźwięk nie może być przenoszony przez radio, dopóki nie zostanie przetworzony w wibracje elektromagnetyczne, których nie odbiera ludzkie ucho. Nadawcza stacja radiowa wychwytuje dźwięk ludzkiego głosu i przetwarza go wprawiając w wibracje o milionowej częstotliwości. Tylko w tej formie energia głosowa może być przekazywana na większe odległości. Po dokonaniu się tej przemiany energia (występująca początkowo pod postacią wibracji dźwiękowych) trafia do odbiorników radiowych, które przetwarzają ją na powrót w wibracje rozpoznawalne przez ucho ludzkie jako dźwięk głosu.

Myślenie podświadome jest pośrednikiem, który tłumaczy modlitwę człowieka na sygnały, które Nieograniczony Rozum może odebrać, przedstawia mu za ich pomocą przesłanie od modlącej się osoby, a odpowiedź przedstawia jej w formie określonego planu lub pomysłu na uzyskanie rzeczy, o którą prosi. Zrozum tę zasadę, a zrozumiesz dlaczego słowa mechanicznie odczytywane z modlitewnika nie mogą się stać pośrednikiem między myślą człowieczą a Nieograniczonym Rozumem.

WNIOSKI POD ROZWAGĘ:

Twoje myślenie podświadome może się żywić gorzkimi myślami — myślami przynoszącymi klęskę — albo też myślami o sukcesie i bogactwie. Ty dokonujesz wyboru; jego skutki mogą cię wznieść na wyżyny powodzenia lub załamać.

Rozpoznaj dokładnie siedem głównych uczuć negatywnych i upewnij, że nie będą mogły zapuścić korzeni w twym myśleniu. Jednocześnie rozpoznaj dobrze i umocnij w sobie wszystkie uczucia pozytywne, które cię wzmacniają.

Nieograniczony Rozum znajduje się poza zasięgiem twego umysłu, ale myślenie swoje możesz dostroić do niego jak aparat radiowy, zarówno nadawczy, jak i odbiorczy. Energia całego wszechświata może ci dopomóc w tym, by się spełniły twoje modlitwy.

Codziennie umacniaj swą władzę wykorzystywania swej potężnej podświadomości. Wkrótce zdobędziesz kontrolę nad początkowymi impulsami, które kryją się za każdym planem i za każdym dziełem.

Człowiek osiąga taką wielkość,
jaką wyznacza mu skala jego myślenia.

XIII *Dwunasty krok do bogactwa: MÓZG*

Poznasz zadziwiające nowe moce każdej części swego umysłu. Dowiesz się, jak osiągnąć umiejętność szybkiego, jasnego i wydajnego myślenia.

Przed czterdziestu z górą laty autor tej książki, współpracując z doktorem Alexandre Grahamem Bellem i doktorem Elmerem R. Gatesem stwierdził, że mózg ludzki jest zarazem stacją nadawczą i odbiorczą wibrowania myśli.

W sposób podobny do zasady nadawania na falach radiowych, mózg ludzki zdolny jest do wysyłania wibracji myślowych, które mogą być odbierane przez inne mózgi.

W nawiązaniu do tego stwierdzenia porównaj i sprawdź opis wyobraźni twórczej zawarty w rozdziale VI o wyobraźni. Wyobraźnia twórcza jest „aparatem odbiorczym" mózgu, który odbiera myśli wysyłane przez mózgi innych ludzi. Jest agencją pośredniczącą pomiędzy świadomym i racjonalnym myśleniem człowieka a czterema źródłami, z których zaczerpnąć można stymulatory myślenia.

Kiedy myślenie podlega stymulacji lub zostaje wprawione w wysoką częstotliwość wibracji, staje się bardziej chłonne na myśli, które doń trafiają z zewnętrznych źródeł. Ten proces przyśpieszenia dokonuje się poprzez uczucia pozytywne albo negatywne. Wibrowanie myśli wzmaga się za sprawą uczuć.

Pożądanie seksualne lokuje się na czele listy najbardziej intensywnych i pobudzających uczuć ludzkich. Mózg stymulowany uczuciem seksualnego pożądania działa ze znacznie większą prędkością niż umysł pozbawiony tego bodźca lub poddany słabemu tylko jego oddziaływaniu.

Wynikiem przetworzenia energii seksualnej jest przybór myśli tak silny, że wyobraźnia twórcza staje się bardzo chłonna i otwarta na pomysły. Z drugiej zaś strony, kiedy mózg pracuje na wysokich obrotach, nie tylko przyciąga myśli i pomysły wytworzone przez inne mózgi, ale własnym myślom człowieka nadaje walor uczuciowy, który odgrywa istotną rolę w przekazaniu ich do podświadomości dla ich przetworzenia.

Myślenie podświadome jest „nadajnikiem” mózgu, za którego pośrednictwem wibracje myślowe wysyłane są w świat. Wyobraźnia twórcza jest natomiast „odbiornikiem”, który przyjmuje energię myślową.

W związku z uzyskaną wiedzą o czynnikach myślenia podświadomego i wyobraźni twórczej, które stanowią urządzenia nadawcze i odbiorcze twego mózgu, przypatrz się teraz zasadzie autosugestii, która jest środkiem, za pomocą którego możesz uruchomić swój „radiowy” system.

Zalecenia zawarte w rozdziale o autosugestii zapoznały cię dokładnie z metodą, dzięki której żądza może się przetworzyć w swój pieniężny ekwiwalent.

Stosowanie twej mózgowej „radiostacji” jest procedurą prostą. Obowiązują tylko trzy zasady, które musisz sobie wbić w pamięć i stosować dokładnie, jeśli chcesz tę radiostację uruchomić — myślenie podświadome, wyobraźnia twórcza i autosugestia. Opisałem już stymulatory, poprzez które te trzy zasady wprowadzane są w akcję — a procedura ta rozpoczyna się od żądzy.

Kierują nami nieuchwytne siły

W ciągu minionych wieków człowiek w zbyt znacznym stopniu polegał na zmysłach i ograniczał swą wiedzę do sfery zjawisk fizycznych, których możemy dotknąć, dostrzec, zważyć i wymierzyć.

Obecnie wkraczamy w wiek najwspanialszy — wiek, który pozwala nam poznać nieuchwytne siły działające w otaczającym nas świecie. Być może, jeśli uda się nam przeżyć ten wiek, przekonamy się, że owo „drugie ja” jest potężniejsze od „ja” fizycznego, które oglądamy patrząc w lustro.

Czasem ludzie z łatwością rozprawiają o rzeczach nieuchwytnych — rzeczach, których nie mogą osiągnąć za pomocą żadnego ze swych pięciu zmysłów, a kiedy o nich słuchamy, powinniśmy sobie uświadomić, że *wszyscy pozostajemy we władzy sił niewidzialnych i niedotykalnych.*

Ludzkość nie ma władzy, by współdziałać z nieuchwytną siłą powodującą powstawanie fal na oceanie, ani by sprawować nad tą siłą kontrolę. Człowiek nie jest w stanie pojąć nieuchwytnej siły przyciągania, która utrzymuje naszą planetę w przestrzeni i nie pozwala ludziom z niej spaść, i tym bardziej nie jest w stanie rozciągnąć nad tą siłą kontroli. Człowiek jest całkowicie podporządkowany nieuchwytnej sile burzy z piorunami i równie bezradny wobec nieuchwytnej mocy elektryczności. Człowiek nie jest też w żaden sposób władny położyć kresu swej niewiedzy w zakresie sił nieuchwytnych i niewidzialnych. Nie jest w stanie zrozumieć nieuchwytnej siły (i mądrości) zawartej w glebie ziemskiej — *siły, która zaopatruje go we wszystkie spożywane pokarmy, we wszystkie ubiory i w każdego dolara, którego trzyma w kieszeni.*

Łączność „z mózgu do mózgu"

Z całą swą kulturą, oświatą i wiedzą, człowiek słabo rozumie nieuchwytną siłę (najpotężniejszą ze wszystkich sił nieuchwytnych) *myśli* lub wręcz nie rozumie jej wcale. Niewiele wie o sprawach związanych z fizycznym mózgiem. Niewiele wie o samym mózgu i rozległej sieci jego wewnętrznej maszynerii, poprzez którą potęga myśli przetwarza się w swój materialny ekwiwalent; wkraczamy jednak w wiek, który wiele rozjaśni w tym przedmiocie. Ludzie nauki zaczynają dopiero zwracać swe zainteresowania badawcze ku tej zadziwiającej sprawie, którą nazywamy mózgiem, i chociaż właściwie znajdują się jeszcze w przedszkolu, jeśli chodzi o stopień zaawansowania tych badań, zdobyli już dość wiedzy, by stwierdzić, że centralny ośrodek mózgu ludzkiego składa się ze wzajemnie powiązanych komórek mózgowych, których liczbę ocenia się na 1 z trzynastoma zerami. Doktor C. Jackson Herrick powiedział: „Liczba ta jest tak zadziwiająca, że w porównaniu z nią liczby astronomiczne dotyczące setek milionów lat świetlnych wydają się bez znaczenia... Wynika z niej, że zwoje mózgowe człowieka składają się z od dziesięciu do czternastu miliardów komórek nerwowych, uszeregowanych w pewne układy. Układy te nie są bynajmniej przypadkowe. Są zorganizowane. Ostatnie, wysoko zaawansowane, metody badawcze elektrofizjologii pozwoliły stwierdzić czynności wykonywane wspólnie przez bardzo precyzyjnie rozmieszczone komórki, z wykorzystaniem napięć między mikroelektrodami, wychwytywanych przez wzmacniacze radiowe, charakteryzujące się różnicami potencjałów wyrażającymi się w milionowych ułamkach woltów".

Byłoby rzeczą niepojętą, gdyby tak skomplikowany mechanizm służył jedynie utrzymywaniu fizycznej sprawności organizmu, sprowadzającej się do rozrostu i funkcjonowania ciała. Czyż nie nasuwa się wniosek, że system obejmujący miliardy komórek mózgowych utrzymujących z sobą łączność stwarza sobą także środek komunikowania się z innymi — nieuchwytnymi siłami?

Dziennik *New York Times* opublikował artykuł wykazujący, że jeden przynajmniej uniwersytet i jeden inteligentny badacz procesów myślowych prowadzą w tym zakresie zorganizowane badania, których wyniki zbieżne są z wnioskami tu przedstawionymi. Artykuł przedstawiał w skrócie prace prowadzone przez dr. Rhine'a oraz grono współpracowników na Duke University:

CO TO JEST „TELEPATIA"?

Przed miesiącem przedstawialiśmy niektóre wyniki badań prowadzonych przez dra Rhine'a i jego współpracowników na Duke University, które opierały się na stu tysiącach testów mających ustalić istnienie „telepatii" i „jasnowidztwa". Wyniki te przedstawiono w dwóch kolejnych artykułach opublikowanych w *Harper's Magazine*. W drugim z nich, który się właśnie ukazał, E.H. Wright stara się podsumować to, do czego doszedł w trakcie tych badań i co wydaje się dowiedzione w sprawie określenia prawdziwej natury tych „pozazmysłowych"sposobów odbioru.

Istnienie telepatii i jasnowidzenia wydaje się obecnie niektórym uczonym, w wyniku eksperymentów doktora Rhine'a, niezmiernie prawdopodobne. Poddane tym doświadczeniom osoby proszono, by odgadły tyle kart ze specjalnej talii, bez zaglądania do niej, ile zdołają. Znacząca część poddanych eksperymentom ludzi odgadywała z taką regularnością i pewnością tak wiele kart, „że nie mogła istnieć najmniejsza nawet możliwość objęta rachunkiem prawdopodobieństwa, by działo się to przypadkiem lub w wyniku szczęścia".

Jak to się jednak dzieje? Jeśli owe siły istnieją, nie wydają się mieć natury zmysłowej. W ciele ludzkim nie ma organu, w którym by były zlokalizowane. Doświadczenia wykazały, że działają równie skutecznie na odległość wieluset kilometrów, jak i w ścianach jednego pokoju. Według doktora Rhine'a, wyklucza to wyjaśnianie zjawiska telepatii czy jasnowidzenia w kategoriach fizykalnej teorii radiacji. Wszystkie znane formy energii radiacyjnej słabną w miarę zwiększania się odległości od jej źródła. Telepatia i jasnowidzenie nie podlegają temu prawu. Jednak podlegają zmianom pod wpływem czynników fizycznych, podobnie jak inne nasze moce umysłowe. Wbrew rozpowszechnionemu mniemaniu, nie stają się wcale silniejsze, kiedy ich medium zasypia lub pozostaje w stanie wpółuśpienia, lecz przeciwnie, intensyfikują się, kiedy jest ono obudzone i wprawione w podniecenie. Rihne stwierdził też, że narkotyk osłabia te zdolności medium, stymulator zaś intensyfikuje je. Najbardziej niezawodne medium nie osiągało dobrych wyników, dopóki nie skupiło się na wykonywaniu tych funkcji.

Jednym z wniosków, które Wright uważa za dowiedzione, jest teza, że telepatia i jasnowidzenie są tym samym darem. To znaczy, że ta sama dyspozycja „widzi" odwróconą kartę i „odczytuje" myśli wytwarzane przez inny umysł. Wiele dowodów potwierdza tę tezę. Na przykład obie dyspozycje stwierdzono u każdej z osób, które się nimi posługiwały. I u każdej obie dyspozycje występowały z tą samą intensywnością. Zasłony, ściany, odległości nie miały na nie najmniejszego wpływu. Wright posuwa się w swych wnioskach tak daleko, iż twierdzi, że tę samą naturę mają zwykłe „olśnienia" i inne doświadczenia pozazmysłowe, sny prorocze, przepowiednie klęsk i tym podobne. Czytelnik nie musi uznać tych rewelacji Rhine'a za prawdziwe, jeśli nie czuje takiej konieczności, powinny one jednak pozostać w naszej pamięci.

Wzajemne „dostrojenie" umysłów

W związku z ustaleniami doktora Rhine'a dotyczącymi warunków, w jakich umysł odpowiada na „pozazmysłowe" sposoby odbioru, czuję się upoważniony do uzupełnienia jego świadectwa stwierdzeniem, iż wraz ze współpracownikami odkryłem coś, co uznaliśmy za warunki idealne, w których umysł może być stymulowany tak skutecznie, że szósty zmysł, o którym mówić będę w następnym rozdziale, daje się w praktyczny sposób wykorzystywać.

Warunki, o których mówię, polegały na możliwie najściślejszej współpracy między mną a dwoma członkami mego zespołu. W drodze eksperymentów i poprzez praktykę doszliśmy do tego, jak stymulować nasze umysły (poprzez stosowanie zasady wyłożonej w odniesieniu do „niewidzialnych doradców", o której będzie mowa w następnym rozdziale) tak, by myślenie nasze stawało się jednym wspólnym myśleniem, dzięki czemu znajdowaliśmy rozwiązanie dla wielkiej różnorodności problemów, z którymi zmagali się nasi klienci.

Procedura tego jest bardzo prosta. Zasiadamy przy konferencyjnym stole, ściśle ustalamy istotę problemu, który mamy rozważyć i zaczynamy nad nim dyskutować. Każdy z nas wnosi do tej dyskusji myśli, które mu przyjdą do głowy. Niezwykłość tej metody stymulowania myśli polega na tym, że każdy z uczestników dyskursu wchodzi w kontakt z nieznanymi siłami wiedzy, pozostającymi poza zasięgiem jego własnego doświadczenia.

Jeśli zrozumiałeś zasadę wyłożoną w rozdziale X o „truście mózgów", zrozumiesz oczywiście, że procedura naszego okrągłego stołu jest praktycznym zastosowaniem tej zasady.

Ta metoda stymulacji myślenia przez odbywaną w harmonijnym duchu dyskusję trzech osób na ściśle określony temat, jest najbardziej praktycznym zastosowaniem zasady „trustu mózgów".

Przez przyjęcie i zastosowanie podobnego planu, każdy adept mojej filozofii może wejść w posiadanie słynnej formuły Carnegiego zwięźle wyłożonej we wstępie do tej książki. Jeśli nadal nic ona dla ciebie nie znaczy, zakreśl sobie tę stronę i wróć do niej po przeczytaniu ostatniego rozdziału tej książki.

WNIOSKI POD ROZWAGĘ:

Trzy proste zasady koordynują twe moce umysłowe i poznawcze. Uzyskujesz nowy wgląd w niezmiernie ważne *nieuchwytne* czynniki, których wpływ obejmuje wielu ludzi.

Odkrycia wiedzy o myśleniu dotyczące zjawisk „pozazmysłowych" stają się praktycznym narzędziem twego samorozwoju. Rozporządzam teraz tajemnicą okrągłego stołu.

Dziesięć bilionów maleńkich służących — każdy z nich to jedna komórka twego mózgu — tworzy twe myślenie, wyobraźnię i wolę. Twój umysł może zebrać dowolną ilość wiedzy o zdobywaniu pieniędzy.

Większość ludzi życzyłaby sobie bogactwa,
ale niewielu wspiera to życzenie konkretnym planem działania
i gorącą żądzą bogactwa, które wyścielą ci drogę do niego.

XIV *Trzynasty krok do bogactwa: SZÓSTY ZMYSŁ*

Otwierają się przed tobą drzwi do Świątyni Mądrości. Wspaniały szlak do przygody twórczej wiedzie cię ku pomyślności.

Trzynasta zasada znana jest jako „szósty zmysł", za którego pośrednictwem Nieograniczony Rozum może i pragnie swobodnie komunikować się z jednostką ludzką bez wysiłków z jej strony i bez wysuwania przez nią takich żądań.

Zasada ta jest ukoronowaniem zawartej w tej książce filozofii. Może zostać przyswojona, zrozumiana i stosowana jedynie po uprzednim opanowaniu pozostałych dwunastu zasad.

Szósty zmysł jest tym elementem myślenia podświadomego, który nazywany bywa także „wyobraźnią twórczą". Określany też bywa jako „odbiornik", przez który wnikają w umysł ludzki pomysły, plany i olśnienia myślowe. Te ostatnie nazywa się niekiedy objawieniami lub inspiracjami.

Ów szósty zmysł nie poddaje się opisowi! Nie można go przedstawić komuś, kto nie opanował innych zasad niniejszej filozofii, ponieważ osoba taka nie dysponuje wiedzą ani doświadczeniem, z którymi szósty zmysł dałoby się porównać. Zrozumienie szóstego zmysłu osiąga się jedynie za sprawą rozmyślania opartego na *wewnętrznym* rozwoju umysłu.

Dopiero kiedy opanujesz zasady przedstawione w tej książce, będziesz przygotowany na przyjęcie prawdy, która może ci się zrazu wydać niewiarygodna, a która brzmi:

Za sprawą szóstego zmysłu zostaniesz na czas uprzedzony o nadciągających niebezpieczeństwach, dzięki czemu zdołasz ich uniknąć, oraz o rysujących się możliwościach, z których zdążysz dzięki temu skorzystać.

W taki oto sposób, wraz z rozwojem władz szóstego zmysłu, staje przy tobie „anioł stróż", który otworzy ci drzwi do Świątyni Mądrości.

Pierwsza Wielka Przyczyna

Autor tej książki nie wierzy w cuda i nie występuje w ich obronie, ponieważ uważa, iż zebrał dostateczną ilość wiedzy o przyrodzie, aby zrozumieć, że ona *nigdy nie odstępuje od swych ustalonych praw*. Ale niektóre z jej praw są tak niepojęte, że mogą powodować zjawiska nazywane „cudami". Szósty zmysł jest zjawiskiem tak blisko graniczącym z cudem, jak nic czego się daje zaznać w doświadczeniu.

Autor wie dobrze, że istnieje pewna potęga, albo Pierwsza Przyczyna, czy też Rozum, który tworzy każdy atom materii i obejmuje każdy okruch energii odbieranej przez człowieka — i że ten Nieograniczony w czasie ani przestrzeni Rozum rządzi wzrostem dębów, spływaniem wód ze wzgórza w wyniku prawa ciążenia, nakazuje dniowi następować po nocy, a zimie po lecie, z zachowaniem właściwych między nimi proporcji i związków wzajemnych. Rozum ów może, poprzez zasady niniejszej filozofii, posłużyć pomocą w przetworzeniu żądzy w formy konkretne i materialne. Autor posiadł tę wiedzę, ponieważ eksperymentował z nią — i jej doświadczył.

Przez wszystkie poprzednie rozdziały, krok po kroku, prowadziłem cię ku tej zasadzie ostatniej. Jeśli opanowałeś wszystkie zasady poprzednie, zostałeś przygotowany na przyjęcie, *bez sceptycznej rezerwy*, zadziwiających twierdzeń, które tu zostaną wyłożone. Jeśli ich nie opanowałeś, musisz to uczynić zanim zdołasz się przekonać, czy te twierdzenia są prawdziwe, czy nie.

Kiedy przechodziłem przez ten okres w życiu, który polega na „czczeniu bohaterów", stwierdziłem, że staram się naśladować tych, których podziwiam. Co więcej, przekonałem się, że element wiary, który towarzyszył tej adoracji mych idoli, stwarzał mi możność *całkiem udanego naśladowania* owych idoli.

Możesz zatrudnić „niewidzialnych doradców"

Nigdy właściwie nie wyzbyłem się do końca tego obyczaju czczenia bohaterów. Doświadczenie nauczyło mnie też, że następnym krokiem powinno być dążenie do wielkości, poprzez uczucia i czyny tak daleko idące, jak to tylko jest możliwe.

Na długo zanim napisałem pierwszą linijkę tekstu przeznaczonego do publikacji i zanim przygotowałem tekst pierwszego publicznego odczytu, ustanowiłem sobie jako zwyczaj naśladowanie dziewięciu ludzi, których dokonania życiowe wywarły na mnie najsilniejsze wrażenie. Są to: Emerson, Paine, Edison, Darwin, Lincoln, Burbank, Napoleon, Ford i Carnegie. Przez długie lata, każdego wieczoru zwoływałem w mej wyobraźni posiedzenie zespołu doradczego złożonego z tych osób, które nazywałem „niewidzialnymi doradcami".

Procedura była następująca. Przed udaniem się spać zamykałem oczy i wywoływałem w wyobraźni obraz tej grupy ludzi zasiadających wokół mnie przy konferencyjnym stole. Miałem wtedy nie tylko możność zasiadania do niegò wraz z ludźmi, których uznawałem za wielkich, ale przewodniczenia tej grupie.

Miałem ściśle określony cel w tym wywoływaniu w wyobraźni owych nocnych posiedzeń. Celem tym było wzmocnienie mego charakteru w taki sposób, by mógł stanowić swoistą syntezę charakterów wszystkich mych „niewidzialnych doradców". Ponieważ uświadamiałem sobie, że muszę pokonać obciążenie wynikłe z faktu, że urodziłem się i wychowywałem w otoczeniu cechującym się ignorancją i uprzedzeniami, narzuciłem sobie jako zadanie życiowe ponowne narodziny według metody, jaką powyżej przedstawiłem.

Czas na autosugestię

Zdawałem sobie oczywiście sprawę z tego, że większość ludzi staje się taka, jaka jest w wyniku dominujących w nich myśli i pożądań. Wiedziałem też, że każde głęboko zakorzenione pożądanie powoduje to, iż człowiek zaczyna poszukiwać ujścia, poprzez które pożądanie owo mogłoby się przetworzyć w rzeczywistość. Rozumiałem, że autosugestia jest potężnym czynnikiem kształtującym charakter człowieka, że w gruncie rzeczy jest jedyną zasadą, na której ów charakter się opiera.

Rozporządzając taką wiedzą o zasadach posługiwania się umysłem, byłem całkiem nieźle przysposobiony do przekonstruowania mego charakteru. W czasie zebrań mego zespołu doradczego brałem pod uwagę szczególną wiedzę każdego z członków i zwracałem się do każdego z nich w odpowiedni sposób, jak na przykład:

„Panie Emerson, chciałbym uzyskać od pana owo cudowne rozumienie natury, którym się wyróżniało pańskie życie. Chciałem prosić, aby wywarł pan na me podświadome myślenie wpływ zaszczepiający te cnoty, które pan posiadał i które by mi dopomogły w zrozumieniu praw natury".

„Panie Burbank, proszę, aby zechciał mi pan przekazać ową wiedzę, która umożliwiła panu tak skuteczne zharmonizowanie praw natury, że mógł pan sprawić, by kaktus stracił kolce i stał się jadalny. Niech mi pan umożliwi dostęp do tej wiedzy, która sprawiła, że dwie trawy wyrastały w miejscu, gdzie się uprzednio z trudem rozwijała jedna".

„Napoleonie, żądam od ciebie, byś rozwinął we mnie tę zdolność, którą sam posiadałeś, inspirowania ludzi i wykrzesania z nich wielkości i zdecydowania w działaniu. A także byś mnie natchnął ową wytrwałą wiarą, która pozwala obracać klęski w zwycięstwa i pokonywać gromadzące się na drodze przeciwności".

„Panie Paine, życzę sobie zaczerpnąć od pana ową wolność myśli, jej odwagę i jasność, w wyrażaniu sądów, którymi pan zasłynął!".

„Panie Darwin, chciałbym nauczyć się od pana tej wytrwałości i umiejętności badania faktów bez uprzedzeń i ograniczeń, którą się pan wyróżnił na polu wiedzy przyrodniczej".

„Panie Lincoln, chciałbym oprzeć swój charakter na tym głębokim poczuciu sprawiedliwości i humoru, cierpliwości, tolerancji i zrozumienia okazywanego ludziom, które były wyróżniającymi cechami pańskiego charakteru".

„Panie Carnegie, chciałbym zaczerpnąć od pana rozumienie istoty *zorganizowanego wysiłku*, które dało tak wspaniałe efekty w tworzeniu przez pana wielkiego przedsiębiorstwa przemysłowego".

„Panie Ford, chciałbym naśladować pańską wytrwałość, zdecydowanie, zrównoważenie i wiarę w siebie, które pozwoliły panu wydostać się z biedy i zorganizować, zjednoczyć i uprościć ludzki wysiłek, abym mógł dopomagać innym w kroczeniu pańskimi śladami".

„Panie Edison, chciałbym charakteryzować się podobnym do pańskiego duchem wiary, który pozwolił panu odkryć tyle praw natury, duchem wytrwałego trudu, dzięki któremu tylekroć zamieniał pan porażki w zwycięstwa".

Gabinet powołany przez wyobraźnię

Moją metodę zwracania się do członków takiego gabinetu powołanego przez wyobraźnię mogłem zmieniać w zależności od doraźnych potrzeb, które mną kierowały. Z uwagą studiowałem życiorysy członków mego gabinetu. Po kilku miesiącach takich praktyk sam się zdziwiłem faktem, że członkowie mego wyimaginowanego zespołu doradczego aż w takim stopniu stali się dla mnie postaciami *rzeczywistymi.*

Każda z nich wyraźnie zarysowała swój charakter i nawyki. Na przykład Lincoln zawsze się nieco spóźniał i po posiedzeniu samotnie spacerował nie opodal. Zawsze też miał poważny wyraz twarzy. Uśmiechał się rzadko.

Inni zachowywali się odmiennie. Burbank i Paine zwykle zwlekali z odpowiedzią, co zdawało się szokować pozostałych członków gabinetu. Pewnego dnia Burbank się spóźnił. Kiedy się wreszcie zjawił, był wyraźnie podniecony i uradowany i tłumaczył, że zatrzymało go pewne doświadczenie, ktore właśnie przeprowadzał i z którym wiązał wielkie nadzieje; miało mu ono umożliwić zaszczepienie jabłoni na każdym rodzaju drzewa. Paine pokpiwał zeń przypominając, że to przez jabłko właśnie zaczęły się wszystkie kłopoty między mężczyzną a kobietą. Darwin dorzucił przestrogę, by Paine uważał na małe żmijki, kiedy wchodzi do sadu zbierać jabłka, bo mają one zwyczaj przemieniać się w wielkie węże. Emerson dorzucił, że nie chce „ani żmij, ani jabłek", a Napoleon dodał: „Ani jabłek, ani żadnych państw".

Zebrania te nabierały charakteru tak realistycznego, że zacząłem się lękać ich konsekwencji i zaprzestałem na kilka miesięcy ich zwoływania. Doświadczenia bowiem z nich wyniesione były tak niesamowite, że obawiałem się, iż mogę zatracić poczucie, że są to wyłącznie *doświadczenia mojej wyobraźni.*

Po raz pierwszy zdobywam się na odwagę opowiedzenia o nich. Dotychczas zachowywałem tę sprawę w tajemnicy, ponieważ wiedziałem z własnego doświadczenia, na podstawie mojego własnego stosunku do podobnych zdarzeń, że będę źle zrozumiany. Dziś decyduję się na przedstawienie ich w druku, ponieważ mniej już dbam o to, co powiedzą inni niż w okresie, kiedy tych doświadczeń dokonywałem.

I nawet gdybym miał zostać źle zrozumiany, chciałbym stwierdzić z najwyższym naciskiem, że chociaz doskonale wiem, iż spotkania mego zespołu doradczego rozgrywały się wyłącznie w mej wyobraźni, wprowadziły mnie na drogę wiodącą do wspaniałej przygody, nauczyły doceniać prawdziwą wielkość, ośmieliły mą twórczą wyobraźnię i stworzyły okazję do wyrażenia rzetelnych myśli.

Jak inspirować szósty zmysł

W którymś punkcie komórkowej struktury mózgu mieści się organ, który odbiera wibracje mózgowe popularnie określane mianem „olśnień". Jak dotąd nauka nie odkryła jeszcze miejsca, w którym ten organ jest zlokalizowany, ale nie ma to znaczenia. Pozostaje faktem, że istoty ludzkie uzyskują dokładną wiedzę ze źródeł innych niż zmysły fizyczne. Ogólnie biorąc, wiedzę tę przyjmuje się wtedy, kiedy umysł pozostaje pod wpływem niezwykłych stymulatorów. Napięcia, które pobudzają uczucia i przyspieszają bicie serca, mogą wprawiać w ruch szósty zmysł, i zazwyczaj to czynią. Każdy, kto otarł się o niebezpieczeństwo wypadku przy prowadzeniu samochodu wie, że w takich sytuacjach szósty zmysł często spieszy człowiekowi z pomocą i w ostatniej sekundzie udaje się zapobiec wypadkowi.

Fakty te potwierdzają słuszność mego stwierdzenia, iż w trakcie konferencji z zespołem doradczym powołanym przez mą wyobraźnię mój umysł był najbardziej chłonny i otwarty na pomysły, koncepcje i wiedzę, które do mnie docierały za pośrednictwem szóstego zmysłu.

Przy różnych okazjach napotykałem tak poważne trudności, iż groziły one zniszczeniem całego mego życia, a udawało mi się je pokonać za pomocą moich „niewidzialnych doradców".

Początkowym zamiarem odbywania tych wyimaginowanych konferencji było jedynie rozwinięcie mej podświadomości, za pomocą zasad autosugestii, poprzez pewne właściwości, których chciałem nabyć. W późniejszych latach doświadczenia moje przybrały zgoła inny kierunek. Teraz zwracam się do moich niewidzialnych doradców z każdą trudnością, z jaką zmagam się sam lub która dręczy moich klientów. Rezultaty tego bywają często zadziwiające, choć nie opieram się jedynie na tej formie doradztwa.

Osiągniesz nową wielką moc

Szósty zmysł nie jest czymś, co człowiek może uruchamiać i wyłączać wedle własnej woli. Zdolność posługiwania się tą wielką mocą rozwija się powoli poprzez stosowanie wszystkich zasad wyłożonych w tej książce.

Niezależnie od tego kim jesteś ani z jakim zamiarem czytasz tę książkę, nie możesz czerpać z tego zmysłu pożytków bez zrozumienia zasady zawartej w tym rozdziale. W jeszcze większym stopniu dotyczy to ludzi, których celem życiowym jest zdobycie pieniędzy lub innych dóbr materialnych.

Umieściłem w mej książce rozdział o szóstym zmyśle, ponieważ jej zamierzeniem jest przedstawienie całości filozofii, dzięki której człowiek może kierować swym postępowaniem w taki sposób, by mógł osiągnąć cel życiowy, jaki sobie postawił. Punktem wyjścia wszelkich dokonań jest żądza. Punktem docelowym zaś jest ta gałąź wiedzy, która prowadzi do rozumienia — rozumienia samego siebie, rozumienia innych ludzi, rozumienia praw natury, rozpoznania i osiągnięcia prawdziwego szczęścia.

Ten rodzaj rozumienia osiąga pełnię jedynie poprzez stosowanie szóstego zmysłu.

Po przeczytaniu tego rozdziału musiałeś stwierdzić, że jego lektura stanowiła dla twego myślenia silny stymulator. To wspaniale! Powróć do tego rozdziału za miesiąc, przeczytaj go ponownie, a przekonasz się, że twój umysł osiągnie jeszcze wyższy poziom stymulacji. Powtarzaj to doświadczenie co jakiś czas, nie bacząc na to, czegoś się dowiedział — lub czego nie dowiedział — w tym okresie, a zapewne stwierdzisz, że wszedłeś w posiadanie mocy, która umożliwi ci pokonanie nieśmiałości, lęku i uprzedzeń, i pozwoli zaufać twej wyobraźni. A wtedy poczujesz dotyk tego „czegoś", co jest duchem sprawczym każdego naprawdę wielkiego myśliciela, przywódcy, artysty, muzyka, pisarza, męża stanu. Nabierzesz wtedy zdolności przetwarzania swych żądz w ich fizyczny lub pieniężny odpowiednik z równą łatwością, z jaką mógłbyś dać się zrazić pierwszą napotkaną trudnością i zapaść w życiowy letarg.

WNIOSKI POD ROZWAGĘ:

Inspiracje i „olśnienia" nie będą cię już pomijały, zaczną spływać poprzez Wyobraźnię Twórczą — twój Szósty Zmysł — z wielką dynamiką.

Autor powołał Henry'ego Forda i innych ludzi sukcesu na swych „niewidzialnych doradców". Możesz osiągnąć swoje cele życiowe postępując w ten sam sposób.

Jesteś już w stanie odczuć dotyk owego „czegoś", co stało za wielkimi ludźmi wszystkich czasów. I co stale dokonuje cudów w dziedzinie sztuki, nauki i we wszystkich gałęziach działalności ludzkiej.

Jeśli twym naczelnym celem życiowym jest zdobycie pieniędzy lub jakichś dóbr materialnych, ten rozdział miał dla ciebie szczególnie ważne znaczenie.

Najwyższy szczebel drabiny sukcesu
nigdy nie bywa zatłoczony.

XV SZEŚĆ DEMONÓW LĘKU

Dokonaj wewnętrznego bilansu, sprawdź, czy jakieś resztki lęku nie stają ci jeszcze na drodze do powodzenia. Myśl odważnie i dąż naprzód — ponieważ nic, absolutnie nic, nie jest w stanie powstrzymać cię na obranej drodze życiowej.

Zanim jakąkolwiek część tej filozofii zdołasz z powodzeniem zastosować, musisz swój umysł przysposobić na jej przyjęcie. Przysposobienie to nie jest trudne. Rozpoczyna się od zbadania i zrozumienia natury trzech przeciwników, od których musisz się uwolnić — niezdecydowania, zwątpienia i lęku.

Szósty zmysł nigdy nie zacznie działać, dopóki w twym umyśle pozostaną jakiekolwiek pozostałości po którymś z tych przeciwników. Członkowie tego niechlubnego trio są nierozłączni; kiedy pojawia się jeden, dwaj inni czają się tuż obok.

Niezdecydowanie jest wylęgarnią lęku! Zapamiętaj to sobie przy dalszej lekturze tej książki. Niezdecydowanie rodzi zwątpienie, oba zaś czynniki łączą się wydając na świat lęk! Proces tworzenia się tej kombinacji bywa powolny. Oto dlaczego ci wrogowie są tak groźni. Lęgną się i rozwijają *w sposób niedostrzegalny.*

Rozdział ten przedstawia pewien cel, który musi być osiągnięty, zanim będziesz mógł skutecznie wykorzystać całość niniejszej filozofii. Wskazuje też na pewien czynnik, który ściągnął biedę na wielką liczbę ludzi i który stanowi prawdę, jaka musi być zrozumiana przez wszystkich ludzi dążących do bogactwa, zarówno pieniężnego, jak i bogactwa umysłowego, stokroć cenniejszego od pieniędzy.

Zadaniem tego rozdziału jest rzucić snop światła na przyczyny i rozwój sześciu podstawowych lęków. Zanim zdołamy pokonać nieprzyjaciela, musimy się dowiedzieć, jak się nazywa, jakie ma zwyczaje i w jaki sposób atakuje. W trakcie lektury tego rozdziału poddaj samego siebie dokładnej analizie, która pozwoli ci stwierdzić, czy podlegasz w jakimkolwiek stopniu któremuś z tych sześciu lęków.

Nie daj się zwieść osobliwym obyczajom tych przebiegłych przeciwników. Niekiedy pozostają ukryte w twym podświadomym myśleniu, gdzie trudno je uchwycić, a skąd jeszcze trudniej je usunąć.

Lęk jest jedynie stanem umysłu

Oto sześć podstawowych lęków, na których różnorakie połączenia od czasu do czasu cierpi każda ludzka istota. Większość z tych, którzy nie cierpią od wszystkich tych lęków na raz, może się zaliczyć do szczęśliwców. Wymieniam je wedle częstości ich występowania, oto one:

Ubóstwo
Krytycyzm
Choroby
Zawód miłosny
Starość
Śmierć

Pierwsze trzy są najczęstszą przyczyną ludzkich udręk.

Wszelkie inne lęki mają już mniejsze znaczenie; można je zaliczyć do którejś z tych sześciu zasadniczych obaw.

Lęki nie są niczym innym jak tylko stanem umysłu. A stan umysłu człowieka daje się kontrolować i ukierunkować.

Człowiek nie jest w stanie stworzyć niczego, czego by przedtem nie wymyślił w formie jakiegoś impulsu lub koncepcji. Za tym stwierdzeniem idzie kolejne, mające jeszcze większą wagę, że impulsy myślowe człowieka zaczynają się natychmiast przetwarzać w ich fizyczny ekwiwalent, niezależnie od tego, czy są to myśli świadome czy nie. Impulsy myślowe wynikłe ze zwykłego przypadku (myśli przejęte od innych umysłów) mogą określić stan finansowy, powodzenie zawodowe i powołanie społeczne człowieka z równą skutecznością jak impulsy wywołane i zamierzone przez niego samego.

Docieramy tutaj do stwierdzenia faktu o wielkiej wadze dla człowieka, który nie może zrozumieć, dlaczego jedni ludzie są „szczęśliwcami", pupilami losu, podczas gdy drudzy, cechujący się równymi lub nawet większymi umiejętnościami, wykształceniem, doświadczeniem i zdolnościami umysłowymi wydają się skazani na niepowodzenia. Fakt ten można wytłumaczyć stwierdzeniem, że *każda istota ludzka jest zdolna do rozciągnięcia kontroli nad swym umysłem* i poprzez tę kontrolę może oczywiście otworzyć swój umysł na napływ impulsów myślowych wytwarzanych przez inne mózgi lub też zamknąć się przed nimi i zdać jedynie na te impulsy myślowe, które sobie wybierze.

Natura wyposażyła człowieka w zdolność sprawowania absolutnej kontroli tylko nad jednym — nad myśleniem. Fakt ten, uzupełniony tym, że człowiek tworzy tylko to, co uprzednio pomyśli, doprowadza nas do zasady, w oparciu o którą możemy pokonywać strach.

Jeśli jest prawdą, że wszelkie myśli mają skłonność do przybierania postaci swego materialnego ekwiwalentu (a jest to prawda nie pozostawiająca najmniejszych wątpliwości), jest również prawdą, że impulsy myślowe przekazujące strach i ubóstwo nie mogą być przetworzone w pojęcia odwagi i sukcesu finansowego.

Drogi wiodące w przeciwnych kierunkach

Nie ma kompromisu pomiędzy ubóstwem a bogactwem! Drogi, które wiodą do jednego i do drugiego, rozchodzą się w przeciwnych kierunkach. Jeśli pragniesz bogactwa, nie możesz się zgodzić na żadne warunki, które prowadzą do ubóstwa (wyraz „bogactwo" użyty tu jest w najszerszym znaczeniu, obejmuje dobra finansowe, duchowe, umysłowe i materialne). Punktem wyjścia drogi wiodącej do bogactwa jest żądza. W rozdziale o żądzy znalazłeś dokładne zalecenia, przeznaczone do właściwego wykonania. W niniejszym rozdziale dotyczącym lęku znajdziesz wyczerpujące zalecenia, jak przysposobić umysł do tego, by w praktyce uczynił użytek z żądzy.

Nadszedł więc moment byś samemu sobie zadał pytanie, jaką część niniejszej filozofii przyjąłeś za swoją. Nadszedł moment, w którym możesz zamienić się w proroka i dokładnie przewidzieć, jaką sobie zgotujesz przyszłość. Jeśli po przeczytaniu tego rozdziału pozostaniesz przy wyborze ubóstwa, musisz też nastawić swój umysł na jego przyjęcie. Tej decyzji nie zdołasz uniknąć.

Jeśli pragniesz bogactwa, określ, jakiej jego formy żądasz i jaka jego ilość cię zadowoli. Znasz już drogę, która wiedzie do bogactwa. Jeśli zaniechasz wkroczenia na tę drogę lub się na niej zatrzymasz przed osiągnięciem celu, możesz o to winić jedynie samego siebie. Ty ponosisz całą odpowiedzialność. Żaden wykręt, żadne alibi nie uchroni cię od poniesienia odpowiedzialności za to, że się zrzekasz lub odmawiasz bogactw życia, ponieważ ich przyjście wymaga tylko jednego — i przez przypadek jest to wymóg, nad którym możesz sprawować kontrolę — mianowicie odpowiedniego stanu umysłu. A stan umysłu człowiek sam sobie wytwarza. Nie można go zapożyczyć, trzeba go sobie wytworzyć.

Przeanalizuj swoje lęki

Lęk przed ubóstwem nie jest niczym więcej jak tylko stanem umysłu! Ale starcza go na tyle, by zniszczyć czyjeś możliwości zdobycia sukcesu w życiu!

Lęk ten paraliżuje władze umysłowe, niszczy wyobraźnię, zabija wiarę człowieka w siebie, rozmywa entuzjazm, osłabia inicjatywę, prowadzi do zwątpienia w obrany cel życiowy, podsyca niezdecydowanie, pozbawia człowieka władzy kontroli nad sobą. Odziera człowieka z czasu osobistego, niszczy jego zdolność prawidłowego myślenia, rozprasza zdolność skupiania się na podjętym przedsięwzięciu; unicestwia wytrwałość, obraca w nicość siłę woli, dławi ambicję, osłabia pamięć i ściąga na człowieka wszelkie możliwe porażki, gasi miłość i tłumi wyższe uczucia, podmywa przyjaźń i przywołuje klęskę życiową powodując bezsenność, żałość i gorycz — a wszystko to rozgrywa się w świecie obfitującym we wszystko, czego serce zapragnie, w którym nic nie powinno zagradzać nam drogi do szczęścia, z wyjątkiem braku wytkniętej ku niemu drogi.

Lęk przed ubóstwem jest bez wątpienia najszkodliwszy ze wszystkich lęków. Umieściłem go na czele listy, ponieważ najtrudniej go opanować. Wyrasta on z wewnętrznej skłonności człowieka do ekonomicznego dominowania nad innymi ludźmi. Wszystkie niemal zwierzęta stojące niżej od człowieka pod względem ewolucyjnego rozwoju kierują się instynktem, ich zdolność myślenia jest ograniczona, stąd dążą do fizycznej przewagi nad innymi zwierzętami. Człowiek jednak ze swym wyższym zmysłem intuicji, ze zdolnością do myślenia i rozumowania, nie pożera swych rywali w sensie fizycznym; większą satysfakcję czerpie z ich „pożerania" finansowego. Człowiek jest tak skąpy, że ustanawia wszelkie możliwe prawa dla zabezpieczenia się przed innymi.

Nic nie przynosi człowiekowi gorszej udręki niż ubóstwo! Tylko ci, którzy go zaznali, zrozumieją w pełni znaczenie tego stwierdzenia.

Nie trzeba się więc dziwić, że człowiek *lęka się* ubóstwa. W wyniku długotrwałego ciągu doświadczeń nabrał pewności, że niektórym ludziom nie można ufać, jeśli chodzi o pieniądze i dobra doczesne.

Człowiek tak bardzo jest spragniony zamożności, że gotów jest do niej dążyć wszelkimi sposobami, zarówno legalnymi, jeśli to możliwe, jak i innymi, jeśli uzna to za niezbędne.

Samoanaliza może odkryć w człowieku pewną słabość, której nie chce on uznać. Ta forma sprawdzenia siebie ma ważne znaczenie dla wszystkich, którzy oczekują od życia czegoś więcej niż ubóstwo i upośledzenie. Kiedy poddasz się takiemu samosprawdzeniu, punkt po punkcie, pamiętaj, że jesteś zarazem prokuratorem jak i obrońcą, sędzią i oskarżonym; i że sam siebie postawiłeś w stan oskarżenia. Zadawaj sobie dociekliwe pytania i domagaj się jasnych odpowiedzi. Kiedy ów proces przeciw samemu sobie się zakończy, będziesz wiedział o sobie znacznie więcej niż przedtem. Jeśli się obawiasz, że nie potrafisz być bezstronnym sędzią w trakcie takiego przewodu sądowego nad samym sobą, zwróć się do kogoś, komu ufasz na tyle, by mógł się stać takim sędzią, ale pytania zadawaj sobie sam. I dąż do prawdy. *Nawet gdyby miała cię ona wprawić na pewien czas w zakłopotanie!*

Większość ludzi na pytanie, czego obawia się najbardziej, odpowie z pewnością, że „nie obawia się niczego". Będzie to odpowiedź niedokładna, ponieważ niewielu ludzi uświadamia sobie, że są osaczeni, obciążeni, zatruci duchowo i fizycznie. Uczucie lęku ukryte jest w człowieku tak przemyślnie, że można przejść przez życie w ogóle go sobie nie uświadamiając i nie zdając sobie sprawy z jego obecności w sobie. Tylko odważna analiza samego siebie jest w stanie doprowadzić do wykrycia tego przebiegłego wroga wewnętrznego. Kiedy przystępujesz do takiej analizy, wnikaj głęboko w swój charakter. Oto lista objawów strachu, na które powinieneś zwrócić uwagę:

1. *Obojętność:* zwykle wyraża się brakiem ambicji, zgodą na znoszenie ubóstwa, przyzwoleniem na wszelkie warunki, jakie zgotuje człowiekowi życie, brakiem inicjatywy, wyobraźni, entuzjazmu i samokontroli.
2. *Niezdecydowanie:* nawyk dozwalania innym, by myśleli za nas. Zdawanie się „na los szczęścia".
3. *Zwątpienie:* zwykle wyraża się wykrętami, usprawiedliwieniami i wynajdywaniem alibi dla własnej bezwolności lub dla własnych porażek, czasem przybiera formę zazdrości wobec tych, którym się powiodło i krytykowania ich.
4. *Przygnębienie:* zazwyczaj wyraża się wynajdywaniem win u innych, rozrzutnością ponad stan, zaniedbywaniem własnego wyglądu, chmurnością lub ponurością usposobienia; także nadużywaniem alkoholu, niekiedy uzależnieniem od narkotyków oraz nerwowością, niezrównoważeniem i brakiem samoświadomości.
5. *Nadwrażliwość:* zwyczaj podkreślania negatywnych stron każdego zjawiska, rozważania i rozprawiania o możliwych porażkach zamiast skupiania uwagi na środkach zapewniających powodzenie; uświadamianie sobie wszystkich dróg wiodących do klęski, zamiast opracowywania planów zabezpieczających przed nią; wyczekiwanie na „odpowiedni moment" na wdrożenie pomysłów i planów w działanie, aż wyczekiwanie staje się nawykiem; dostrzeganie dziury w obwarzanku, a nie samego obwarzanka; pesymizm wiodący do bezczynności, rezygnacji, samoobezwładnienia, słabości i choroby.
6. *Gnuśność:* zwyczaj odkładania do jutra tego, co powinno się zrobić jeszcze w zeszłym roku. Tracenie czasu na wynajdywanie wykrętów i usprawiedliwień, że się czegoś nie zrobiło. Symptom ten wiąże się ściśle z przeczuleniem, zwątpieniem i zatroskaniem; z odmową przyjmowania odpowiedzialności, kiedy tylko daje się jej uniknąć; ze skłonnością do kompromisu zamiast obrony swego stanowiska; z uginaniem się pod przeciwnościami zamiast pokonywania ich i przetwarzania tych zwycięstw w kolejne kroki zbliżające do sukcesu; z zadowalaniem się mierną egzystencją zamiast dążenia do pomyślności, dostatku, bogactwa, zadowolenia życiowego i szczęścia; ze zwyczajem

zastanawiania się, jak postąpić w wypadku klęski zamiast spalenia za sobą mostów i uczynienia odwrotu niemożliwym; ze słabością i czasami całkowitym brakiem wiary w siebie, samokontroli, inicjatywy i ambicji, a także określonego celu życiowego, zdolności do zapobiegliwego i rzetelnego myślenia; z godzeniem się na ubóstwo zamiast dążenia do bogactwa; z wiązaniem się z ludźmi, którzy przystają na ubóstwo, zamiast poszukiwania towarzystwa tych, którzy dążą i dochodzą do bogactwa.

Pieniądze są miernikiem

Ktoś mógłby spytać: „Dlaczego napisał pan książkę o pieniądzach? Dlaczego bogactwo mierzyć tylko ilością posiadanych dolarów?" Ktoś mógłby uważać — i miałby rację — że istnieją formy bogactwa cenniejsze od pieniędzy. Oczywiście, że istnieją bogactwa niewymierne w dolarach, ale z drugiej strony miliony ludzi mogłyby powiedzieć: „Dajcie nam pieniądze, których potrzebujemy, a załatwimy sobie wszystko, czego potrzebujemy".

Głównym powodem, dla którego napisałem książkę o tym, jak zdobyć pieniądze jest fakt, że miliony ludzi żyją w stanie paraliżu wywołanego lękiem przed ubóstwem. To co może ludziom zgotować ten lęk przedstawił wymownie Westbrook Pegler:

> Pieniądze są tylko garstką muszelek albo metalowych krążków albo zwitkiem papierków i istnieją skarby serca i duszy, których za pieniądze kupić nie można, ale większość ludzi załamanych nie umie wytrwać przy tej prawdzie i podtrzymać nią swego ducha. Kiedy człowiek bez grosza przy duszy snuje się po ulicy w daremnym poszukiwaniu pracy, w jego duszy dzieje się coś, co daje się dostrzec w opuszczeniu ramion, przekrzywieniu kapelusza, niepewnych krokach i bezradnej minie. Nie jest w stanie zabezpieczyć się przed poczuciem niższości wobec ludzi mających stałą pracę, nawet jeśli jest świadom tego, że nie dorównują mu charakterem, inteligencją ani zdolnościami.
>
> Ci ludzie zaś, nawet jeśli należą do jego przyjaciół, odczuwają wobec niego pewną wyższość i nawet nieświa-

domie widzą w nim ofiarę. Może się u nich niekiedy zapożyczać, by utrzymać swój poziom życiowy, ale nie może korzystać z tych pożyczek przez dłuższy czas. Pożyczki zresztą same w sobie, kiedy są środkiem na przeżycie, są doświadczeniem przygnębiającym, a pieniądze z nich uzyskane nie mają takiej wartości ani siły przebicia jak pieniądze zarobione. Dotyczy to oczywiście ludzi o normalnych ambicjach i poczuciu własnej godności, a nie naciągaczy i nierobów.

Kobiety postawione w takiej samej sytuacji zachowują się inaczej. Jest jakoś tak, że o kobietach nie myślimy jak o istotach przegranych. Rzadko widzi się, by żebrały na ulicy, nie rozpoznaje się w tłumie ludzkim kobiet przygniecionych brzemieniem życia w tak widoczny sposób, jaki się spotyka u mężczyzn. Nie mam rzecz jasna na myśli zawodowych żebraczek ulicznych z wielkich skupisk miejskich, które są równie liczne jak żebracy — mężczyźni. Myślę o kobietach względnie młodych, zdolnych i inteligentnych. Musi być między nimi sporo nieszczęśliwych, ale ich rozpacz nie jest tak widoczna. Być może najnieszczęśliwsze popełniają samobójstwo.

Wyrzucony z siodła mężczyzna ma dużo czasu na szwendanie. Może całymi kilometrami wędrować w poszukiwaniu pracy, która jest już zajęta, może się też zatrudnić przy którymś z tych mało opłacalnych zajęć polegających na sprzedawaniu byle czego, co czasem ktoś kupuje jedynie z litości. Jeśli i to mu się nie uda, wraca na ulicę i do włóczęg wiodących nie wiadomo dokąd, to znaczy wszędzie. Gapi się na witryny sklepowe, gdzie wystawione są różne luksusy nie przeznaczone dla niego, odczuwa upokorzenie i ustępuje miejsca tym, których stać na okazanie tym luksusom czynnego zainteresowania. Wystaje na stacjach kolejowych albo rozsiada się w bibliotece publicznej, aby dać odpocząć nogom i ogrzać się nieco, ale ponieważ nie znajduje w ten sposób pracy, wychodzi stamtąd po pewnym czasie i rusza w dalszą drogę. Może sobie z tego nie zdawać sprawy, ale jego bezradność pogrąża go bardziej niż rzeczywiste kłopoty. Może nosić na sobie całkiem niezłe ubranie pochodzące z okresu, kiedy miał stałe zajęcie, ale i tak nie zwiedzie nim nikogo.

Spotyka codziennie tysiące ludzi, księgowych i urzędników, chemików i motorniczych, zajętych swą pracą i zazdrości każdemu z nich w głębi swego serca. Cieszą się oni swą niezależnością, szacunkiem dla samych siebie i swą męskością, a on nawet siebie nie jest w stanie przekonać, że jest człowiekiem wartościowym, choć stara się o to jak może i co godzina to w siebie wmawia.

To właśnie pieniądze spowodowały tę zmianę wewnętrzną w nim. Stałby się na powrót sobą, gdyby zdobył ich choć trochę.

Czy obawiasz się krytyki?

Nikt nie jest w stanie określić dokładnie, w jaki sposób ludzie poddają się temu lękowi — ale jedno jest pewne: przybiera on formy bardzo wysoko rozwinięte.

Autor skłonny jest przypisać ten groźny lęk tej części wrodzonego człowieczej naturze dziedzictwa, która skłania go nie tylko do przywłaszczania sobie dóbr i towarów należących do współbraci, lecz i do usprawiedliwiania swych czynów ostrą krytyką owych współbraci. Jest faktem dobrze znanym, że złodziej krytykuje człowieka, którego okradł — polityk ubiega się o urząd nie zalecając się opinii swymi zaletami i umiejętnościami, lecz dyskredytując swoich oponentów.

Bystrzy wytwórcy odzieży nie wahają się wykorzystywać owego lęku przed krytyką, któremu podlega cała ludzkość. Na każdy sezon przygotowują nowe modele ubiorów. Kto wymyśla te nowe style? Z pewnością nie nabywca tych strojów, lecz ich wytwórca. Dlaczego te style zmieniają się tak często? Odpowiedź jest oczywista. Zmieniając modę wytwórca sprzedaje więcej ubrań.

Z tego samego powodu producenci samochodów wypuszczają nowe modele na każdy sezon. Nikt nie chce jeździć samochodem, który wyszedł z mody.

Opisaliśmy już sposób, w jaki ludzie poddają się wpływowi lęku przed krytyką w sprawach drobnych i nieważnych. Przypatrzmy się teraz zachowaniu człowieka w sytuacjach, w których lęk dotyczy spraw ważniejszych związanych ze stosunkami międzyludzkimi. Weźmy za przykład każdego praktycznie człowieka, który osiągnął wiek pełnej wewnętrznej dojrzałości (przeciętnie dokonuje się to między 35. a 40. rokiem życia); gdybyście umieli czytać w jego myślach, odnaleźlibyście w nich zdecydowaną niewiarę w większość historyjek głoszonych przez licznych dogmatyków o kilka dekad starszych od tego człowieka.

Dlaczego przeciętny człowiek, nawet w naszym oświeconym wieku, lęka się ujawnić swą niewiarę w takie historyjki? Odpowiedź brzmi: „ponieważ boi się krytykować". Kobiety i mężczyzn palono na stosie za odwagę głoszenia takiej niewiary. Nie dziwmy się więc, że odziedziczyliśmy świadomość, która nam nakazuje lękać się krytykowania. Był taki czas, całkiem niedawny, kiedy krytykę surowo karano — i ciągle zdarza się to w różnych krajach.

Lęk przed krytykowaniem pozbawia człowieka inicjatywy, unicestwia siłę jego wyobraźni, ogranicza jego indywidualność, wyzbywa go wiary we własne siły i wyrządza mu tysięczne krzywdy. Rodzice często sprawiają, że dzieci nie rozwijają się właściwie, gdyż paraliżują ich starania swą krytyką. Matka jednego z mych kumpli z okresu dzieciństwa niemal codziennie chłostała go rózgą, kończąc zawsze to zajęcie słowami: „Trafisz do więzienia przed dwudziestym rokiem życia". Osadzono go w poprawczaku kiedy miał lat siedemnaście.

Krytykowanie jest tą usługą, którą każdy świadczy z ochotą. Każdy ma na składzie pod dostatkiem różnych uwag krytycznych, którymi szafuje na żądanie, i bez niego. Najbardziej przykrymi krytykami zachowań człowieka są bliscy krewni. Rozwijanie kompleksu niższości w dzieciach przez nazbyt krytycznie usposobionych wobec nich rodziców powinno być uznawane za przestępstwo (bo jest w istocie przestępstwem i to najgorszego rodzaju). Pracodawcy właściwie rozumiejący ludzką naturę wiedzą, że więcej uzyskuje się od człowieka przez pozytywną sugestię i radę niż przez krytykę. Rodzice mogliby ten sam rezultat osiągać poprzez właściwe traktowanie dzieci. Krytyka zasiewa w sercu ludzkim lęk lub niechęć, nie wzbudza zaś ani miłości ani życzliwości.

Siedem objawów lęku przed krytyką

Lęk ten jest równie powszechny jak lęk przed ubóstwem, a jego skutki są dla dążeń ludzkich równie szkodliwe, ponieważ zabijają inicjatywę i onieśmielają wyobraźnię. Oto główne objawy tego lęku:

1. *Samoświadomość lęku:* objawiająca się głównie nerwowością, skrępowaniem w rozmowie i w kontaktach z obcymi, nieskoordynowanymi ruchami kończyn, rozbieganym wzrokiem.
2. *Brak opanowania:* wyraża się utratą kontroli nad głosem, nerwowym zachowaniem wobec obcych, niezręczną postawą ciała, zanikami pamięci.
3. *Słaba osobowość:* brak pewności decyzji, uroku osobistego i zdolności do zdecydowanego wyrażania opinii. Zwyczaj przyłączania się do innych zamiast samodzielnego wobec nich ustosunkowania się. Przytakiwanie innym bez starannego sprawdzenia słuszności ich opinii.
4. *Kompleks niższości:* zwyczaj maskowania słowami i zachowaniami poczucia mniejszej wartości; używanie „wielkich słów" (często bez znajomości ich prawdziwego znaczenia) dla wywarcia wrażenia na innych, naśladowanie sposobu ubierania się innych, ich stylu wyrażania się i ich manier, dla pozorowania rzekomych osiągnięć własnych. Zachowania te wywierają niekiedy wrażenie, jakby wyrażały poczucie wyższości.
5. *Ekstrawagancja:* zwyczaj hołdowania zasadzie „zastaw się a postaw się" i życia ponad stan.
6. *Brak inicjatywy:* zaniedbywanie okazji do samorozwoju, lęk przed wyrażaniem opinii, brak wiary we własne pomysły, udzielanie wymijających odpowiedzi na pytania przełożonych, niezdecydowanie w słowach i uczynkach, kłamliwość słów i czynów.
7. *Brak ambicji:* lenistwo umysłowe i fizyczne, brak pewności siebie, ospałość w podejmowaniu decyzji, poddawanie się wpływom innych przy decydowaniu; zwyczaj krytykowania innych poza plecami i nawyk przyjmowania klęsk bez sprzeciwu oraz ustępowania i wycofywania się wobec sprzeciwu ze strony innych; nieuzasadniona wobec

nich podejrzliwość, brak taktu w zachowaniu i wypowiedziach, niechęć ponoszenia konsekwencji pomyłek.

Czy drżysz o swe zdrowie?

Lęk przed chorobą można przypisywać dziedzictwu zarówno fizycznemu, jak i społecznemu. U swych korzeni jest blisko spokrewniony z przyczynami wywołującymi lęk przed starością i przed śmiercią, gdyż ocierają się o owe „straszne światy", o których człowiek nic nie wie, ale o których nasłuchał się deprymujących historii. Jest też dość rozpowszechnione przekonanie, iż pewni nieuczciwi ludzie zajmujący się „sprzedawaniem leków i środków na zdrowie", spekulują na podsycaniu lęku przed chorobą.

Człowiek drży o swe zdrowie głównie dlatego, że zaszczepiono mu w umyśle różne groźby dotyczące tego, co się z nim stanie po śmierci. Lęka się też ekonomicznych konsekwencji chorowania.

Pewien ceniony lekarz utrzymuje, że 75% ludzi udających się do lekarza po poradę cierpi na hipochondrię (chorobę wyimaginowaną). Dowiedziono ponad wszelką wątpliwość, że lęk przed chorobą — nawet gdy pozbawiony jest wszelkich podstaw — powoduje pojawienie się fizycznych symptomów choroby, której się człowiek lęka.

Jakiż potężny i władczy jest ludzki umysł! Zarówno w tworzeniu, jak i niszczeniu.

Autorzy różnych patentów medycznych zbili fortuny na ludzkiej słabości polegającej na lęku przed chorobą. To wmawianie w ludzi chorób osiągnęło przed kilkudziesięciu laty taką skalę, iż jedno z popularnych pism przeprowadziło ostrą kampanię przeciw najbezwzględniejszym autorom patentów w przemyśle medycznym.

Doświadczenia przeprowadzone przed kilku laty wykazały, że ludzie mogą popaść w chorobę pod wpływem sugestii. Przeprowadziliśmy te doświadczenia w taki sposób, że ankieterzy dokonywali wywiadów z „ofiarami" wyimaginowanych chorób na trzy różne sposoby. Wszyscy zaczynali od pytania: „Co ci dolega? Wyglądasz na chorego". Pierwszy ankieter zwykle prowokował skrzywienie ust ankietowanego i beztroską odpowiedź: „Och, nic mi nie jest". Drugi ankieter uzyskiwał wyznanie: „Nie wiem właściwie co mi jest, ale źle się czuję". Trzeciego ankietera zapewniał każdy z ankietowanych, że rzeczywiście jest chory.

Spróbuj tej metody, jeśli wątpisz w to, że osiągnęła taki rezultat, ale nie posuwaj się zbyt daleko w jej zastosowaniu. Istnieją pewne sekty religijne, których członkowie zwalczają swych przeciwników poprzez rzucanie na nich „czarów". Nazywają to „rzucaniem uroków" na ofiarę swych zabiegów.

Istnieją przekonujące dowody na to, że choroba rozpoczyna się niekiedy od negatywnego impulsu myślowego. Impuls taki może być niekiedy przekazany z jednego umysłu do drugiego za pośrednictwem sugestii lub też wytworzony we własnym umyśle ofiary.

Pewien człowiek, który odznaczał się mądrością znacznie głębszą niż mogłoby to wynikać z tego co o nim opowiem, wyznał kiedyś: „Ilekroć ktoś mnie pyta, jak się czuję, zawsze mam go ochotę w odpowiedzi powalić na ziemię".

Dla odzyskania zdrowia lekarze zwykli wysyłać pacjentów w inny klimat, gdyż zmiana „nastawienia psychicznego" wydaje się konieczna. Ziarno lęku przed chorobą tkwi w umyśle każdego człowieka. Przygnębienie, lęk, onieśmielenie, zawód miłosny sprawiają, że ludzie trafiają do szpitala. I potrzebują psychoterapeuty. Specjalista w tym zakresie już pierwszego dnia po przybyciu pacjenta do szpitala zamienia mu pielęgniarkę na *młodą czarującą osobę*, która (na mocy specjalnego porozumienia z lekarzem) oferuje pacjentowi natychmiast usługi miłosne. Po trzech tygodniach pacjent opuszcza szpital, cierpiąc nadal, ale już na zupełnie inną chorobę. Znów jest zakochany. Remedium okazało się oszukańcze, ale pacjent i „pielęgniarka" wiążą się węzłem małżeńskim.

Siedem objawów lęku przed chorobą

Symptomy tego niemal powszechnego lęku są następujące:

1. *Autosugestia:* nawyk czynienia negatywnego użytku z autosugestii przez wsłuchiwanie się w siebie i szukanie wszelkiego rodzaju objawów chorobowych, wmyślanie się w wyimaginowane schorzenia i rozprawianie o nich, aż stają się rzeczywiste; zwyczaj stosowania różnorakich „-sanów" i innych „złotych środków" zalecanych przez

bliźnich; zamęczanie ludzi rozmowami o operacjach, wypadkach i chorobach; stosowanie diet, ćwiczeń fizycznych i innych zabiegów bez profesjonalnego przygotowania; stosowanie tzw. środków domowych, reklamowanych leków uniwersalnych i innych „cudownych sposobów".

2. *Hipochondria:* nawyk rozprawiania o chorobach, skupianie myśli na schorzeniach i wyczekiwania na pojawienie się ich objawów, aż rzeczywiście występują. Żaden lek zawarty w butelce nie leczy tej przypadłości. Jej przyczyną jest myślenie negatywne i tylko myślenie pozytywne może ją usunąć. Hipochondria (termin medyczny na oznaczenie wyimaginowanej choroby) uznawana jest za przyczynę szkód równie wielkich jak te, które mogłaby spowodować sama choroba. Większość tzw. nerwic jest skutkiem schorzenia wyimaginowanego.

3. *Lenistwo:* lęk przed chorobą często prowadzi do następstw czysto fizycznych, jak na przykład nadwaga, wynikła z niechęci do poruszania się na powietrzu.

4. *Podatność na zagrożenia:* lęk przed chorobą nadweręża naturalną odporność organizmu i stwarza sprzyjające warunki zarażenia się chorobą przy pierwszej okazji. Lęk przed chorobą wiąże się często z lękiem przed ubóstwem, zwłaszcza w wypadku hipochondryków, którzy ciągle zamartwiają się honorariami, które wypłacają lekarzom, rachunkami za pobyty w szpitalu, itp. Ludzie tego rodzaju spędzają mnóstwo czasu na przygotowywaniu się do choroby, rozmowom o śmierci, odkładaniu pieniędzy na grobowiec i pogrzeb, itd.

5. *Rozpieszczanie się:* nawyk sprawiania sobie różnych przyjemności pod pretekstem choroby (ludzie często używają tego wykrętu, by się nie imać pracy).

6. *Niepowściągliwość:* ludzie często sięgają po alkohol lub narkotyki, by zagłuszyć ból głowy czy też jakiś nerwoból zamiast usunąć jego przyczyny.

7. *Przygnębienie:* nawyk rozczytywania się w opisach chorób i zamartwiania się możliwością zapadnięcia na nie, a także nawyk czytywania ogłoszeń medycznych.

Czy lękasz się zawodu miłosnego?

Pierwotnym źródłem tego wrodzonego lęku był niewątpliwie poligamiczny obyczaj uwodzenia żony bliźniemu i nawyk używania z nią sobie, kiedy się tylko da.

Zazdrość i podobne jej formy nerwicy wyrastają z odziedziczonego przez człowieka lęku przed utratą obiektu miłości. Lęk ten jest najbardziej dotkliwy spośród wszystkich sześciu lęków. Wyrządza zapewne więcej szkód ciału i duszy człowieka niż inne główne lęki.

Lęk przed utratą obiektu miłości zapewne wywodzi się korzeniami z epoki kamienia łupanego, kiedy mężczyzna zdobywał kobietę za pomocą brutalnej siły. Oczywiście mężczyźni nadal zdobywają kobiety, tylko że zmieniły się sposoby. Zamiast siły używa się dziś gry uwodzicielskiej, obietnic obdarowania pięknymi strojami, drogimi samochodami i innych „bajcowań" znacznie skuteczniejszych od siły fizycznej. Obyczaje mężczyzn są dokładnie takie same jak w epoce kamiennej, ale zmieniły się formy, w jakich się wyrażają.

Wnikliwa analiza dowiodła, że kobiety są znacznie podatniejsze na takie pokusy od mężczyzn. Łatwo ten fakt wytłumaczyć. Kobiety wiedzą z doświadczenia, że mężczyźni są z natury poligamistami, że nie można na nich polegać w sytuacji zagrożenia przez rywalkę.

Trzy objawy lęku przed utratą obiektu miłości

Wyróżniającymi się symptomami tego lęku są:

1. *Zazdrość:* nawyk podejrzewania przyjaciół i ukochanych bez ugruntowanego dowodu; nawyk oskarżania o niewierność żony lub męża bez powodu; ogólna podejrzliwość wobec wszystkich, nieufanie nikomu.
2. *Kłótliwość:* nawyk wszczynania kłótni z przyjaciółmi, krewnymi, współpracownikami i ukochanymi bez prowokacji z ich strony albo w ogóle bez powodu.
3. *Hazard:* skłonność do uprawiania hazardu, kradzieży i oszustwa, albo też do uciekania się do gier hazardowych w nadziei zdobycia pieniędzy dla osoby ukochanej i w przekonaniu, że da się ona za nie kupić; nawyk ponoszenia wydatków ponad możliwości, by pozyskać wdzięczność osoby ukochanej; bezsenność, nerwowość, brak wy-

trwałości, słabość woli, niedostatek samokontroli, brak wiary w siebie, złe usposobienie.

Czy lękasz się starości?

Lęk ten wywodzi się głównie z dwóch źródeł. Po pierwsze z myśli, że starość może przynieść ubóstwo. Po drugie — i to jest źródło najczęstsze — z fałszywych i groźnych nauk przeszłości, połączonych często ze stosowaniem „ognia i miecza" dla zniewolenia ludzi strachem.

Dla lęku przed starością człowiek znajduje dwa główne powody — jeden wynika z jego braku zaufania do bliźnich, którzy zechcą mu może odebrać wszelkie dobra, jakie zdobył, drugi z okropnego wyobrażenia o świecie zewnętrznym, jakie sobie wyrobił.

Możliwość ulegnięcia chorobie, która staje się tym prawdopodobniejsza im bardziej człowiek się starzeje, staje się dodatkową przyczyną lęku przed starością. Erotyzm również powiększa lęk przed starością, ponieważ nikogo nie cieszy myśl o jego malejącej atrakcyjności seksualnej.

Najczęściej jednak lęk przed starością wiąże się z lękiem przed ubóstwem. „Przytułek" nie jest wyrazem miłym. Powoduje skurcz lęku w umyśle każdego, kto liczyć się może z perspektywą spędzenia ostatnich lat życia w domu pomocy społecznej.

Inną dodatkową przyczyną lęku przed starością jest obawa przed utratą samodzielności i niezależności, ponieważ starość może człowieka pozbawić zarówno fizycznej, jak i ekonomicznej wolności.

Cztery objawy lęku przed starością

Najczęstszymi objawami lęku przed starością są:

1. *Przedwczesne obniżenie lotów:* skłonność do obniżenia życiowych lotów około czterdziestego roku życia — czyli w momencie uzyskania pełnej dojrzałości umysłowej — i popadania w kompleks mniejszej wartości, fałszywie tłumaczony „zaawansowanym wiekiem".
2. *Usprawiedliwianie się wiekiem:* obyczaj usprawiedliwiania wiekiem własnych niedostatków i słabości, kiedy się

ma czterdzieści albo pięćdziesiąt lat zamiast żywić wdzięczność dla losu, że pozwolił osiągnąć wiek dojrzałej mądrości i rozumienia świata.

3. *Zanikanie inicjatywy:* inicjatywa, wyobraźnia i wiara w siebie zanikają u człowieka, który błędnie sądzi, że jest za stary, by się nimi posługiwać.
4. *Udawanie młodszego:* nawyk noszenia ubiorów i naśladowania manier ludzi młodych, który budzi śmiech zarówno u przyjaciół, jak i obcych, jest niestety nader rozpowszechniony.

Czy lękasz się śmierci?

Dla niektórych ludzi jest to najokrutniejszy ze wszystkich lęków. Straszne obawy przed śmiercią, połączone z rozmyślaniem o niej, można przypisać fanatyzmowi religijnemu. Tak zwani „dzikusi" mniej się lękali śmierci niż ludzie wyżej „ucywilizowani". Od tysięcy lat człowiek zadaje sobie te same pytania, na które nie ma odpowiedzi: „skąd" i „dokąd" dążymy? Skąd się wziąłem i dokąd zmierzam?

W ciągu dawnych ciemnych wieków najsprytniejsi i najzręczniejsi nie ociągali się z udzielaniem odpowiedzi na te pytania za opłatą.

„Zajdź do mego namiotu, przyjmij moją wiarę, uznaj moje dogmaty, a w zamian wyposażę cię w glejt, z którym pójdziesz po śmierci prosto do nieba" — namawiali różni sekciarze. A jednocześnie grozili: „Jeśli się nie schronisz w moim namiocie, porwie cię diabeł i będziesz płonął w ogniu wiekuistym".

Myśl o wieczystej karze odbiera zainteresowanie życiem i czyni szczęście niemożliwym.

Mimo iż głosiciele różnych religii nie mają mocy zapewnić nikomu pewnego dostępu do nieba, ani też strącić nikogo do piekła, groźba takiego strącenia brzmi tak przerażająco i wbijana jest do ludzkiej wyobraźni w sposób tak realistyczny, że paraliżuje władze rozumowe i zaszczepia lęk przed śmiercią.

Lęk przed śmiercią nie jest dziś tak powszechny jak był przed powołaniem do życia wielkich uniwersytetów. Ludzie nauki rzucili snop światła na tę sprawę i w dużym stopniu uwolnili mężczyzn i kobiety od lęku przed śmiercią. Młodzi absolwenci uniwersytetów nie są już tak wrażliwi na obrazy ogni piekielnych. Za sprawą biologii, astronomii, geologii i innych nauk przyrodniczych rozproszono w znacznym stopniu ten wywodzący się z mrocznej przeszłości lęk.

Cały świat utworzony jest z dwóch czynników, energii i materii. Z podstawowego kursu fizyki dowiadujemy się, że ani energia ani materia (które są jedyną rzeczywistością znaną człowiekowi) nie mogą być ani stworzone ani unicestwione. Jak każda inna forma energii, życie może podlegać rożnym formom przeobrażenia lub przetworzenia, ale nie może podlec anihilacji. Śmierć jest zwykłą przemianą.

Skoro zaś śmierć jest przemianą lub przetworzeniem, nie może po śmierci nastąpić nic oprócz długotrwałego, wieczystego, spokojnego snu, a sen nie jest czymś, czego należałoby się obawiać. Dlatego też możesz się raz na zawsze wyzbyć lęku przed śmiercią.

Trzy objawy lęku przed śmiercią

1. *Rozmyślanie o śmierci:* zwyczaj ten spotykamy głównie u osób starszych, ale często i młodzi rozmyślają o śmierci zamiast cieszyć się życiem. Jest to zwykle związane z brakiem życiowego celu lub też z nieumiejętnością odnalezienia — być może wskutek owego braku celu życiowego — odpowiadającego im zajęcia. Najskuteczniejszym lekarstwem na lęk przed śmiercią jest gorąca żądza dokonań życiowych, wsparta usługami świadczonymi innym. Człowiek zajęty nie rozmyśla o umieraniu.
2. *Połączenie z lękiem przed ubóstwem:* ktoś może się lękać popadnięcia w ubóstwo; może się też obawiać, że jego śmierć ściągnie ubóstwo na jego ukochanych bliskich.
3. *Połączenie z chorobą i upośledzeniem:* choroba fizyczna może prowadzić do depresji psychicznej. Zawód miłosny, religijny fanatyzm, zaawansowana forma nerwicy lub też rzeczywiste upośledzenie bywają również przyczyną lęku przed śmiercią.

Przygnębienie jest formą lęku

Przygnębienie jest stanem umysłu opartym na strachu. Działa powoli, ale wytrwale. Jest przebiegłe i ostrożne. Krok po kroku „pogrąża kogoś w sobie", aż sparaliżuje jego władze umysłowe, zabije w nim wiarę w siebie i inicjatywę. Przygnębienie jest formą strachu utrwalonego przez niezdecydowanie: dlatego też jest formą strachu, którą można poddać kontroli.

Umysł niepewny jest przypadkiem beznadziejnym. A niezdecydowanie czyni umysł niepewnym. Większości ludzi braknie siły woli, by podejmować pewne decyzje i trwać przy nich, skoro się je podjęło.

Nie przejmujmy się już okolicznościami, w których podjęliśmy decyzje wymagające określonej linii postępowania. Zdarzyło mi się rozmawiać z człowiekiem, który w dwie godziny po rozmowie ze mną miał zostać stracony na krześle elektrycznym. Zachowywał się najspokojniej spośród ośmiu osób przebywających wraz z nim w celi śmierci. Jego opanowanie skłoniło mnie do zadania mu pytania, jak też czuje się człowiek, który za chwilę przeniesie się do wieczności. Z uśmiechem na ustach odpowiedział: „Doskonale. Myślę o tym, mój bracie, że za chwilę wszystkie kłopoty będę już miał za sobą. Przez całe życie zaznawałem tylko nieszczęść i kłopotów. Z trudem zdobywałem pożywienie i odzież. Za chwilę nie będę już w żadnej takiej potrzebie. Czuję się świetnie od chwili, w której upewniłem się, że muszę umrzeć. Przygotowałem wtedy mój umysł do pogodzenia się z losem w dobrej wierze".

W trakcie tej rozmowy spożył obiad tak obfity, że starczyłoby go na zaspokojenie apetytu trzech osób, każdy kęs przełykał z taką przyjemnością, jakby śmierć nie oczekiwała nań za drzwiami celi. Powzięta decyzja sprawiła, że poddał się swemu losowi! Decyzja taka może też dopomóc człowiekowi w pogodzeniu się z niepożądanymi okolicznościami.

Sześć głównych lęków przetwarza się w stan przygnębienia wskutek niezdecydowania. Uwolnij się na zawsze od strachu przed śmiercią poprzez przyjęcie do wiadomości, że jest wydarzeniem nieuniknionym. Wyzwól się od lęku przed ubóstwem przez podjęcie decyzji zdobywania wszelkich dóbr, jakie zdołasz zgromadzić. Złam kark lękowi przed krytyką przez podjęcie decyzji, że *nie będziesz się przejmował* tym, co inni ludzie o tobie pomyślą lub powiedzą lub jak się wobec ciebie zachowają. Odpędź od siebie lęk przed starością przez podjęcie decyzji, iż przyjmujesz do wiadomości jej nadejście nie jako upośledzenie, lecz jako błogosławieństwo przynoszące mądrość, samokontrolę i rozumienie świata nieosiągalne dla młodych. Opanuj w sobie strach przed chorobą poprzez podjęcie decyzji, że nie będziesz wyszukiwał jej symptomów. Zapanuj nad lękiem przed utratą obiektu miłości przez podjęcie decyzji o obywaniu się bez miłości, jeśli się to okaże konieczne.

Zabij w sobie nawyk przygnębienia, we wszelkich jego postaciach, podejmując decyzję, że nic co życie ma do zaoferowania nie jest warte opłakiwania, jeśli się to straci. Wraz z tą decyzją spływa na ciebie opanowanie, spokój wewnętrzny i ład serca, który ci przyniesie szczęście.

Człowiek, którego umysł przepojony jest lękiem, nie tylko odbiera sobie możliwość rozumnego działania, ale zasiewa w umysłach innych ludzi, utrzymujących z nim kontakt, wibracje myślowe, które umniejszają także i ich szanse życiowe.

Nawet pies i koń wyczuwają, kiedy ich panu braknie odwagi; co więcej, pies i koń również odbierają wibracje myślowe emitowane przez pana i zachowują się zgodnie z nimi. Im niżej lokuje się poziom inteligencji zwierzęcia, tym większą wykazuje on podatność na wibracje lękowe.

Myśli samowyniszczające

Wibracje lękowe przenoszą się z umysłu do umysłu z taką szybkością i pewnością z jaką głos ludzki rozchodzi się z rozgłośni radiowych do odbiorników.

Człowiek, który daje słowny wyraz myślom negatywnym lub destrukcyjnym, może być pewien, iż doświadczy skutków tych słów w formie destrukcyjnego „odbitego echa". Rozsiewanie myśli destrukcyjnych tylko poprzez impulsy myślowe także wywołuje odbite echo, w różnych formach. Po pierwsze — i to jest skutek najpoważniejszy — człowiek rozsiewający myśli o charakterze destrukcyjnym musi cierpieć na wywołany przez nie niedowład wyobraźni twórczej. Po drugie, obecność w umyśle jednej choćby myśli negatywnej tworzy negatywną osobowość, która odstręcza ludzi, a często przeobraża ich we wrogów. Trzecim obszarem szkód, które wyrządza samemu sobie człowiek hodujący myśli negatywne, jest znaczące ich ciążenie na myśleniu podświadomym, którego myśli te stają się częścią składową.

Twym życiowym celem wydaje się osiągnięcie sukcesu. Aby go osiągnąć, musisz odnaleźć spokój wewnętrzny, zdobyć środki niezbędne do życia i przede wszystkim osiągnąć szczęście. Wszystkie te elementy składające się na sukces wyrastają z impulsów myślowych.

Możesz sprawować kontrolę nad swym myśleniem, możesz je żywić takimi impulsami, jakimi zechcesz. Z przywilejem tym wiąże się jednak odpowiedzialność za konstruktywne posługiwanie się nimi. Nie zostaniesz panem swego ziemskiego losu, dopóki nie nabierzesz mocy kontrolowania swych myśli. Możesz wprost zapanować nad swym otoczeniem, możesz uczynić ze swym życiem co zechcesz — możesz nawet odrzucić dany ci przywilej nadania swemu życiu określonego ładu i zdać się na „okoliczności", które będą miotały tobą jak łupiną na wzburzonych falach oceanu.

Czy nie jesteś zbyt podatny na wpływy

Oprócz sześciu głównych lęków istnieje jeszcze jedno zło, przez które ludzie cierpią. Stanowi ono żyzną glebę, na której ziarna klęski rozrastają się obficie. Jest tak podstępne, że często nie udaje się go na czas dostrzec. Zagrożenie to nie powinno być właściwie nazywane lękiem. Zakorzenione jest znacznie głębiej, a w skutkach jeszcze groźniejsze od sześciu lęków. Dla lepszego zrozumienia jego istoty nazwijmy je *podatnością na negatywne wpływy.*

Ludzie zbierający wielkie bogactwa zawsze starannie się przed tym złem chronią! Ci natomiast, których trapi ubóstwo, nie umieją się mu oprzeć. Ludzie gotujący się na każde wezwanie fortuny muszą przysposobić swe umysły do odrzucenia tego zła. Jeśli zapoznajesz się z niniejszą filozofią sukcesu w celu zdobycia bogactwa, musisz bardzo starannie zbadać samego siebie, by sprawdzić, czy nie jesteś aby podatny na negatywne wpływy. Jeśli zaniedbasz tej samoanalizy, utracisz prawo do osiągnięcia przedmiotu twych pożądań.

Podejmij się takiego zadania badawczego w stosunku do siebie. Po przeczytaniu pytań przygotowanych dla przeprowadzenia takiej samoanalizy dołóż starań, aby na każde odpowiedzieć rzetelnie. Podejdź do tego zadania z taką powagą, jakbyś poszukiwał w sobie słabych punktów, o których wie już zagrażający ci nieprzyjaciel i musisz zabezpieczyć się przed jego nagłym atakiem.

Umiesz się przecież zabezpieczać przed napadami bandytów, bo prawo służy ci zorganizowanym systemem ochrony dóbr osobistych, ale przed owym „siódmym głównym lękiem" trudniej się uchronić, ponieważ atakuje znienacka, kiedy się go wcale nie spodziewasz, spoczywasz pogrążony we śnie albo się właśnie obudziłeś. Co gorsza, jego oręż jest niewidoczny, jest to bowiem rodzaj promieniowania wytwarzającego pewien stan umysłu. Zło owo jest szczególnie groźne, ponieważ wsącza ci się w umysł pod tymi wszystkimi postaciami, jakie przybiera doświadczenie ludzkie. Zdarza się, że wnika w umysł pod postacią dobrze brzmiących słów wypowiadanych przez twych bliskich krewnych. Kiedy indziej znów lęgnie się gdzieś w głębi, a ujawnia w postawie psychicznej człowieka. Jest to trucizna śmiertelna, choć nie zawsze zabija od razu.

Broń się

Aby się obronić przed negatywnymi wpływami, zarówno tymi, które biorą początek w twym własnym wnętrzu, jak i tymi, które wywierają inni, odwołaj się do swej siły woli i czyń z niej stały użytek, tak by zbudować wokół własnego umysłu mur, przez który nie będą w stanie przeniknąć żadne negatywne wpływy.

Bądź świadom faktu, że zarówno ty, jak i każda inna istota ludzka, jesteś z natury leniwy, bierny i podatny na wszelkie wpływy zgodne z twą wrodzoną słabością.

Bądź też świadom faktu, że z natury podatny jesteś na owe sześć głównych lęków i nabierz obyczajów takich, które pozwolą ci uchronić się przed tymi lękami.

Bądź również i tego świadom, że negatywne wpływy oddziałują niekiedy na ciebie poprzez myślenie podświadome, gdzie są szczególnie trudne do wykrycia — i chroń swój umysł przed ludźmi, którzy działają na ciebie przygnębiająco lub zniechęcająco.

Wyrzuć wszelkie medykamenty i „cudowne środki", pigułki i maście, przestań zwracać uwagę na przeziębienia, migreny, bóle i wszelkie wyimaginowane dolegliwości.

Zadawaj się wyłącznie z ludźmi, którzy wpływają na ciebie mobilizująco, dzięki którym myślisz i działasz dla swego dobra.

Nie wyczekuj kłopotów, one i tak mają skłonność do uporczywego towarzyszenia ludziom na drodze ich życia.

Najpowszechniejszą bez wątpienia słabością ludzką jest zwyczaj nadstawiania ucha na negatywne podszepty innych ludzi.

Słabość ta ma skutki niszczące, ponieważ większość ludzi nie zdaje sobie nawet sprawy z tego, że jej ulega, a liczni, którzy już ją sobie uświadomili, zaniedbują lub wręcz odmawiają jej odrzucenia, wskutek czego staje się ona niekontrolowanym już zupełnie składnikiem ich codziennych obyczajów. Aby pomóc tym, którzy chcą się przekonać, jacy są naprawdę, przygotowałem listę pytań, które należy sobie postawić. Przeczytaj te pytania na głos i również na głos odpowiadaj na nie, tak abyś usłyszał swój głos. Będzie ci wtedy łatwiej być prawdomównym wobec samego siebie.

Pomyśl zanim odpowiesz

Czy często ci się zdarza, że się „źle czujesz" — a jeśli tak, to co to uczucie powoduje?

Czy wszczynasz kłótnie z innymi ludźmi przy najbłahszej sposobności?

Czy często popełniasz w pracy pomyłki, a jeśli tak, to dlaczego?

Czy w rozmowach bywasz sarkastyczny i agresywny?

Czy unikasz nawiązywania współpracy z innymi ludźmi, a jeśli tak, to dlaczego?

Czy często nawiedza cię niestrawność, a jeśli tak, to jakie są jej przyczyny?

Czy życie wydaje ci się męczące, a przyszłość pozbawiona nadziei?

Czy lubisz pracę, którą wykonujesz? Jeśli nie, to dlaczego?

Czy często miewasz poczucie winy, a jeśli tak, to z jakiego powodu?

Czy zazdrościsz tym, co nad tobą górują?

Czemu poświęcasz więcej czasu: rozmyślaniom o sukcesie, czy o klęsce?

Czy w miarę starzenia się umacniała się w tobie wiara w siebie, czy też słabła?

Czy wyciągnąłeś jakieś pożyteczne wnioski z porażek?

Czy pozwalasz na to, aby cię jacyś krewni czy bliscy ci ludzie zasmucali? A jeśli tak, to dlaczego?

Czy bywa, że niekiedy „bujasz w chmurach", a innym razem spadasz na dno przygnębienia?

Co ma na ciebie najsilniejszy wpływ? Jaka jest tego przyczyna?

Czy poddajesz się negatywnym lub zniechęcającym wpływom, których byłbyś w stanie uniknąć?

Czy dbasz o swój wygląd zewnętrzny? Jeśli tak, to kiedy i w jaki sposób przejawia się ta dbałość?

Czy nauczyłeś się już opędzać przed kłopotami pogrążając się w pracy, by nie mieć czasu na kłopoty?

Czy skłonny byłbyś nazwać siebie „mięczakiem bez kręgosłupa" z tego powodu, że powierzasz innym przemyślenie jakichś spraw za ciebie?

Czy wiele spotkało cię w życiu kłopotów, których byłbyś w stanie uniknąć i dlaczego tego nie zrobiłeś?

Czy sięgasz po alkohol, narkotyki lub papierosy „dla uspokojenia nerwów"? Jeśli tak to dlaczego nie posługujesz się w tym celu siłą woli?

Czy ktoś ci kiedy „dołożył", a jeśli tak, to z jakiego powodu?

Czy masz określony cel nadrzędny, a jeśli tak, to jaki on jest i jaki plan opracowałeś, by go osiągnąć?

Czy ulegasz któremuś z sześciu głównych lęków? Jeśli tak, to któremu (lub którym)?

Czy wypracowałeś sobie sposób na zabezpieczenie się przed negatywnymi wpływami ze strony innych?

Czy czynisz wyraźny użytek z autosugestii, by nadać swemu myśleniu kierunek pozytywny?

Co ma dla ciebie największą wartość — dobra materialne, czy też przywilej kontrolowania własnych myśli?

Czy łatwo zmieniasz zdanie pod wpływem opinii innych ludzi?

Czy dzisiaj wzbogaciłeś swe zasoby wiedzy o jakąś wartość?

Czy wsparłeś jakąś wartością stan swego umysłu?

Czy stawiasz czoła okolicznościom, które cię unieszczęśliwiają, czy też uchylasz się od odpowiedzialności za ich pokonanie?

Czy zwykłeś analizować wszystkie porażki i pomyłki, po to, by wyciągnąć z nich pożyteczne nauki, czy też przyjmujesz postawę wyniosłą, według której nie masz takiego obowiązku?

Czy możesz wymienić trzy swoje najbardziej szkodliwe słabości? Co robisz, żeby je przełamać?

Czy zachęcasz innych ludzi, aby ci się zwierzali ze swych trosk, w celu ich pocieszenia?

Czy z codziennych doświadczeń wyciągasz wnioski, które dopomagają ci w twym osobistym rozwoju?

Czy twoja obecność z zasady wywiera na innych negatywny wpływ?

Które z obyczajów innych ludzi są dla ciebie najdokuczliwsze?

Czy zwykłeś wyrabiać sobie własne zdanie, czy też poddajesz się wpływom innych ludzi?

Czy nauczyłeś się wytwarzać taki stan umysłu, w którym potrafisz przeciwstawić się wszelkim zniechęcającym wpływom zewnętrznym?

Czy wykonywany przez ciebie zawód napawa cię wiarą i nadzieją?

Czy jesteś świadom tego, że posiadasz na tyle dostateczne siły duchowe, by trwale chronić twój umysł przed wszelkimi formami lęku?

Czy religia, którą wyznajesz, dopomaga ci w pozytywnym ukierunkowaniu twego myślenia?

Czy uważasz za swój obowiązek zajmowanie się kłopotami innych ludzi? Jeśli tak, to dlaczego?

Czy sądzisz, że warto „trzymać się razem" z ludźmi sobie podobnymi i czy dowiedziałeś się czegoś o sobie obserwując przyjaciół, którzy lgną do ciebie?

Czy wytwarza się jakś więź między tobą a ludźmi, z którymi współpracujesz najbliżej, a jeśli tak to jaka? Czy doświadczasz w kontaktach z nimi jakichś przykrości?

Czy może jest tak, że jakiś człowiek, którego uważasz za przyjaciela, w istocie jest twym najgorszym wrogiem, ponieważ wywiera negatywny wpływ na twoje myślenie?

Wedle jakich zasad rozsądzasz, kto jest ci pomocny, a kto wyrządza ci szkody?

Czy twoi najbliżsi współpracownicy mają nad tobą umysłową przewagę, czy ci nie dorównują?

Ile czasu z całodobowej puli 24 godzin przeznaczasz na:

a. wykonywanie twego zajęcia,

b. sen,

c. zabawę i odpoczynek,

d. nabieranie pożytecznej wiedzy,

e. zbijanie bąków?

Kto z twoich znajomych

a. najbardziej cię zachęca,

b. najmocniej cię przestrzega,

c. najskuteczniej cię zniechęca?

Jakie masz największe zmartwienie? Dlaczego się na nie godzisz?

Jeśli ci ktoś zaproponuje bezinteresowną, bezpłatną radę, czy ją przyjmujesz, czy też zastanawiasz się nad motywami tej propozycji?

Czego najbardziej na świecie pożądasz? Czy zamierzasz to osiągnąć? Czy byłbyś skłonny podporządkować inne pragnienia temu głównemu? Ile czasu dziennie poświęcasz jego osiągnięciu?

Czy często zmieniasz zdanie? Jeśli tak, to dlaczego?

Czy zwykłeś kończyć to, co zacząłeś?

Czy łatwo podlegasz wrażeniu wywieranemu przez czyjąś pozycję, tytuł zawodowy lub stopień naukowy albo czyjś majątek?

Czy łatwo podlegasz wpływom tego, co inni ludzie o tobie mówią lub myślą?

Czy lgniesz do ludzi ze względu na ich status społeczny lub majątkowy?

Kto jest według ciebie największym z żyjących? W czym upatrujesz przewagę tego kogoś nad tobą?

Ile czasu zajęło ci przeczytanie tych pytań i udzielenie na nie odpowiedzi? (Na wnikliwą analizę i rzetelną odpowiedź potrzeba przynajmniej całego dnia).

Jeśli prawdziwie odpowiadałeś na te pytania, wiesz o sobie więcej niż większość ludzi. Przestudiuj te pytania uważnie, przez kilka miesięcy powracaj do nich przynajmniej raz na tydzień, a zadziwi cię obfitość dodatkowej i niezmiernie użytecznej wiedzy o sobie, jakiej nabędziesz w wyniku tej prostej metody zadawania sobie pytań i szczerej na nie odpowiedzi. Jeśli nie jesteś pewien odpowiedzi na niektóre z tych pytań, poszukaj sobie doradcy wśród ludzi, którzy cię dobrze znają, zwłaszcza wśród tych, którzy nie mają powodu cię okłamywać, i spójrz na siebie ich oczyma. Będzie to doświadczenie zaskakujące.

Co wnosi kontrola myślowa

Masz absolutną kontrolę nad jedną tylko sprawą w życiu, a są nią twoje myśli. Jest to najbardziej znaczący i inspirujący fakt znany człowiekowi. Odzwierciedla boską naturę człowieka. Ta boska właściwość jest jedynym środkiem, za pomocą którego możesz kształtować swój los. Jeśli zaniedbasz kontroli nad swym umysłem, możesz być pewien, że nie zdołasz objąć kontrolą niczego w życiu. Jeśli już musisz być niedbały w stosunku do czegoś, co posiadasz, niech to raczej będą dobra materialne. *Twój umysł jest twym duchowym skarbem!* Chroń go i używaj dbając o jego przynależność do sfery boskiej. Zostałeś wyposażony w siłę woli po to, by temu zadaniu sprostać.

Niestety, nie ma prawnych sankcji przeciw tym, którzy rozmyślnie lub nieświadomie zatruwają umysły innych negatywnymi wpływami. A ta forma szkodnictwa powinna być karana surowo, ponieważ często niszczy czyjeś szanse na uzyskanie dóbr materialnych, które są chronione przez prawo.

Ludzie o negatywnie ukierunkowanym myśleniu próbowali zniechęcić Thomasa A. Edisona do konstruowania urządzenia, które rejestruje i odtwarza głos, ponieważ — jak głosili — „nikt jeszcze nigdy takiego urządzenia nie zbudował". Ale Edison im nie uległ. Wiedział, że myśl ludzka zdolna jest doprowadzić do stworzenia wszystkiego, co się w niej wykluje i zdawał sobie sprawę, że to przekonanie właśnie wynosiło go ponad ogół ludzki.

Ludzie o negatywnie ukierunkowanym myśleniu tłumaczyli F.W. Woolworthowi, że „nie wyjdzie na swoje" zakładając sklep sprzedający tanie towary z zyskiem liczonym w centach. Ale on był świadom, że dokonać zdoła wszelkich rzeczy „nierozumnych", jeśli wesprze swe plany gorącą wiarą. Skorzystał z prawa do odsunięcia od siebie ludzi o negatywnym sposobie myślenia i zdobył fortunę przekraczającą sto milionów dolarów.

Niewierni Tomasze zbiegli się tłumnie oglądać pierwszy, solidnie zbudowany, samochód Henry'ego Forda na ulicach Detroit. Niektórzy głosili, że coś takiego nie może okazać się praktyczne. Inni krzywili się i powiadali, że nie zapłaciliby za takie cudactwo złamanego grosza. A Ford oświadczył: „Zapełnię całą ziemię niezawodnymi autami" — i dotrzymał słowa! Na użytek tych, którzy pragną wielkich bogactw, podkreślę, że praktycznie biorąc jedyna różnica między Henrym Fordem a większością ludzi czynnych zawodowo sprowadzała się do tego, że Ford objął kontrolę nad swym umysłem. Inni ludzie też zostali obdarzeni rozumem, ale nawet nie próbowali rozciągnąć nad nim kontroli.

Kontrola nad własnym umysłem jest wynikiem samodyscypliny i powinna wejść w nawyk. Albo ty kontrolujesz swój umysł, albo on kontroluje ciebie. Nie ma tu miejsca na kompromis. Najpraktyczniejszą metodą kontrolowania umysłu jest zwyczaj utrzymywania go w stałej aktywności nakierowanej na określony cel i opartej na dokładnym planie. Przestudiuj w tym względzie wykaz dokonań któregokolwiek z ludzi, którzy odnieśli jakiś wybitny sukces, a przekonasz się, że sprawowali nieustającą kontrolę nad swymi umysłami, a co więcej, że sprawdzali dokładność metod sprawowania tej kontroli i nadawali jej charakter możliwie najbardziej obiektywny. Bez takiej samokontroli osiągnięcie sukcesu jest po prostu niemożliwe.

Czy uciekasz się do takich wykrętów?

Ludzie ponoszący porażki mają pewną wyróżniającą cechę wspólną. Znają mianowicie dobrze wszystkie powody porażek i mają na podorędziu wszelkie przekonujące w ich mniemaniu wykręty dla usprawiedliwienia swej nieudolności w dążeniu do sukcesu.

Niektóre z tych usprawiedliwień są bardzo sprytne, za niektórymi wydają się przemawiać fakty. Ale samousprawiedliwienia nie przynoszą pieniędzy. Świat ciekaw jest tylko jednego — czy osiągnąłeś sukces.

Pewien psycholog sporządził listę najczęściej używanych alibi, samousprawiedliwień i wykrętów. Przestudiuj tę listę uważnie i sprawdź, po które z nich zdarza ci się sięgać. Pamiętaj też, że zawarta w tej książce filozofia uznaje te wszystkie samousprawiedliwienia za niedopuszczalne wykręty.

Gdybym nie był żonaty i dzieciaty...
Gdybym miał dosyć „szwungu"....
Gdybym miał pieniądze...
Gdybym miał odpowiednie wykształcenie...
Gdybym mógł dostać posadę...
Gdybym miał dość zdrowia...
Gdybym miał dość czasu...
Gdyby czasy były bardziej sprzyjające...
Gdyby mnie ludzie rozumieli...
Gdybym żył w innych warunkach...
Gdybym się na nowo urodził...
Gdybym się nie obawiał, co „oni" na to powiedzą...
Gdyby mi dano szansę...
Gdyby się ludzie na mnie nie uwzięli...
Gdyby mi nic nie stanęło na przeszkodzie...
Gdybym był młodszy...
Gdybym mógł robić co zechcę...
Gdybym się urodził bogaczem...
Gdybym napotkał „właściwych" ludzi...
Gdybym był tak utalentowany jak niektórzy...
Gdybym był pewny siebie...
Gdyby tak mogły powrócić dawne możliwości...
Gdyby mi ludzie nie grali na nerwach...
Gdybym się nie musiała zajmować domem i dziećmi...
Gdybym tak mogła zaoszczędzić trochę pieniędzy...
Gdyby mnie szef docenił...
Gdybym tak miał kogoś do pomocy...
Gdyby rodzina mnie rozumiała...
Gdybym mieszkał w dużym mieście...
Gdybym tak mógł zacząć od początku...
Gdybym był wolny...
Gdybym miał taką osobowość jak niektórzy...

Gdybym nie był taki otyły...
Gdyby uznano moje talenty...
Gdybym tak doznał „natchnienia"...
Gdybym tylko wyszedł z długów...
Gdybym się nie łamał...
Gdybym tylko wiedział jak...
Gdyby mi wszyscy nie stawali na drodze...
Gdybym nie miał tylu zmartwień...
Gdybym się był szczęśliwie ożenił...
Gdyby ludzie nie byli uparci...
Gdyby moja rodzina nie była tak rozrzutna...
Gdybym był pewny siebie...
Gdyby szczęście nie obróciło się przeciw mnie...
Gdybym się nie był urodził pod nieszczęśliwą gwiazdą...
Gdyby to nie była prawda, że „co będzie to będzie"...
Gdybym tak ciężko nie pracował...
Gdybym nie stracił pieniędzy...
Gdybym żył w innym otoczeniu...
Gdybym nie miał za sobą swej „przeszłości"...
Gdybym miał własne przedsiębiorstwo...
Gdyby mnie inni posłuchali...

Gdybym ... — a to jest największe ze wszystkich „gdybań" — *gdybym* miał odwagę widzieć się takim jaki jestem naprawdę, *odkryłbym, co jest we mnie nie w porządku i naprawiłbym to.* A wtedy uzyskałbym szansę wyciągnięcia nauki z moich pomyłek i z doświadczeń innych ludzi, bo wiedziałbym już, co jest we mnie nie w porządku i wiedziałbym dokąd bym dotarł, gdybym spędził więcej czasu na krytycznym analizowaniu mych słabości, a mniej na wynajdywaniu dla nich wykrętnych usprawiedliwień.

Obyczaj zgubny dla życiowego sukcesu

Wymyślanie wykrętów dla usprawiedliwienia własnej porażki jest narodową przywarą. Jest to obyczaj stary jak ludzka rasa i jest *zgubny dla sukcesu!* Dlaczego ludzie uciekają się do swych ulubionych wykrętów? Odpowiedź jest jasna. Trzymają się tych wykrętów, bo sami je wymyślili! Wykrętne alibi jest dzieckiem własnej wyobraźni człowieka. A leży w naturze ludzkiej przywiązanie do własnych dzieci i branie ich w obronę.

Wymyślanie wykrętów jest nawykiem głęboko zakorzenionym. A nawyki trudno wyplenić, zwłaszcza kiedy służą usprawiedliwieniu czegoś, co robimy. Miał tę prawdę na myśli Platon, kiedy stwierdzał, że „pierwszym i największym zwycięstwem człowieka jest zwycięstwo nad samym sobą". Zostać natomiast pokonanym przez samego siebie to najhaniebniejsza i najnikczemniejsza z klęsk.

Tę samą prawdę wyrażał inny filozof przyznając, iż: „Wielką niespodzianką było dla mnie przekonanie się, że większa część podłości, jaką dostrzegałem w innych, była tylko odzwierciedleniem mej własnej natury".

Elbert Hubbard wyznał kiedyś: „Zawsze było dla mnie zagadką, dlaczego ludzie zużywają tak wiele czasu na ogłupianie samych siebie przez wymyślanie wykrętów mających osłonić ich słabość. Gdyby wykorzystali ten czas inaczej, starczyłoby go ma wyleczenie się z tej słabości, a wtedy żadne wykręty nie byłyby im już potrzebne".

Na pożegnanie chciałbym ci przypomnieć Czytelniku, iż „Życie jest partią szachów, w której twoim przeciwnikiem jest czas. Jeśli wahasz się przed wykonaniem ruchu lub też zaniedbasz ruchu właściwego, twoje figury zostaną usunięte z szachownicy przez czas. Grasz z przeciwnikiem, który nie znosi niezdecydowania".

Uprzednio mogłeś korzystać z logicznego usprawiedliwienia, że nie zmuszałeś życia do tego, by zaczęło odpowiadać twym wymaganiom i oczekiwaniom, teraz jednak nie możesz się do tego wykrętu uciec, bo wszedłeś już w posiadanie uniwersalnego klucza otwierającego drzwi do wszelkich bogactw.

Klucz ów jest nieuchwytny, ale niezawodny! Jest nim przywilej wytworzenia *w twym umyśle* gorącej żądzy zdobycia którejś z form bogactwa. Używanie tego klucza nie jest obłożone karą, ale za jego nieużywanie zapłacisz pewną cenę. Tą ceną jest klęska życiowa. Pozostaje ona w stosunku odwrotnie proporcjonalnym do nagrody uzyskanej za używanie klucza. Nagrodą tą jest satysfakcja, która staje się udziałem wszystkich, którzy *odnieśli zwycięstwo nad samym sobą i zmusili życie do tego, by ich wyposażyło we wszystko czego pragną.*

Jest to więc nagroda warta wysiłku. Czy chcesz ubiegać się o nią, by się o tym przekonać?

Wiecznie żywa myśl Emersona głosi: „Jeśli jesteśmy z sobą spokrewnieni, powinniśmy się spotkać". W konkluzji mych wywodów chciałbym po nią sięgnąć i sparafrazować ją następująco: „Jeśli jesteśmy z sobą spokrewnieni, to już się spotkaliśmy za sprawą niniejszej książki".

WNIOSKI POD ROZWAGĘ:

Lęki są powszechnie spotykane i dla niektórych istnieje usprawiedliwienie. Inne jednak zasiewają się w tobie i rozwijają poza twoją wiedzą — aż osuwasz się w bierność i niezdecydowanie, które wyrosły z ziaren lęku.

Wykręty i usprawiedliwienia jakimi się posługujesz, wiele o tobie mówią. Nie będziesz już potrzebował żadnych wykrętów, jeśli wyciągniesz z tej książki nauki, JAK DOJŚĆ DO BOGACTWA.

Możesz gromadzić bogactwa materialne i bogactwa, których się nie da wymierzyć w pieniądzach, choć pieniądze dopomogą ci w znalezieniu szczęścia, długowieczności, zadowolenia z życia i spokoju wewnętrznego.

Zdrowie — najcenniejszy ze wszystkich skarbów — możesz osiągnąć pokonując wszystkie lęki i uwalniając się od wszelkich dolegliwości przez owe lęki zrodzonych. Najwspanialsze bogactwa świata czekają, żebyś je wziął w posiadanie i korzystał z nich!

Człowiek wyzbyty lęku
obejmuje wzrokiem rozległe horyzonty.

MYŚL
I BOGAĆ SIĘ

PODRĘCZNY PORADNIK

WITAJ Wierny Czytelniku — WITAJ W NOWYM ŚWIECIE SUKCESU — pomyślności i szczęścia! Przystępujesz do działania — działania, które przyniesie Ci wielkie pieniądze — działania, które będzie Cię wiodło od sukcesu do sukcesu, naprzód i wzwyż do złotego celu wymarzonego w Twych najdroższych snach!

Przede wszystkim — masz za sobą lekturę MYŚL I BOGAĆ SIĘ, jednego z największych bestsellerów wszystkich czasów. Przekonałeś się, dlaczego ponad siedem milionów ludzi przeczytało tę zadziwiającą, głęboko inspirującą książkę. Rozumiesz teraz, dlaczego W. Clement Stone, prezes towarzystwa ubezpieczeniowego Combined Insurance Company of America, tak oto wyraził się o tej książce: „Więcej mężczyzn i kobiet znalazło motywację do zdobycia sukcesu życiowego w publikacji MYŚL I BOGAĆ SIĘ niż w jakiejkolwiek innej książce napisanej przez współczesnego autora". I wiesz też, dlaczego do jej autora, doktora Napoleona Hilla, napłynęły szeroką falą listy z całego świata z wyrazami wdzięczności za ukazanie metody, dzięki której można wprowadzić bogactwo w życie każdego człowieka, jakby pochodziło z niewyczerpanego skarbca.

Jeśli już przeczytałeś książkę MYŚL I BOGAĆ SIĘ, możesz przystąpić do czytania jej na nowo, według nowej metody, która odsłoni Ci zawarte w niej bogactwa, jakich przedtem nie dostrzegłeś!

A wreszcie, stosując się do wiodącej prosto do celu metody Napoleona Hilla polegającej na osiąganiu bogactwa przez zastosowanie potęgi ludzkiego umysłu, przyjmiesz tę metodę za *swą osobistą*. Książka ta sama w sobie jest przewodnikiem wiodącym niezawodnie ku bogactwu każdego człowieka, który wierzy we własne zdolności. Ale niniejszy PORADNIK czyni z tej książki *Twego osobistego* przewodnika. Każdy krok na tej drodze wskazany w PORADNIKU opiera się na wspaniałej metodzie Napoleona Hilla i prowadzi ku spełnieniu TWYCH nadziei, TWYCH marzeń, TWEGO szczęśliwego losu, TWYCH dalekosiężnych ambicji.

PORADNIK wiąże się każdą swą stroną z książką MYŚL I BOGAĆ SIĘ.

Parę przypomnień początkowych

Sukces twój opiera się na twojej *motywacji dążenia do sukcesu.*

Żadne publikacje nie uczynią z ciebie człowieka sukcesu, jeśli sam nie *zapragniesz* sukcesu i nie zaczniesz *myśleć* w kategoriach sukcesu. Konieczne jest nade wszystko *myślenie* tymi kategoriami. Nikt nie potrafi tak dobrze *myśleć* o twoim sukcesie jak ty sam. *I nikt nie będzie myślał za CIEBIE!*

Musisz dokładnie analizować to co czytasz, upewniać się w rozumieniu przedstawionych ci zaleceń i stosować się do nich... musisz kojarzyć poszczególne zalecenia w całość i wyrabiać sobie o nich zdanie... musisz korzystać ze swej wyobraźni i zdolności wyobraźni i musisz widzieć samego siebie w roli człowieka sukcesu, o którym czytasz.

Ty i tylko ty sam musisz wpaść na pomysły i tworzyć plany ich realizowania podczas czytania tej książki... ty musisz wypracować środki do osiągnięcia wskazanych celów... i musisz stale pamiętać, że nieosiągalne zawsze jest możliwe do zdobycia, i staje się tym bardziej możliwe, im goręcej tego pożądasz!

Pamiętaj także, że nie możesz opierać się na samym tylko rozumie... wyposażono cię w uczucia, emocje, instynkty, nawyki i inne osobiste moce, które dzierżysz w ręku, którymi bezpośrednio kierujesz i nad którymi sprawujesz stanowczą kontrolę, jeśli wszystkie twe wewnętrzne motywacje pracują dla ciebie, a nie przeciw tobie.

Napoleon Hill stwierdza: „Bogactwo bierze początek w umyśle!" Czy jesteś przygotowany na przyjęcie bogactwa? Jeśli tak — możemy zaczynać. Twój stały marsz ku zamożniejszemu, szczęśliwszemu i pełnemu sukcesów życiu właśnie się rozpoczyna.

Najpierw zaopatrz się w konieczne dla doświadczenia tej wielkiej przygody siły umysłowe i potężne, ukryte w tobie, moce wewnętrzne. Miej przy sobie książkę MYŚL I BOGAĆ SIĘ i niniejszy PORADNIK PODRĘCZNY oraz pewną liczbę kartek tekturowych formatu 8x12 cm.

Upewnij się też, czy dysponujesz jakimś spokojnym kątem, w którym mógłbyś w samotności zasiąść nad książką MYŚL I BOGAĆ SIĘ i PORADNIKIEM PODRĘCZNYM *zawsze o tej samej porze dnia.* Wystarczy ci na to pół godziny dziennie, cztery lub pięć dni w tygodniu — najważniejsze, żebyś się do tej pracy zabierał zawsze o tej samej porze. Powiadom rodzinę, że czas ten jest ci niezbędny do zbudowania w sobie trwałych podstaw twego życiowego sukcesu — służącego zarówno twemu dobru osobistemu, jak i dobru twoich bliskich. I nie ogranicz się do samych słów — udowodnij im, że traktujesz sprawę z najwyższą powagą. Wszyscy dzielący z tobą życie muszą sobie uświadomić, że traktujesz rzecz poważnie i że nie żartujesz twierdząc, że wkraczasz na drogę wiodącą do życiowego sukcesu.

Każdego dnia, zanim zaczniesz pracę nad nową zasadą sukcesu, poświęć kilka minut przypomnieniu sobie i utrwaleniu punktów, które już przerobiłeś, abyś nabrał pewności, że je w pełni zrozumiałeś i przyswoiłeś. Innymi słowy, nie możesz tylko biernie *wyczekiwać* postępów na drodze do upragnionych celów, masz się poddawać *sprawdzianowi* wykazującemu, czy jesteś na właściwej drodze do życiowego sukcesu.

Jak powiedział W. Clement Stone, stosując tę metodę możesz „...rozpalić w sobie do białości żądzę osiągnięcia celów, która dopomoże ci w uzyskaniu pomyślności i prawdziwych bogactw życia". Kiedy ci się to przydarzy, wtedy niezawodnie stwierdzisz, że twe żądze i marzenia przetwarzają się w namacalną rzeczywistość.

Twoja pierwsza CZYNNOŚĆ

Chciałbyś pewnie teraz nakreślić sobie w wyobraźni rodzaj mapy drogowej — szkicu ukazującego, w jakim kierunku wyruszasz oraz jakie „punkty charakterystyczne" w terenie będziesz mijał.

Zajrzyj do spisu treści książki MYŚL I BOGAĆ SIĘ , rozpoczynając od str. 5 (wszystkie strony mają odpowiednie odniesienie w niniejszym PORADNIKU).

Weź do ręki pióro lub ołówek i przejrzyj cały spis treści. Podkreśl w nim te wszystkie wyrazy i zdania, które wedle twego zdania dotyczą sytuacji, w jakiej się znajdujesz. Pomoże ci to nie tylko w nakreśleniu w wyobraźni owej „mapy drogowej", ale w dokładnym *wejrzeniu w samego siebie.* Nie ma takich dwóch osób, które podkreśliłyby dokładnie te same zdania i słowa.

Oto przykład podkreśleń w spisie rozdziału pierwszego — Myśl jest realną siłą:

Edison spojrzał mu w oczy... Szczęście puka do kuchennych drzwi... O człowieku, który przedwcześnie zrezygnował... Sukces sąsiaduje o miedzę z porażką... O dziecku, które zdobyło przewagę nad dorosłym... „TAK" ukryte za „NIE"... Dzięki cennemu pomysłowi osiągniesz sukces... Chcę tego i będę to miał... Poeta wypowiedział prawdę... Młody człowiek jasno widzi swój życiowy cel...

A oto co podkreślił w tym spisie ktoś inny:

Edison spojrzał mu w oczy... Szczęście puka do kuchennych drzwi... O człowieku, który przedwcześnie zrezygnował... Sukces sąsiaduje o miedzę z porażką... O dziecku, które zdobyło przewagę nad dorosłym... „TAK" ukryte za „NIE"... Dzięki cennemu pomysłowi osiągniesz sukces... Chcę tego i będę to miał... Poeta wypowiedział prawdę... Młody człowiek jasno widzi swój życiowy cel...

Po podkreśleniu zdań, które uznałeś za najbardziej bezpośrednio odnoszące się do ciebie, przejrzyj całą książkę kartkując ją strona po stronie. Odczytaj tytuły rozdziałów i podtytuły poszczególnych fragmentów (złożone tłustym drukiem). Jeśli zapragniesz któreś zdanie tam zawarte podkreślić, uczyń to bez wahania. Wielu z nas zainspirowały myśli, których nikt inny nie uwypukliłby przy czytaniu tej książki — ale to nie jest zwykła książka! Jest to osobisty przewodnik, który będzie ci służył przez całe życie i im więcej podkreślisz w nim wskazań zwróconych bezpośrednio do ciebie, im więcej notatek porobisz na marginesie, tym skuteczniej będzie cię wiódł do życiowego sukcesu.

Twoja druga CZYNNOŚĆ

Przeczytaj „Od wydawcy" na str. 9 oraz Przedmowę na str. 10. Przez cały czas trzymaj w ręku pióro lub ołówek, podkreślaj zdania, które uznasz za szczególnie ważne.

Teraz zrób przerwę i pomyśl

Wiesz już dużo o książce MYŚL I BOGAĆ SIĘ. Wiesz dlaczego jej tytuł jest tak trafny. Rozumiesz też, że książka MYŚL I BOGAĆ SIĘ zawiera w sobie wielką myśl — i że ta myśl wyłoni się z jej kart i stanie mocno u twego boku, kiedy będziesz już przysposobiony wewnętrznie na jej przyjęcie.

Ujrzałeś wyraźnie przedstawione przez Napoleona Hilla trzynaście kroków wiodących do bogactwa i zrozumiałeś, że każdy z tych kroków jest ściśle powiązany z pozostałymi *...tak jak każda sfera życia człowieka powiązana jest ze wszystkimi innymi jego sferami.*

Upewniłeś się też, że książka MYŚL I BOGAĆ SIĘ wraz z PORADNIKIEM PODRĘCZNYM mogą ci przynieść niezwykłe bogactwa w ciągu jednego roku!

Twoja trzecia CZYNNOŚĆ

Przeczytaj książkę MYŚL I BOGAĆ SIĘ. Ale tym razem przeczytaj ją w sposób szczególny. Niech każdy kolejny rozdział PORADNIKA PODRĘCZNEGO będzie dla ciebie przewodnikiem po tej książce. Podsunie ci sprawdzone wskazania, które w niezliczonych już przypadkach dowiodły swej skuteczności, przyniosły oczekiwane *rezultaty.*

Przeczytaj więc książkę MYŚL I BOGAĆ SIĘ rozdział po rozdziale, zgodnie ze wskazówkami zawartymi w PORADNIKU PODRĘCZNYM. I wykonuj wszystkie czynności zgodnie ze wskazówkami zawartymi w PORADNIKU PODRĘCZNYM.

Podkreślaj

W całej książce podkreślaj (lub wypisuj sobie) wszystkie zdania i słowa, które mają dla ciebie szczególne znaczenie.

Wiele osób dołącza do tej książki dodatkowe kartki, często przyklejając je do tych stron, których dotyczą. Możesz w ten sposób uzupełniać własnymi komentarzami, sprawdzonymi w twoim życiu doświadczeniami i wszystkim, czego się nauczyłeś i co uznajesz za ważne dla CIEBIE.

Równocześnie sporządzaj notatki w PORADNIKU PODRĘCZNYM. Pozostawiono na nie miejsce na szerokim lewym marginesie każdej stronicy, a w tekście znajdziesz wskazówki, jak formułować te zapiski w sposób najbardziej osobisty (i dyskretny).

Jesteś więc już gotów do dzieła. Przeznacz na jego dokonanie tyle czasu, ile się okaże potrzebne. Myśl o tym co czytasz. Czytaj zgodnie z rytmem twych myśli.

Przeczytaj *Myśl jest realną siłą*, poczynając od str. 15 w książce *MYŚL I BOGAĆ SIĘ*.

ODCZYTAJ DWA OSTATNIE AKAPITY TEGO ROZDZIAŁU u góry str. 27, ale nie czytaj „WNIOSKÓW POD ROZWAGĘ" — jeszcze do nich wrócimy. Podkreśl lub wypisz je sobie, uzupełnij własnymi notatkami jeśli sobie tego życzysz. Nie poprzestawaj tylko na tym, co mówi sama książka. Możesz w nią wpisywać to, co *ty* myślisz, jak *ty* przyjmujesz zawarty w niej materiał.

W trakcie czytania zwróć uwagę na te śródtytuły, które uprzednio przy pierwszym czytaniu podkreśliłeś. Może teraz, przy ponownym czytaniu zmienisz zdanie o niektórych, które wtedy uwypukliłeś. Zmień te opinie bez oporu. To *twój punkt widzenia* uległ zmianie. I podkreślaj w tekście książki każdy wyraz, każde zdanie, każdy akapit, który uznasz za ważny dla CIEBIE.

Wiesz już teraz, że „myśli są realną siłą" i że wiążą się w sposób nierozerwalny z określonym zdecydowanym działaniem; i wiesz, że myśl musi poprzedzać działanie. Wiesz już, w jaki sposób myśl o sukcesie — sukcesie w bardzo szczególnej dziedzinie, której się poświęcił — wyniosła w górę Edwina C. Barnesa, że nie przeszkodził mu w tym ani brak pieniędzy, ani wygląd włóczęgi. I wiesz, że odmienny kierunek myśli — myśl o porażce — sprawił, że człowiek nazwiskiem Darby stracił nieopisaną obfitość złota, do którego nie zdołał się dokopać. Znasz też historię o dziecku, które pokierowało dorosłym i uzyskało odeń pięćdziesiąt centów. Zaczynasz więc już rozumieć, co to znaczy naprawdę skoncentrować się na wybranym celu.

Zakończyłeś już odczytywanie dwóch ostatnich akapitów rozdziału pierwszego na str. 27. Dobrze. Zanim przeczytasz tę stronę do końca — za chwilę — wypisz na jednej z pustych stronic niniejszego PORADNIKA krótkie streszczenie głównych myśli tego rozdziału. Nie staraj się odgadywać, co myślał autor. Spisz to, co TY uważasz za najważniejszą treść tego rozdziału; staraj się być zwięzły, niech to streszczenie zmieści się w stu słowach. Zrób to starannie i zatytułuj wyraźnie: *Moje wnioski pod rozwagę* — *patrz str. 27.*

Wbij sobie do głowy, że nic, co podkreślasz w książce MYŚL I BOGAĆ SIĘ, ani też w notatkach, którymi ją opatrujesz, ani wreszcie w *twoich* Wnioskach pod rozwagę nie jest ani *właściwe* ani *niewłaściwe.* Ktoś na przykład może zanotować, w związku z historią o Darbym: „Kopalnictwo jest ryzykownym przedsięwzięciem", a ktoś inny: „Jeśli w jakiejś sprawie potrzebna jest opinia specjalisty, zwróć się o nią, każda twoja decyzja powinna być wsparta zdaniem eksperta". I oba te zdania są słuszne. Ciekawe natomiast jest porównanie tych dwóch punktów widzenia. Porównanie twojej oceny historii Darby'ego (jeśli oczywiście uznałeś ją za ważny moment w tym rozdziale) z innymi jej interpretacjami, także mogłoby być interesujące.

Kiedy już spisałeś własne Wnioski pod rozwagę, ale rzeczywiście dopiero po ich napisaniu, przeczytaj Wnioski sformułowane przez doktora Hilla na str. 27. Zwróć uwagę, które z twoich punktów zgodne są z jego punktami, a w których się z nim nie zgadzasz. Porównaj to, co ty uwypukliłeś, a on opuścił, i na odwrót. Jeśli rozminąłeś się z nim całkowicie, zastanów się nad tym. Nie uznawaj, że jesteś w błędzie, ale nad tym pomyśl.

Zestaw z sobą twoje Wnioski pod rozwagę z wnioskami uwypuklonymi przez doktora Hilla. Opierając się na tych punktach, podejmij bardzo interesującą i płodną myślowo procedurę: każdemu z tych wniosków nadaj formę pytania skierowanego do samego siebie.

Przeprowadzając tę operację stosuj te najdawniejsze środki, jakimi posługuje się umysł badawczy, a jakimi są słowa zapytujące: KTO, CO, KIEDY, GDZIE, DLACZEGO i JAK. Możesz, na przykład postawić sobie pytanie:

KIEDY i GDZIE pokonałem jakąś poważną przeszkodę, z powodu gorącej żądzy osiągnięcia celu?

JAK to się stało, że z czegoś się wycofałem? CO mogło być ewentualnym wyjściem?

Albo też:

KTO skorzystał na mej zdolności do przekazywania mojej wiary innym ludziom?

Być może te pytania nie będą ci odpowiadały. Sformułuj pytania własne. Poszukując kwestii, o które chcesz sam siebie zapytać, kwestii kluczowych dla twojego ewentualnego sukcesu życiowego, *przebadaj swe wnętrze*, przywołaj w pamięci wszystkie wspomnienia o odniesionych sukcesach, zdobytych nagrodach, udanych przedsięwzięciach.

Więkoszość z nas odniosła w życiu znacznie więcej sukcesów niż myśli. Dzieje się tak dlatego, że skutki tych sukcesów ulegają często rozproszeniu, nie przynoszą trwałych rezultatów, które byśmy zapamiętali. Ale kiedy analizujesz doświadczenia swego życia, wydobywasz z dna pamięci wszystkie wspomnienia o sukcesie. I stwierdzasz, iż wielokrotnie uzyskiwałeś przewagę nad samym sobą, nad swym położeniem, nad wydarzeniami zewnętrznymi, a także nad umysłami i sercami innych ludzi. Tak, proszę pana, czy też pani, jest pan, czy też pani, wciąż tą samą osobą! I ta osoba przystępuje do *zebrania* w sobie sił, które czynią ludzi bogatymi.

A teraz zwróć uwagę na kluczowe zdanie Napoleona Hilla:

> *„Kiedy zaczynasz myśleć o bogactwie i przysposabiać się do niego, stwierdzasz, że bogactwa zaczynają się od uczucia, że usunięte zostały bariery, od uczucia wewnętrznej pewności, że ZNALAZŁEŚ SIĘ NA WŁAŚCIWEJ DRODZE wiodącej do bogactwa..."*

Kiedy już będziesz przygotowany do powrotu do książki Hilla,

Przeczytaj *Pierwszy krok do bogactwa: Żądza bogactwa*, str. 28.

PRZECZYTAJ DWA OSTATNIE AKAPITY TEGO ROZDZIAŁU NA STR. 41, ALE NIE CZYTAJ TERAZ WNIOSKÓW POD ROZWAGĘ. Podkreślaj zdania i wyrazy w trakcie czytania, sporządzaj sobie notatki na marginesach lub oddzielnej kartce papieru, którą wkleisz do książki.

Znów sprawdź, które podtytuły podkreśliłeś przy pierwszym czytaniu i znów być może zmienisz zdanie co do niektórych.

Wyczytałeś w książce, że Edwin C. Barnes wykluczył możliwość porażki i dlatego posunął się naprzód w swych dążeniach. Przeczytałeś wykaz sześciu kroków wiodących od żądzy bogactwa do pieniędzy i o ludziach, którzy swą żądzą przesycają wszystkie marzenia, co sprawia, że stają się one rzeczywistością. Przekonałeś się, że wielu ludzi, którym się powiodło, zaczynało od zera, ale nie ustawali oni w swych dążeniach.

Przeczytałeś historię syna Napoleona Hilla, który „nie mógł słyszeć" aż do chwili, w której jego żądza uzyskania zdolności słyszenia i wytrwałość przełamały barierę fizyczną.

Nie sięgając teraz po tekst książki, przeprowadź skromny test dotyczący sławnych Sześciu Kroków doktora Hilla Wiodących od Żądzy Bogactwa do Pieniędzy. Test ten polega na wpisaniu brakujących liter do wypisanych tu wyrazów:

Sześć kroków wiodących od żądzy bogactwa do zdobycia pieniędzy

1. Ustal sobie *d__ą s__ę pieniędzy,* której pożądasz.
2. Określ sobie dokładnie, co zamierzasz *d__ć* z siebie w zamian za p____e których pożądasz.
3. Wyznacz dokładną d__ę osiągnięcia p____y, których łakniesz.
4. Opracuj dokładny p__n realizacji swej żądzy i przystąp *od razu* do jego *r_____i.*
5. Napisz sobie jasne, zwięzłe o_____e określające sumę p____y, którą zamierzasz zdobyć, t__n, w którym musisz tego dokonać, zobowiązania dotyczące tego, co zamierzasz d__ć z siebie w zamian za te pieniądze i przedstaw w nim jasno p__n prowadzący do zdobycia tych p____y.
6. Odczytuj sobie to oświadczenie na głos d__a r__y d____e, raz przed snem, drugi raz — rano po przebudzeniu. W trakcie czytania czuj się i zachowuj, jakbyś w____ł, że już te p____e zdobyłeś.

Te sześć punktów postawi przed tobą pytanie: co powinieneś zrobić, kiedy spotykasz się z zaleceniami zawartymi w książce MYŚL I BOGAĆ SIĘ , a nie w PORADNIKU PODRĘCZNYM.

W takim wypadku stosuj się do zaleceń doktora Hilla, niezależnie od tego, że PORADNIK PODRĘCZNY mówi coś innego. W każdym razie wykonuj polecenia zawarte w punkcie dotyczącym kroku szóstego, na str. 31 książki MYŚL I BOGAĆ

SIĘ. *Zalecenia te nakażą ci zachowywać się w sposób będący jedną z najdonioślejszych czynności twego życia.*

Następnym krokiem będzie przygotowanie twych własnych Wniosków pod rozwagę zaczerpniętych z tego rozdziału, w taki sam sposób, w jaki je wydobyłeś z rozdziału poprzedniego. Znów bądź zwięzły. Przekonaj się, ile treści zawrzeć można w kilku słowach. To cenne doświadczenie! Pamiętaj, żeby te ważne punkty podkreślać nie według domysłów co do tego, które by wybrał doktor Hill. Wybieraj punkty, które TY uważasz za ważne. Wyrażaj je własnymi słowami. Wynotuj swoje Wnioski pod rozwagę na kartkach.

Kiedy uporasz się z własnymi Wnioskami pod rozwagę, przeczytaj Wnioski pod rozwagę wynotowane z tego rozdziału przez doktora Hilla na str. 41. Sprawdź tak jak poprzednio, z którymi się zgadzasz, a z którymi nie zgadzasz, co opuściłeś z treści, które doktor Hill podkreślił. I zastanów się nad tym.

A potem sięgnij znów po te wielce użyteczne słowa, które zadadzą ci pytania: KTO, DLACZEGO, CO, KIEDY, GDZIE oraz JAK. Przeformułuj wnioski ze str. 41 w pytania skierowane do samego siebie; na tych pytaniach sprawdzisz swą zdolność udzielania odpowiedzi. Zauważysz pewną zbieżność z pytaniami wynikającymi z rozdziału poprzedniego; jest to zbieżność zamierzona, mająca na celu ugruntować twą wiedzę o sobie i dopomóc ci w wytrwalszym i wnikliwszym wyszukiwaniu w magmie twej pamięci wspomnień i zdolności oraz ukrytych talentów, które się składają na CIEBIE.

Sformułuj przynajmniej dwa pytania związane z Sześcioma Krokami. Wielokrotnie w życiu, choćby przez krótki czas, zachowywałeś się jakbyś oczekiwał od życia, że cię potraktuje jak księcia. Przypomnij sobie te chwile. Wiedz, że TY jesteś nadal tym samym SOBĄ. Tamte uczucia powrócą, a wraz z nimi — najpierw na krótki moment, potem na całe lata — powróci *wiara w siebie,* która jest owocem takich uczuć. Zwróć uwagę na następującą kluczową myśl: „Nikt nie jest gotów na przyjęcie żadnej rzeczy, dopóki nie UWIERZY, że może ją osiągnąć. Stanem jego umysłu musi być WIARA, nie powierzchowna nadzieja czy pragnienie".

Kiedy przyswoisz sobie treść tego rozdziału, kiedy zrozumiesz ważną lekcję, jaką w sobie zawiera, wróć do książki i...

Przeczytaj *Drugi krok do bogactwa: Wiara w siebie, str. 42.*

CZYTAJ WEDŁUG WŁASNEGO RYTMU, Z UWAGĄ, czytaj z ołówkiem lub piórem w ręku, aż do zakończenia na str. 57. Ale nie czytaj jeszcze Wniosków pod rozwagę na str. 58. Podkreślaj wyrazy i zdania. Zaznaczaj klamrą na marginesie całe akapity, kiedy stwierdzasz, że mówią o TOBIE. Zmieniaj wszystkie uprzednio dokonane podkreślenia, jeśli patrzysz dziś na te sprawy z innego punktu widzenia.

Przeczytałeś o wierze, głównym chemiku myślenia, który do twoich myśli dodaje potężne katalizatory, które wielokrotnie wzmacniają ich siłę. Wiara ta czeka na ciebie i nie jest to dar dostępny jedynie wybranym. Metoda wydawania poleceń twemu myśleniu podświadomemu, której się szybko nauczysz, jest sprawdzoną drogą do nabrania wiary i do jej wykorzystywania dla przetwarzania twych myśli w ich fizyczne odpowiedniki.

Aby myśli o dobrobycie przetworzyć w rzeczywisty dobrobyt — by przemienić myśli o życiu sowicie nagrodzonym dobrobytem w prawdziwe życie opływające w dostatki — nie trzeba wierzyć w szczęście. Nie wierz w „uśmiech" losu — jest to tylko urzeczywistnienie nagrody, na którą zasłużyłeś. Nie wierz też w żaden „pech" — ubóstwo i życiowe klęski spowodowane niewiarą spadają na człowieka, którego myślenie podświadome w istocie ich pragnie.

Rozdział ten doprowadził cię do odkrycia magnetycznej siły uczuć; dowiedziałeś się, w jaki sposób przyciągają one pokrewne myśli (bardzo pomocne w tworzeniu planów i sposobów działania). Zapoznałeś się z pięcioma drogami wiodącymi do uzyskania wiary w siebie i jestem pewien, że czwarty z nich przypomniał ci o ważnym znaczeniu *spisania* na papierze twego *głównego celu życiowego.*

Zatytułuj teraz stronicę przeznaczoną na własne notatki tak: *Pięć dróg wiodących do uzyskania wiary w siebie, przedstawionych moimi własnymi słowami.* Przeczytaj pięć dróg sformułowanych przez doktora Hilla na str. 46 w książce MYŚL I BOGAĆ SIĘ. Każdy z tych punktów przedstaw własnymi słowami. Spisuj je dla siebie; nikt inny nie będzie oglądał twego egzemplarza PORADNIKA PODRĘCZNEGO — ani twojego egzemplarza książki MYŚL I BOGAĆ SIĘ, uzupełnionego twoimi notatkami.

Rozdział ten zawiera wiersz, który powinieneś przenieść na karty PORADNIKA PODRĘCZNEGO. Oto on:

Jeśli *myślisz,* żeś pokonany, będziesz pokonany.
Jeśli *myślisz,* że się nie poważysz na coś, tak też będzie,
Jeśli chciałbyś zwyciężyć, ale *myślisz,* że ci się nie uda,
Prawie na pewno przegrasz.

Jeśli *myślisz,* że przegrasz, jużeś przegrał,
Bo na świecie, w którym żyjemy,
Sukces bierze się z woli człowieka —
Cały tkwi w jego *nastawieniu umysłowym.*

Jeśli *myślisz,* że się zdeklasujesz, jużeś zdeklasowany,
Masz *myśleć* śmiało, by się podnieść,
Masz być *pewny siebie,* zanim
Kiedykolwiek zdobędziesz nagrodę.

Zwycięstwa w życiu nie zawsze należą
Do ludzi silniejszych i szybszych,
Prędzej czy później zwycięża ten,
Kto MYŚLI, ŻE CHCE ZWYCIĘŻYĆ.

Przeczytałeś też w tym rozdziale wspaniałą historię o Abrahamie Lincolnie, który „knocił wszystko czego się imał", aż w końcu odniósł świetne zwycięstwo. Tak, w książce na temat *bogactw* znalazłeś historię o potędze miłości... i mam nadzieję, że doceniłeś związek, jaki między nimi zachodzi. W końcu zetknąłeś się z historią Charlesa M. Schwaba i dalekosiężnych skutków jego mowy, która to historia przekonała cię, że *bogactwa biorą początek z ludzkiego wnętrza.*

Teraz więc spisz swe własne Wnioski pod rozwagę, wynikające z tego rozdziału. Nic nie wynotowuj z historii o Charlesie M. Schwabie. Czas cię nagli do zwięzłości!

Po spisaniu własnych Wniosków pod rozwagę porównaj je z wnioskami doktora Hilla na str. 58.

Porównaj. I zastanów się nad różnicami.

Znów sięgnij po wyrazy KTO, DLACZEGO, CO, KIEDY, GDZIE oraz JAK, by Wnioski doktora Hilla przeformułować w pytania zwrócone pod twoim adresem. Przynajmniej dwa z nich sformułuj w ten sposób, by miały ściśle osobisty charakter i dotyczyły Pięciu Dróg Wiodących do wyrobienia wiary w siebie. Wiary w siebie wobec KOGO, wiary w siebie DLACZEGO możliwej, wiary w siebie okazywanej GDZIE i KIEDY, oraz w JAKI sposób?

Zanotuj sobie następujące stwierdzenie:

Człowiek w końcu uwierzy w coś, co sobie wytrwale powtarza, niezależnie od tego, czy to coś jest prawdą, czy fałszem. Jeśli człowiek będzie w siebie uporczywie wmawiał jakieś kłamstwo, w końcu przyjmie je za prawdę. Człowiek staje się tym, kim jest za sprawą myśli, którym pozwala zapanować nad swym umysłem.

Skoro już zrozumiałeś Drugi krok do bogactwa, weź na powrót do ręki książkę MYŚL I BOGAĆ SIĘ ...

Przeczytaj *Trzeci krok do bogactwa: Autosugestia*, str. 59.

Przeczytaj ten rozdział do końca, z wyjątkiem Wniosków pod rozwagę, te zostaw na później. Wiesz już, jak postępować, aby uczynić tę książkę *twoją własną:*

podkreślaj wybrane odpowiedzi,
zaznaczaj całe fragmenty,
sporządzaj własne notatki.

Stosuj któryś z tych sposobów albo wszystkie na raz! I zmieniaj w toku pracy nad tą książką wnioski, które szczególnie uwypuklasz.

Kiedy zaczynasz przyswajać sobie filozofię zawartą w tej książce, twój umysł staje się podobny do żyznego ogrodu. Ale rośliny rozwijają się bujnie w żyznym ogrodzie dopiero wtedy, gdy się je właściwie pielęgnuje. A tym właściwym pielęgnowaniem umysłu jest siła autosugestii.

Myślenie podświadome przyjmuje wszelkie polecenia z całkowitym zaufaniem i ściśle je wypełnia. Ale aby te polecenia zapuściły korzenie, muszą być stale powtarzane.

Przekonaj swe podświadome myślenie, że musisz zdobyć tę sumę pieniędzy, jaką sobie wyobraziłeś, i że suma ta już na ciebie czeka. Będziesz mógł być wtedy absolutnie pewien swego podświadomego myślenia (niektórzy ludzie nie są w stanie osiągnąć bogactwa, ponieważ nie umieją wytworzyć w sobie podświadomej wiary, że pieniądze *spoczywają* już w ich kieszeni). Wyobraź sobie siebie jako posiadacza tych pieniędzy, wykonującego usługę lub dostarczającego towar, za który stanowią one należne ci wynagrodzenie.

Przeczytaj uważnie trzy kroki autosugestii, które pozwolą ci wydawać zdecydowane rozkazy twemu myśleniu podświadomemu. Przekonasz się jak dokładnie wymieszają się z sześcioma krokami podanymi w rozdziale drugim. Nie wracając do tych trzech kroków poddaj się następującemu quizowi: zaznaczaj miejsca przeznaczone na TAK lub NIE przy każdym pytaniu.

Czy twoje pisemne oświadczenie powinno ci pozostawić jakieś „wyjście", to znaczy, czy powinno być tak sformułowane, że owa suma pieniędzy, jakiej pożądasz, stanie się twym udziałem „jeśli wszystko pójdzie dobrze", albo coś w tym rodzaju?

( )Tak ( )Nie

Czy twoje pisemne oświadczenie powinno zawierać określony termin zdobycia przez ciebie tych pieniędzy?

( )Tak ( )Nie

Czy będziesz liczył na wygraną na loterii, czy będziesz od tego uzależniać uzyskanie tych pieniędzy?

( )Tak ( )Nie

Czy będziesz uzyskiwał te pieniądze dzięki świadczeniu usług i sprzedawaniu towarów ludziom ci życzliwym?

( )Tak ( )Nie

Czy powstrzymałbyś się od spisania tego oświadczenia na papierze, gdybyś był pewien, że nauczysz się go na pamięć?

( )Tak ( )Nie

Prawidłowe odpowiedzi powinny brzmieć kolejno: Nie — Tak — Nie — Tak — Nie. Jeśli któraś z twych odpowiedzi była nieprawidłowa, przeczytaj ponownie cały rozdział i rozdział drugi.

A teraz wypisz twoje Wnioski pod rozwagę z tego krótkiego, lecz ważnego rozdziału. Potem przeczytaj Wnioski pod rozwagę wypisane przez doktora Hilla na str. 64 i porównaj z wnioskami własnymi. Przeznacz trochę czasu na przemyślenia. Jeśli to się okaże potrzebne, poświęć też trochę czasu na ponowne przeczytanie rozdziału.

I postaw sobie pytania: CO? GDZIE? DLACZEGO? KIEDY? KTO? JAK? Zastanów się zwłaszcza nad sytuacjami, w których traciłeś sprzyjające okazje, ponieważ zwlekałeś z przystąpieniem do działania. I — CO JESZCZE WAŻNIEJSZE — zastanów się nad sytuacjami, w których decydowałeś się na akcję nie uciekając się do wybiegów słownych i przełamywałeś trudności.

Uważnie przeczytaj, przemyśl i zapamiętaj na całe życie ten oto główny wniosek:

Natura stworzyła człowieka w taki sposób, że sprawuje on całkowitą kontrolę nad poleceniami wydawanymi swemu myśleniu podświadomemu.

Kiedy już całkowicie przetrawisz w myślach ten rozdział, weź do ręki książkę i...

Przeczytaj *Czwarty krok do bogactwa: Wiedza fachowa*, str. 66.

Czytaj go z ołówkiem lub piórem w ręku, podkreślając i zaznaczając wszystko, co się TOBIE wydaje ważne i sporządzając odpowiednie notatki. Proces pracy nad tekstem książki powinien już być jasny. Możesz też już polegać na twej umiejętności wybierania z tekstu książki miejsc najbardziej znaczących. Oczywiście, że są to umiejętności różne u różnych ludzi; stanowią istotną cząstkę CIEBIE.

Dzięki temu rozdziałowi opanujesz pewną umiejętność, której brakuje wielu ludziom; *wszelka wiedza jest potencjalną siłą*, ale *ogólna* wiedza musi być zorganizowana, wsparta wiedzą *specjalistyczną* i określonym planem działania.

Przekonałeś się już raz na zawsze, że nauczanie szkolne jest tylko źródłem wiedzy. Zapewne chichotałeś nad opowieścią doktora Hilla o lekcji, jaką sam odebrał zapisując się w młodości na kurs korespondencyjny i opłacając go pod przymusem. Masz też już wyobrażenie o mękach, jakie trzeba przebyć, by znaleźć sobie właściwe zajęcie.

Odpowiedz Tak lub Nie:

Czy samouk, który odebrał tylko podstawowe wykształcenie, zawsze zbija większe pieniądze od człowieka dobrze wykształconego?

( )Tak ( )Nie

Jeśli odpowiedziałeś Tak, przeczytaj ponownie ten rozdział. Przesłaniem tego rozdziału nie jest rozstrzyganie, czy lepiej być dobrze wykształconym, czy też nie mieć wykształcenia. Przesłaniem tego rozdziału jest teza, że powinno się zdobywać wiedzę, której się potrzebuje i wykorzystywać ją w określonym celu.

Człowiek powinien skutecznie i celowo uzupełniać swą wiedzę jeszcze długo po ukończeniu powszechnie obowiązującego szkolnego wykształcenia. Samodyscyplina wynikająca ze ściśle sprecyzowanego programu studiów specjalistycznych przynosi większą satysfakcję z wiedzy niż może ją dać wiedza zdobyta bez wysiłku. Wcale nie musisz być ostatni z tego powodu, że uczysz się nadal w wieku dojrzałym, jeśli uczysz się dokładnie tego, czego powinieneś się nauczyć — i co jest częścią twego spisanego planu zdobycia określonej sumy pieniędzy w określony sposób.

Przeczytaj ponownie wykaz pięciu źródeł wiedzy sporządzony przez doktora Hilla na str. 69. Spytaj sam siebie, z ilu tych źródeł już korzystałeś lub korzystasz. *Wskazówki zawarte w tym rozdziale mogą skrócić twój okres terminowania w zawodzie o dziesięć lat.*

Spisz pokrótce własne Wnioski pod rozwagę.

Porównaj je z Wnioskami pod rozwagę doktora Hilla na str. 78. Przemyśl wyniki tego porównania.

Postaw sobie dociekliwe pytania oparte na Wnioskach doktora Hilla ze str. 78. Teraz możesz już próbować oderwać się od pytań ściśle osobistych. Na przykład zamiast pytać jedynie: *KIEDY skorzystałem z wiedzy wynikającej z doświadczenia* — możesz zadać sobie pytanie: *KTO z moich przyjaciół skorzystał z wiedzy uzyskanej z doświadczenia i JAK tego dokonał?* Pora już, byś nie poprzestawał na doświadczeniu własnym i wyciągnął nauki z doświadczeń innych ludzi.

Wbij sobie głęboko w pamięć następujące kluczowe stwierdzenie: *„Słabą stroną" wykształcenia jest częsta nieumiejętność nauczycieli wskazania uczniom sposobu, w jaki powinni oni organizować swą wiedzę i stosować ją.*

Kiedy uznasz, że jesteś już na to przygotowany,

Przeczytaj *Piąty krok do bogactwa: Wyobraźnia*, str. 80.

Z piórem lub ołówkiem w dłoni doczytaj ten rozdział do końca, do Wniosków pod rozwagę.

Wiesz już teraz, że wyobraźnia może być syntetyzująca lub też twórcza. Każdy rodzaj wyobraźni działa dla twego dobra, ale każdy działa na swój sposób. Jedyne ograniczenia umysłowe, jakim podlega człowiek, polegają na stopniu rozwoju i sposobie wykorzystywania jego wyobraźni. A poprzez naszą wyobraźnię, poprzez nasze impulsy myślowe wsparte wyobraźnią, myślenie nasze wchodzi w kontakt z energią, która wprawia w ruch cały wszechświat; możemy dzięki temu postępować zgodnie z rządzącymi nim prawami, a te niezmienne prawa są nieocenioną pomocą w kształtowaniu godnego życia i zdobywaniu fortuny.

Historia Coca-Coli — od mikstury przyrządzonej w miedzianym kociołku do przedsiębiorstwa ogarniającego cały świat — unaocznia ci, co się dzieje, kiedy Pomysł wsparty zostaje Żądzą i człowiek zabiera się do dzieła. Historia filozofa kaznodziei, który zabiegał o milion dolarów i uzyskał go, jest dalszym potwierdzeniem potęgi wizualizacji celu, do którego dążymy.

Z tego rozdziału książki MYŚL I BOGAĆ SIĘ i z innych jej fragmentów wynika jasno, że za każdym „dobrym natchnieniem" tkwi coś jeszcze; i że umysł każdego człowieka władny jest zarządzać tymi samymi, nieuniknionymi siłami, tym czymś *wszechobecnym*.

Kiedy już przeczytasz ten rozdział — i kiedy podkreślisz sobie te jego części lub sformułowania, które wydadzą ci się ważniejsze od innych — spisz swoje własne Wnioski pod rozwagę.

Porównaj te swoje Wnioski pod rozwagę z Wnioskami doktora Hilla na str. 90.

Czy wpadłeś w jakiś istotny konflikt z opiniami doktora Hilla? Zawsze zastanów się nad tym przez chwilę i uświadom sobie ten konflikt, jeśli naprawdę powstanie — bo to będzie pomocne w poznawaniu samego siebie.

Użyj Wniosków pod rozwagę doktora Hilla jako podstawy do sformułowania pytań. Niech twoje pytania obejmują coraz większy zasięg problemów, niech podejmują wszystkie sugestie, zawarte we wnioskach doktora Hilla, niech dotrą do kresu twych możliwości znajdywania odpowiedzi.

Zakonotuj sobie w pamięci tę oto myśl: *Wszystkie „natchnienia", których będziesz w życiu potrzebował, tkwią utajone w twym wnętrzu.*

Kiedy już przyswoisz sobie wszystkie myśli zawarte w tym rozdziale — a jest to rozdział wypełniony treściami — i wynotujesz sobie wszystkie istotne, wynikające z nich wnioski, będziesz gotów do zagłębienia się w kolejny rozdział. Otwórz wtedy książkę i...

Przeczytaj *Szósty krok do bogactwa: Zaplanowane działanie*, str. 91.

Jest to rozdział długi. Tak go zaplanowano, by objął wszystkie kwestie wymagające przedyskutowania. Zastosujemy nieco inną procedurę przyswajania wszystkich lekcji zawartych w tym rozdziale na temat zaplanowanego działania.

Wyposażony w ołówek lub pióro, którym podkreślasz, zakreślasz poszczególne sformułowania w książce MYŚL I BOGAĆ SIĘ i sporządzasz własne notatki, czytaj ten rozdział aż do początku quizu na str. 115. Zapoznałeś się z nim już przy wstępnej lekturze książki; teraz już nie odczytuj tego quizu, ale „przeskocz" na przedostatnią stronę rozdziału i tam przerwij lekturę. Rozdział zaczyna się od charakterystyki zasady „trustu mózgów". Ta ważna zasada będzie ponownie analizowana w rozdziale *Dziewiąty krok do bogactwa*. Na razie niech utkwi w twej pamięci teza, że „nikt w pojedynkę nie rozporządza doświadczeniem, wykształceniem, wrodzonymi zdolnościami ani wiedzą dostateczną na tyle, by zapewnić sobie zdobycie fortuny bez współpracy z innymi ludźmi".

Stwierdzenie to nic nie odbiera zasadniczej niezależności jednostki uprawnionej do samodzielnego odnajdywania najodpowiedniejszej dlań drogi do pomyślności życiowej. Odzwierciedla ono jedynie fakt, że nie żyjemy na świecie sami.

Porażka życiowa? A cóż to takiego? Staraj się ją wykorzystać dla wzmocnienia swych szans na sukces. Porażka jest tylko sygnałem, że trzeba podjąć na nowo próbę dokonania czegoś, a nie rezygnować z tego. Jeśli w twoim rozumieniu porażka jest zwiastunem Końca, nie wyciągasz właściwych wniosków z doświadczeń. Rezygnujący nigdy nie wygrywa. A zwycięzca nigdy się nie załamuje.

Na str. 95 znalazłeś „Jedenaście sekretów przywództwa". Zatrzymaj się jeszcze przy tej stronicy, odczytaj sobie uważnie listę tych sekretów. Zastanów się nad nimi. Przymierz każdy z tych jedenastu punktów do siebie, postaw się w sytuacji przywódcy, który ma ocenić, w jakim stopniu kolejne sekrety opanował. Oceniaj się w skali od jednego do pięciu. Jeśli z samokontroli postawisz sobie pałę, jedynkę, oznaczać to będzie, że w ogóle pozbawiony jesteś samokontroli. Jeśli się ocenisz na piątkę, będzie to znaczyło, że twoja samokontrola jest niemal doskonała. Stawiaj sobie te stopnie uważnie; pamiętaj, że tworzysz w ten sposób bardzo osobisty wizerunek własny i zarazem bardzo osobisty przewodnik do TWOJEGO sukcesu życiowego. Pamiętaj, że w następnych latach będziesz powracał do tej cenzurki i że wciąż na nowo będziesz na niej wypisywał sobie oceny.

	1	2	3	4	5
NIEZACHWIANA ODWAGA					
SAMOKONTROLA					
UGRUNTOWANE POCZUCIE SPRAWIEDLIWOŚCI					
STAŁOŚĆ DECYZJI					
KONKRETNE PLANY					
WKŁAD PRACY WIĘKSZY OD WYNAGRODZENIA					
OSOBISTY UROK					
ŻYCZLIWOŚĆ I ZDOLNOŚĆ ROZUMIENIA INNYCH					
MISTRZOSTWO W SZCZEGÓŁACH					
GOTOWOŚĆ PONOSZENIA PEŁNEJ ODPOWIEDZIALNOŚCI					
KOOPERATYWNOŚĆ					

Przeczytaj też uważnie wykaz dziesięciu przyczyn na str. 96, z powodu których „przywódcy ponoszą klęski”. A następnie przypatrz się uważnie każdej z tych przyczyn (takiej jak na przykład Niezdolność do ustalenia szczegółów) i komentarzom, jakimi je opatruje doktor Hill. Tym sposobem niezdolność do dopracowania szczegółów — stwierdzona wyraźnie — staje się zobowiązaniem: „Mogę i podejmę wysiłki niezbędne do określenia i wypełnienia obowiązków lub dostarczenia przedmiotów lub przeznaczenia odpowiedniej ilości czasu czy wreszcie podjęcia wszelkich koniecznych zabiegów, których wymaga zorganizowane działanie”. Używaj własnego języka, zwracając się do SAMEGO SIEBIE.

Fragment dotyczący „Pięciu sposobów zdobycia dobrej pracy” na str. 100 może cię bezpośrednio nie dotyczyć. Ale przeczytaj go mimo to, ponieważ człowiek mający zalety przywódcze często pomaga innym w znajdywaniu odpowiadającej im pracy. Z tego samego powodu uważnie przeczytaj zalecenia dotyczące przygotowywania résumé.

To samo odnosi się do siedmiu kroków na str. 104, dotyczących sposobu znajdowania pracy, która ci odpowiada. Możesz już mieć taką pracę, ale zawsze może się zdarzyć, że będziesz chciał komuś dopomóc w uzyskaniu dobrej posady. Może też być tak, że — z punktu widzenia określonego przez te siedem kryteriów — ktoś, z kim pracujesz, będzie potrzebował twej rady lub też, że ktoś, *dla* kogo pracujesz, czyni twą pracę niezgodną z wymaganiami tam określonymi. Praca TOBIE odpowiadająca jest niezmiernie istotną sprawą w twym życiu. Wszyscy pracujący, a także wszyscy pracodawcy zatrudniający innych ludzi, powinni zwrócić szczególną uwagę na punkt piąty! Skup się na tym, co możesz *dać* innym. Ten czynnik może stać się kluczowy dla osiągnięcia sukcesu przez wielu ludzi.

Powiąż go z formułą „JSK" na str. 106. Wpisz do książki, zaraz obok tej formuły naleganie Andrew Carnegiego, by pracować z ludźmi, którzy umieją współdziałać z innymi w harmonijnym duchu. Także Henry Ford — jako jeden z wielu ludzi sukcesu, którzy dają zatrudnienie tysiącom innych — doceniał wagę harmonijnych stosunków międzyludzkich. Mawiał, że lepiej opłaca zdolność do współżycia z ludźmi niż jakąkolwiek inną umiejętność. Charles M. Schwab słynął ze swych talentów w kierowaniu innymi.

Na str. 109 znajdziesz sporządzoną przez doktora Hilla listę Trzydziestu Jeden Przyczyn Przegranej. Doktor Hill zaleca: „Byłoby rzeczą pożyteczną, gdybyś mógł poprosić kogoś, kto cię dobrze zna, aby przestudiował wraz z tobą tę listę i pomógł ci przemyśleć te trzydzieści jeden przyczyn życiowej klęski. Możesz też przeprowadzić ich analizę samodzielnie". Uczyń tak. I zrób coś więcej: każdą z podanych przyczyn przegranej — Nieszczęśliwe dziedzictwo, Brak wyraźnie określonego celu w życiu, itd. wpisz na kartce papieru przedzielonej na pół, pod jednym z podanych tu nagłówków. Sporządzisz w ten sposób dwie listy.

Oto one:

Dotyczy mnie	Nie dotyczy mnie

Sporządź tę listę z rozważnym namysłem. Po jej zakończeniu przypatrz się wszystkim przyczynom prowadzącym do klęski jakie wymieniłeś pod nagłówkiem *Dotyczy mnie* — i podziel tę część listy na dwie mniejsze:

Mogę temu zaradzić	Nie mogę temu zaradzić

Ale zanim jakąkolwiek przyczynę życiowych porażek umieścisz pod nagłówkiem *Nie mogę temu zaradzić*, rzuć sobie wyzwanie: „Dosyć tego, coś muszę z tym zrobić", a twoja uprzednia rezygnacja może się zmienić pod wpływem takiego postanowienia. Podobnie jak u wielu ludzi, kiedy o SAMYM SOBIE przyjdzie ci stwierdzić, że jesteś wobec jakiejś sprawy bezradny, możesz odczuć jakby dźgnięcie ostrogą w samo serce. I nagle walniesz pięścią w stół i wykrzykniesz: „A kto mówi, że nie mogę temu zaradzić?" Jak stwierdza doktor Hill, bardzo niewiele jest trudności niepokonalnych. Życie obfituje w drogi wiodące do sukcesu z ominięciem przeciwności, wyniesieniem się ponad nie lub przełamaniem ich.

Na str. 115 rozpoczyna się lista Dwudziestu Ośmiu Bardzo Osobistych Pytań. Na niektóre wystarczy odpowiedzieć Tak lub Nie. Punkt 28 wymaga poważniejszej pracy — ale każda minuta, jaką na tę pracę przeznaczysz, może ci przynieść tysiące dolarów zysku (pytanie to celowo sformułowano tak szeroko; na przykład zmusza cię ono, byś wyodrębnił podstawowe zasady sukcesu, a dzięki temu musisz je w całości przytoczyć, aby się upewnić, że je znasz).

Odpowiedz na każde z tych dwudziestu ośmiu pytań. Wpisuj te krótkie odpowiedzi na marginesy książki. Jeśli odpowiedź jest zbyt długa, wypisz ją na osobnej kartce i wklej do książki we właściwym miejscu.

Upewnij się, że cały rozdział przeczytałeś równie wnikliwie jak zawarte w nim listy i kwestionariusze. W trakcie pracy nad tym rozdziałem książki MYŚL I BOGAĆ SIĘ dokładnie przeanalizowałeś jego najważniejsze punkty, nie ma więc powodu, byś je osobno wypisywał. Przeczytaj natomiast Wnioski pod rozwagę wypisane przez doktora Hilla na str. 124 i upewnij się, że doceniasz ich znaczenie.

Przyswój sobie w sposób trwały tę oto myśl: *Pieniądze nie mogą się poruszać, myśleć ani mówić. Ale mogą „usłyszeć", kiedy człowiek owładnięty żądzą przyzywa je do siebie.*

A teraz sięgnij po książkę i...

Przeczytaj *Siódmy krok do bogactwa: Umiejętność decydowania*, str. 125.

Ponieważ dotarliśmy już do połowy listy Trzynastu Kroków do Bogactwa, poznałeś dobrze sposób odnajdywania kluczowych punktów każdego rozdziału książki MYŚL I BOGAĆ SIĘ i utrwaliłeś sobie w myślach tę procedurę. Będę więc już teraz tylko ci przypominał, byś przeanalizował kolejny rozdział i udzielał krótkich porad, jak tę analizę poszerzać i pogłębiać.

Istotą tego krótkiego rozdziału jest historia Deklaracji Niepodległości. Uważnie przeczytaj tę historię. Jest znacznie bardziej pouczająca i wzbogacająca pod względem psychologicznym niż się na ogół sądzi.

Zwróć uwagę na str. 128, w jak znacznym stopniu historia ta odzwierciedla zasady, które opanowałeś już dzięki książce MYŚL I BOGAĆ SIĘ .

Co według ciebie oznacza słowo *decyzja*? Czy umiesz podjąć *decyzję* dojrzewającą w tobie? Czy umiesz rozpoznać *decyzję* dojrzewającą w innych? Czy jesteś w stanie dostrzec i zapamiętać wnioski wynikające z obserwacji innych ludzi równie dokładnie jak wnioski wyprowadzone przez samego siebie?

Sporządź na kartce listę dziesięciu osób, które znasz, a które są albo zdecydowane w działaniu, albo zupełnie niezdolne do podjęcia decyzji:

Nazwisko-Zdecydowany-Niezdecydowany-Człowiek sukcesu-Nieudacznik

1. ....
2. ....
3. ....
4. ....
5. ....
6. ....
7. ....
8. ....
9. ....
10. ....

Po sporządzeniu tej listy sprawdź dokładnie każdą z umieszczonych na niej osób pod kątem jej życiowego sukcesu lub niepowodzenia. Stosuj te określenia w sposób dostosowany do konkretnej sytuacji danego człowieka; szczęśliwa pani domu może być człowiekiem sukcesu, podczas gdy człowiek zarabiający w ciągu dnia więcej niż ona wydaje w ciągu roku, może nie być wcale człowiekiem sukcesu.

Przekonasz się z tej listy, jak często ZDECYDOWANIE wiąże się z SUKCESEM. I wcale nie musiałeś „pomagać" temu związkowi! Tak się to układa w życiu!

A teraz wypisz sobie Wnioski pod rozwagę — twoje własne i doktora Hilla — przeformułuj je w pytania pod własnym adresem — tak jak to czyniłeś poprzednio.

Wbij sobie głęboko w pamięć tę oto kluczową myśl: *Każdy wielki człowiek znalazł swą moc w sobie.*

Jesteś już gotów, weź książkę do ręki i...

Przeczytaj *Ósmy krok do bogactwa: Wytrwałość*, str. 137.

Przepatrz główne punkty tego rozdziału, aż po ostatni akapit na str. 151.

Spostrzeżesz, że wytrwałość i zdecydowanie idą ręka w rękę; decyzja jest wewnętrznie słaba, jeśli decydentowi brakuje wytrwałości w jej realizowaniu, także i w momencie, w którym nabiera pewności, że się pomylił; ale nawet i wtedy umysł ludzki jest dość silny, by podjąć nowe, jasne i zdecydowane postanowienie.

Kilkakrotnie w trakcie lektury książki MYŚL I BOGAĆ SIĘ spotkałeś się z terminem *świadomość pieniądza*. Pamiętaj, że pieniądze lgną do tych, których myśl jest na nie nastawiona, a ubóstwo dotyka tych, którzy mu się poddają. Również *świadomość ubóstwa rozwija się bez świadomego stosowania zwyczajów mu sprzyjających*. Zapamiętaj też na zawsze: rządzi tobą PODŚWIADOMOŚĆ; twoja świadomość jest tylko zręcznym agentem na usługach twego „szefa" — podświadomości, ale możesz świadomie przekazywać polecenia twemu podświadomemu myśleniu, tak aby je przyjęło i nimi właśnie się żywiło.

Dzieje życia Frannie Hurst i Kate Smith są wielką lekcją wytrwałości. Na str. 142 znajdziesz spis ośmiu głównych postaw umacniających wytrwałość. Przeczytaj ten spis na nowo, a potem wróć do niniejszego fragmentu PORADNIKA PODRĘCZNEGO i dopełnij wyrazy brakującymi literami:

Wytrwałość oparta jest w dużym stopniu na:

O_________u c_______u ż_________o
W______e w s_________e
W_________j w_________y
S______e w_________i
N_________u
Ż______y
Z______m d_________u
K_________i

„Inwentarz" wytrwałości, który się zaczyna na stronie następnej, nie przedstawi ci niczego, czego byś już uprzednio nie poznał. Ale przeczytaj go ponownie z uwagą. Jeśli któraś z jego pozycji wyda ci się nowa lub nie dość znana, przeczytaj ponownie rozdział I, II, VI i VII. Upewnij się, że przyswoiłeś sobie każdy temat poruszany w książce MYŚL I BOGAĆ SIĘ; niech ci będzie w tym pomocny spis treści.

Uważnie przeczytaj historię Mahometa, podobnie jak przeczytałeś historię Deklaracji Niepodległości. Obfituje ona w ukryte znaczenia. Zostaw na boku jej mistyczne elementy i sprowadź je do pojęć praktycznych; jeśli to możliwe, odnajdź punkty styczne z twoim własnym życiem, choć te podobieństwa mogą się ograniczyć do pokonywania powszednich trudności, sprzeciwów biznesmenów i tym podobnych pospolitych zdarzeń. A następnie zadaj sobie pytanie: *Gdzie to WIARA wniknęła w MOJE życie?* Nie myśl o religii jako takiej; miej na myśli WIARĘ w najszerszym rozumieniu tego pojęcia.

Zwróć uwagę na zawartość ostatniego akapitu na str. 149: „Kiedy przeprowadzi się wnikliwą analizę postaci proroków, filozofów, cudotwórców i przywódców religijnych z przeszłości, dochodzi się do wniosku, że wytrwałość w wysiłkach skoncentrowanych na osiągnięciu głównego, wyraźnie wytyczonego celu była głównym źródłem ich dokonań".

Teraz opisz przynajmniej pięć sytuacji, w których doznałeś istnienia w tobie świadomości pieniądza; gdybyś nigdy tego nie zaznał, opisz przypadki występowania świadomości pieniądza u innych ludzi. A opisując je trzymaj się ściśle definicji świadomości pieniądza, która jest głęboko zakorzeniona w *wierze w siebie.*

Bo jak wiesz, termin „świadomość pieniądza" bywa często źle rozumiany. Nie chodzi ci o ubóstwo — o przygnębiającą świadomość posiadania pieniędzy ledwie wystarczających na życie. Nie chodzi też o ten sposób rozumienia pieniądza, który każe każdą wartość ludzką wyceniać w pieniądzach. Poszukujesz (i mam nadzieję, że ją odnajdziesz!) świadomości pieniądza, która staje się twą wewnętrzną wiarą w siebie, jako w człowieka zdolnego do zdobycia poważnej sumy pieniędzy, człowieka właśnie *zdobywającego* te pieniądze.

Zajmij się teraz Wnioskami pod rozwagę. Zajmij się nimi porządnie. Możesz uznać starania o wyrobienie sobie świadomości pieniądza za jeden z tych Wniosków.

Zapamiętaj: *Słabe żądze przynoszą nikłe rezultaty* — oraz *Każdy może wyrobić w sobie wytrwałość.*

Kiedy to wszystko dobrze przemyślałeś i wykonałeś, weź do ręki książkę i...

Przeczytaj *Dziewiąty krok do bogactwa: Siła „trustu mózgów"*, str. 153.

Przeczytaj ten rozdział do końca, do str. 158, do Wniosków pod rozwagę.

Rozdział ten odświeży i pogłębi twą wiedzę w taki właśnie sposób, w jaki jeden umysł ludzki inspiruje i pogłębia drugi. Zrozumiesz dzięki niemu niemal nieograniczone możliwości stosowania zasady „trustu mózgów", która okazała się tak pomocna wielu już ludziom.

Wiesz już teraz, że sztab konsultacyjny Andrew Carnegiego składał się z około pięćdziesięciu osób. Sam na pewno też dokonałeś w swym życiu różnych przewartościowań przy pomocy kilku przyjaciół, przynajmniej dwóch lub trzech osób, prawda?

Zaplanowaliśmy ten PORADNIK PODRĘCZNY w taki sposób, by przedstawić w nim dalsze szczegóły dotyczące praktycznego stosowania zasady „trustu mózgów". Oto parę takich porad:

1. Rozpocznij współpracę z dwiema lub trzema osobami, które dobrze znasz. Upewnij się co do tego, że będą harmonijnie z tobą współpracowały i że między nimi panuje duch zgody.

2. Wystrzegaj się takich zagadnień jak polityka, religia i w ogóle wszelkich kwestii „drażliwych". Twoim zamierzeniem jest wzajemne wspieranie się wiedzą opartą na waszym wspólnym doświadczeniu. Każdy z was oczywiście rozporządza doświadczeniami, których inni nie mają za sobą. Nie wprowadzaj kwestii kontrowersyjnych, które mogłyby zakłócić serdeczną atmosferę współpracy skupionej na zasadniczym przedsięwzięciu.
3. Twoja grupa działa na zasadzie wypracowywania wspólnej myśli wyrażającej *wspólne przekonanie*. Wszystko, co mówisz innym, musi być szczere jak wyznanie. Trzeba rozwijać i umacniać swobody wypowiedzi, nikogo nie zniechęcaj do szczerości.
4. Za jednomyślną zgodą wszystkich członków grupy od czasu do czasu możesz włączyć kogoś w jej skład. Ale nie doprowadzaj do tego, by grupa stała się zbyt liczna i wskutek tego nieoperatywna. Nowym członkom proponuj wejście w jej skład na okres próbny, aby się przekonać, czy będą w stanie harmonijnie współdziałać z pozostałymi.
5. Podczas gdy poszczególni członkowie twego „trustu mózgów" mogą różnić się sposobem podejścia do różnych zagadnień, w zależności od swych doświadczeń i charakteru swych osobowości, ty musisz przestrzegać *ogólnych* zasad życiowego sukcesu. Zasady wyłożone w książce MYŚL I BOGAĆ SIĘ z taką skutecznością posłużyły tylu ludziom, że można je zalecić bez obaw.
6. Stwórz każdemu z członków grupy możliwość, aby jej przez pewien czas przewodniczył, funkcja przewodniczącego powinna być rotacyjna. Jednym z głównych zadań przewodniczącego powinno być przestrzeganie czasu przeznaczonego mówcom, powściąganie krasomówstwa. Powinien też zachęcać do tego, by każdy z mówców rzeczywiście wypowiadał to, co na dany temat myśli.
7. Każda grupa o charakterze „trustu mózgów" powinna mieć przed sobą cel długoplanowy oprócz doraźnych zadań do rozwiązania. Powinna też przynosić szczególne pożytki ludziom nie wchodzącym w jej skład. Możesz na przykład zorganizować jakiś punkt konsultacyjny albo

też sponsorować jakiś klub młodzieżowy lub pokrewną placówkę.

Grupa „trustu mózgów" będzie ci zarazem przypominać o zasadzie korzystania z potencjału umysłowego innych ludzi i przekona cię, jakie wspaniałe korzyści można dzięki temu osiągnąć — pod warunkiem oczywiście, że i ty będziesz „udzielał" innym swego potencjału umysłowego.

Powracamy też w tym rozdziale do stwierdzenia: *Ubóstwo nie wymaga planowania*. Ujrzyj oczyma wyobraźni ów wspaniały „nurt mocy". Uświadom sobie, że PLAN wsparty WIARĄ W SIEBIE, w skład której wchodzi także ŚWIADOMOŚĆ PIENIĄDZA, może cię wprowadzić w główny prąd wielkiej, niewidzialnej rzeki płynącej wartko ku osiągnięciom i satysfakcjom, wynikającym z pełnego powodzenia życiowego.

Zajmij się teraz Wnioskami pod rozwagę. Mam nadzieję, że wynotowujesz sobie stale wszystkie sprawy, które uznajesz za ważne.

Przygotuj teraz pytania do samego siebie, biorąc za punkt wyjścia do nich stwierdzenie doktora Hilla: *Bardzo łatwo pozostawać biednym, ubóstwo nie wymaga planowania.*

Przypatrz się ludziom, których postawa potwierdza tę zasadę. Przekonasz się, że wewnętrzna *skłonność do pozostania w biedzie* często trzyma w swej władzy ludzi, którzy nawet próbują od czasu do czasu wypłynąć na powierzchnię życia, ale łatwo godzą się na ponowne opadnięcie na dno. A wtedy rozglądają się wokół siebie w poszukiwaniu słuchacza, przed którym można bezradnie rozłożyć ręce: „Widzisz? Nie ma sposobu".

Zapamiętaj: możesz korzystać nie tylko z własnego umysłu.

Skoro już wyciągnąłeś wszystkie pożyteczne nauki z lektury tego rozdziału, przystąp do następnego i...

Przeczytaj *Dziesiąty krok do bogactwa: Tajemnica przetwarzania energii seksualnej*, str. 160.

Przeczytaj ten rozdział do str. 179, do Wniosków pod rozwagę i opracuj jego najgłówniejsze punkty.

Czy zgadzasz się z ogólnym przesłaniem tego rozdziału?

Czy dostrzegłeś magnetyzm seksualny u ludzi sukcesu? Czy mógłbyś wskazać jakiegoś człowieka sukcesu w dziedzinie życia publicznego, który charakteryzuje się seksualnym magnetyzmem?

Wiesz, że uczucie seksualne ma w naszym życiu trzy cele. Najważniejszym jest zachowanie gatunku. Ale dwa inne mają też swą wagę. Nie zaglądając do rozdziału, wymień je teraz, zaraz; a potem sprawdź z książką.

1. ....
2. ....

Właściwie przeżywane i ukierunkowane uczucie miłosne może się stać siłą motywującą, nadającą głębi i siły wyobraźni odwadze, wytrwałości i zdolnościom twórczym. Wszystkie mocarne siły, które towarzyszą pożądaniu płciowemu, dają się wykorzystać w literaturze, sztuce, biznesie, działalności politycznej i w każdej działalności zawodowej. Mężczyźni, którzy uzyskali wielkie bogactwa lub osiągnięcia godne szczególnego uznania, są z zasady motywowani w swych działaniach przez kobiety.

Uczucia seksualne sytuują się na czele wszelkich list stymulatorów, na które reaguje umysł ludzki. Podkreśl teraz te czynniki, które według ciebie nie są stymulatorami; kiedy to zrobisz, porównaj swe podkreślenia z listą na str. 162 w książce MYŚL I BOGAĆ SIĘ.

Stymulatory myślenia — dobre i złe

Frustracja seksualna	Spełnienie seksualne
Gorąca żądza osiągnięcia swego celu	Samotność
Przyjaźń	Brak przyjaźni
Całkowity brak jakichkolwiek strapień umysłowych i fizycznych	Wzajemna niechęć podobna do tej, której doświadczają grupy prześladowane
Lęk	Odwaga
Abstynencja	Narkotyki i alkohol
Niepodejmowanie prób dotarcia do własnej podświadomości	Autosugestia
Niezwracanie się do nikogo o radę	Korzystanie ze wsparcia „trustu mózgów”
Muzyka	Brak zainteresowania muzyką
Nienawiść	Miłość

Weź pod uwagę, że niektóre stymulatory myślenia mogą być w końcu szkodliwe. A specjalną uwagę zwróć na te dostępne ci stymulatory, które są zdrowe i nadają się do stałego wykorzystywania.

Myśl stymulowana przekracza horyzonty zwykłego myślenia. Połączona z wyobraźnią twórczą — ów Szósty Zmysł — staje się źródłem genialności, dostępnym dla każdego. A poza tym niewyczerpanym zbiornikiem ukierunkowanej energii kryje się magia przetworzenia energii seksualnej.

Czy przetworzenie energii seksualnej oznacza wyrzeczenie się seksu? Bynajmniej. Oznacza tylko właściwe jego wykorzystanie, sprzeciwiające się rozwiązłości. Zastanów się, dlaczego większość mężczyzn osiąga pełnię życiowego sukcesu po przekroczeniu czterdziestki. Ma w tym sporą zasługę zdobyte doświadczenie; jednak przede wszystkim — z czego większość mężczyzn nie zdaje sobie sprawy — kontrola nad fizyczną stroną seksu rozciąga się także na umysł i wyobraźnię, oddając znaczne moce twórczym władzom umysłu. Przyjmij też z aprobatą do wiadomości, że najpotężniejszą z sił motywujących mężczyznę jest chęć podobania się kobietom!

Skąd się biorą olśnienia? Przeczytaj uważnie wykaz ich źródeł na str. 163. Pracując nad Wnioskami pod rozwagę sprawdź, czy w jakimkolwiek stopniu doznawałeś takich olśnień. Czy starasz się doznać czegoś takiego przed nocnym odpoczynkiem? Albo kiedy się budzisz? A może podczas golenia? Uchwycenie takich doświadczeń może mieć dla ciebie wielkie znaczenie. Pora, w której doznajesz olśnień jest zapewne tą, w której jesteś najlepiej „nastrojony" do tego, by podejmować ważne decyzje.

Przekonaj się także, co się dzieje, kiedy podążasz w ślad za takimi olśnieniami. Spróbuj we własnych doświadczeniach odnaleźć różnicę między podążaniem za własnymi olśnieniami, a poddawaniem się podszeptom myślenia życzeniowego — różnych wyobrażeń, które chciałbyś, aby się spełniły.

Po dokonaniu takiego samosprawdzenia przystąp do Wniosków pod rozwagę.

Kluczowy charakter ma tu zdanie: *Źródło wszelkiej genialności jest dostępne i dla ciebie.*

Po opracowaniu tego rozdziału przejdź do następnego i...

Przeczytaj *Jedenasty krok do bogactwa: Myślenie podświadome*, str. 181.

Przygotuj się do myśli, które będą uczyły cię myślenia.

Przeczytałeś — i mam nadzieję, że podkreśliłeś — kluczowe stwierdzenie, umieszczone na str. 181 „Możesz zasiać w swym myśleniu podświadomym dowolny plan, myśl lub cel, który chcesz poddać przetworzeniu w jego ekwiwalent fizyczny lub pieniężny".

Nie zostało ono sformułowane jako myśl nowa. Jego zamierzeniem jest przypomnienie ci tej wielkiej uniwersalnej prawdy, którą doktor Hill uwypukla teraz z całą mocą.

Myślenie podświadome funkcjonuje w nocy i za dnia. Jeśli zaniedbasz zaszczepienia w nim żądzy, będzie się karmiło negatywnymi uczuciami i myślami, które zalęgną się w próżni, jaką pozostawiłeś.

Wszystko bierze początek od impulsu myślowego. Myślenie podświadome zaś szczególnie podatne jest na mieszankę myśli i uczuć. Twoje uczucia mogą przynależeć do siedmiu głównych uczuć pozytywnych (wpisz je uzupełniając brakujące litery).

P________e
W______a
M______ć
S________s
En_________m
Ro__________ka
N______ja

Możesz jednak także być ofiarą impulsów wywoływanych przez siedem głównych uczuć negatywnych (wpisz je również uzupełniając brakujące litery).

L__k
Z______śc
N__________śc
O______t
S______k
P_________dy
G______w

Obie te listy porównaj z listą doktora Hilla na str. 185.

Uczucia pozytywne i negatywne nie mogą opanować myślenia jednocześnie. Niech je zdominują uczucia pozytywne; skutki tego odczujesz także w swej podświadomości, przenikną one we wszystkie dziedziny twego życia. Przekonasz się także, że twoje myślenie podświadome jest pośrednikiem, który tłumaczy twe modlitwy na język, jaki Nieograniczony Rozum może zrozumieć, i za pomocą którego może cię wesprzeć planami i pomysłami, które są prawdziwym spełnieniem twych modłów.

Powtarzaj sobie kluczowe sformułowanie: *Możesz zasiać w swym myśleniu podświadomym dowolny plan, myśl lub cel, który chcesz poddać przetworzeniu w jego ekwiwalent fizyczny lub pieniężny.*

Teraz przejdź do ważnej procedury postępowania z Wnioskami pod rozwagę.

Wczytuj się w każdy kolejny rozdział książki MYŚL I BOGAĆ SIĘ tak długo, aż stanie się on częścią ciebie. Kiedy już odczujesz, że jesteś gotów — bo już znasz ten rozdział — przejdź do następnego.

Przeczytaj *Dwunasty krok do bogactwa: Mózg*, str. 188.

Przeczytaj go do str. 193, do Wniosków pod rozwagę.

Ten „rozdział do rozważenia" da ci wyobrażenie o potędze sił działających w twym mózgu, na który składa się od 10 do 14 bilionów komórek nerwowych zdolnych do niemal nieskończonej ilości wzajemnych połączeń. Umysł twój rozporządza potencjalną zdolnością myślenia, utrzymywania aktywności i samoprogramowania się nieporównalnie większą od wszelkich komputerów, które w końcu tylko naśladują proces funkcjonowania ludzkiego mózgu. Nie zapominaj o tym, że komputer nie może dodać wyobraźni twórczej do danych przechowywanych w swej pamięci, ty zaś wyobraźnią twórczą możesz dysponować. Komputer nie może wgłębić się w nie rozpoznane jeszcze sfery myślenia i działania. Ten przywilej przysługuje tylko człowiekowi.

Myślenie podświadome jest „stacją nadawczą" mózgu. Przesyła ono wibracje myślowe do „odbiornika", którym jest wyobraźnia twórcza. Z dokładnych badań naukowych, prowadzonych w Duke University zdaje się wynikać niezmiernie przekonujący wniosek, że telepatia i jasnowidzenie istnieją, stanowiąc naturalny środek bezpośredniego porozumiewania się pomiędzy poszczególnymi mózgami. Wszyscy natomiast, jak się wydaje, poddani jesteśmy władzy sił niewidzialnych i nieuchwytnych, ale są to siły całkowicie *naturalne*.

Rozdział ten na pozór biorąc wydaje się niewiele mieć wspólnego z bogaceniem się — we wszystkich znaczeniach jakie określenie „bogać się" może przybrać. Ale przeczytaj go dokładnie i przeanalizuj myślowo, a na pewno uwagę twą zwróci kluczowa myśl ze str. 190 *Człowiek nie jest w stanie zrozumieć nieuchwytnej siły (i mądrości) zawartej w glebie ziemskiej — siły, która zaopatruje go we wszystkie spożywane pokarmy, we wszystkie ubiory i w każdego dolara, którego trzyma w kieszeni.*

Możesz więc powiązać tę myśl z tezą kluczową, będącą przewodnim motywem książki MYŚL I BOGAĆ SIĘ. Z pewnością już ją dostrzegłeś, choć może jeszcze nie zdołałbyś jej wyjaśnić własnymi słowami. Jest to istota i złota myśl całej książki:

TO CO MYŚL ZDOLNA JEST WYTWORZYĆ, MYŚL MOŻE OSIĄGNĄĆ.

Tym sposobem twój życiowy sukces, twoje szczęście, zdrowie, całe twoje życie nie jest po prostu sumą pracy, zabawy i snu. Zawsze pozostaje zadaniem umysłowym, a zasięg działania umysłu wykracza daleko poza zwykłe, świadome myślenie.

Pracując nad Wnioskami pod rozwagę, wynikającymi z tego rozdziału, nie traktuj ich zbyt formalnie. Spróbuj po prostu streścić cały ten rozdział. Naucz się na pamięć tego streszczenia, mającego od stu do dwustu słów.

A potem ruszaj dalej i...

Przeczytaj *Trzynasty krok do bogactwa: Szósty zmysł*, str. 195.

Przeczytaj ten kulminacyjny rozdział do końca, do Wniosków pod rozwagę, podkreślaj co uważasz za najważniejsze, ale tylko do str. 201. Przeczytaj już bez podkreślania opowieść doktora Hilla o jego „niewidzialnych doradcach". Zacznij podkreślać na nowo od str. 200, *Jak inspirować szósty zmysł.*

Zauważ, że „zespół doradczy" doktora Hilla jest całkowicie wytworem wyobraźni twórczej. Jak doktor Hill sam wyznaje, ci wyimaginowani doradcy wprowadzili go na drogę wiodącą do wspaniałych sukcesów, uznania jego prawdziwej wielkości, wspomagali go w twórczym wysiłku i w formułowaniu szlachetnych myśli.

Trudność polega na tym, że ludzie o ubogiej wyobraźni nie są w stanie należycie zrozumieć takiego doświadczenia. Każdy jednak uważny czytelnik książki MYŚL I BOGAĆ SIĘ zrozumie, w jaki sposób wyobraźnia twórcza rozwija się do takiego stopnia, by móc nawiązać partnerski kontakt umysłowy z ludźmi zmarłymi dawno temu. Jest to oczywiście partnerstwo nie dosłowne, ale równie skuteczne jak współpraca z żywymi. Umysły ludzi od dawna nieżyjących pomagają w posuwaniu naprzód naszych spraw myślami, które po sobie zostawili (ujętymi w słowa), a także przez rozległe oddziaływanie ich osobowości, postaw myślowych, które nadal wywierają na nas wpływ.

Czy chciałbyś i ty powołać sobie taką radę konsultacyjną, złożoną z wybitnych umysłów, z którymi wejdziesz w myślowy kontakt? Nie każdy jest do tego zdolny. Wymaga to przede wszystkim — jak już podkreślono we wstępnej części niniejszego PORADNIKA PODRĘCZNEGO — od podejmującego taką próbę człowieka wewnętrznej zdolności do poważnego traktowania samego siebie jako osoby zdolnej do wniknięcia w *samego siebie*. Człowiek, który jest w stanie powołać w swej wyobraźni taki zespół doradczy wysuwa się daleko przed swoje otoczenie. Wybierz sobie sam członków takiego zespołu. Mogą to być mężowie stanu. Mogą być wybitni przedstawiciele finansjery, przemysłu, nauki, sztuki. Dobierz ich starannie. Wytrwałe badanie samego siebie, rozważanie twych nowych celów życiowych i gorących pożądań, dopomoże ci wybrać takich członków twego „gabinetu cieni", którzy okażą się pomocni w największym stopniu.

Szóstego Zmysłu nie można tak dokładnie przebadać jak pięciu innych zmysłów — wzroku, słuchu, smaku, dotyku i węchu - ani tak dokładnie go określić. Dzięki praktyce i wierze staje się on rodzajem anioła stróża, który otwiera ci drzwi do świątyni mądrości.

Kluczową tezą tego rozdziału wydaje się jeden z Wniosków pod rozwagę, sformułowanych przez doktora Hilla: *Wszedłeś w posiadanie mocy, która umożliwi ci pokonanie nieśmiałości, lęku i uprzedzeń, i pozwoli zaufać twej wyobraźni. A wtedy poczujesz dotyk tego „czegoś", co jest duchem sprawczym każdego naprawdę wielkiego myśliciela, przywódcy, artysty, muzyka, pisarza, męża stanu.*

Przy formułowaniu własnych Wniosków pod rozwagę skup uwagę na sprawie *inspiracji*. Przypomnij sobie te doświadczenia twego życia, kiedy doznałeś niewidzialnej inspiracji, olśnienia, impulsu Szóstego Zmysłu. Już takie wspomnienia przywoływałeś. Od tamtej chwili twoja podświadomość nad nimi pracuje, więc gdy zechcesz wrócić pamięcią do tych chwil, przypomni ci się także wiele innych podobnych.

Kiedy już dostrzegłeś głęboko ugruntowaną w tobie siłę Szóstego Zmysłu, kiedy skończyłeś czytać i opracowywać notatki z Trzynastego kroku do bogactwa, przystąp do rozdziału następnego, zawierającego niezmiernie ważne, wyczerpujące informacje o LĘKU oraz o tym, jak się odeń wyzwolić. W tym ostatnim rozdziale znajdziesz też kilka testów, które dopełniają tę książkę. Czy już jesteś gotów przystąpić do tych zajęć?

Przeczytaj *Sześć demonów lęku*, str. 203.

Czytaj — i podkreślaj — tekst rozdziału do końca, do str. 234, ale opuść kwestionariusz ze str. 225.

Przeprowadziłeś już swój inwentarz wewnętrzny, zrozumiałeś, że lęki nie są niczym innym, jak tylko stanem twego umysłu, który rzecz jasna podlega twemu nadzorowi i dyktatowi. Natura powierzyła człowiekowi całkowitą kontrolę tylko nad jednym: nad myśleniem. Tylko niewielu umie tę kontrolę sprawować, ale kiedy się ją wyćwiczy i wesprze wiarą, staje się niezmiernie skuteczna.

Jakie są główne lęki? Wypisz je tu poniżej, bez zaglądania do książki:

1. ....
2. ....
3. ....
4. ....
5. ....
6. ....

A teraz sprawdź — na str. 204 — czy je właściwie zapamiętałeś.

Przeglądając własne lęki możesz się doszukać w sobie lęku przed UBÓSTWEM, wyjątkowo szkodliwego. Dążymy do finansowego „połknięcia” innych ludzi, więc ów lęk żywi się twymi własnymi skłonnościami. Jakie są charakterystyczne symptomy lęku przed ubóstwem? Dopełnij zapoczątkowane tu wyrazy brakującymi literami:

Zob__________e
Nie__________e
Z______e
Prz__________e
Nad__________ść
Gn_______ść

Sprawdź teraz wykaz tych lęków na str. 208. Przed chwilą przeczytałeś krótki opis tych objawów. Przeczytaj go jeszcze raz.

Czy się lękasz KRYTYKI? Lęk ten pozbawia człowieka inicjatywy, osłabia siłę jego wyobraźni, niszczy go na tysiące różnych sposobów. Jest naprawdę zbrodnią ze strony rodziców wpędzanie dzieci w kompleks mniejszej wartości poprzez nadmierny krytycyzm. Może ucierpiałeś w dzieciństwie wskutek takiego nacisku, ale *możesz go przełamać*. Spisz siedem objawów lęku przed krytyką, dopełniając brakujące litery:

S________________ść
B______k o__________a
S______a o__________ść
K______s ni__________ci
E______________a
B___k i__________y
B___k a__________i

Sprawdź teraz listę tych samoniszczących człowieka lęków na str. 213. I natychmiast po ponownym przeczytaniu komentarzy do nich sprawdź, czy dobrze zapamiętałeś objawy lęku przed CHOROBĄ:

Au______________a
Hi___________a
L____________o
P____________ć na z______________a
R______________e się

N_______ść

P_________e

Sprawdź swe odpowiedzi porównując je z listą na str. 215. Widzisz teraz, jak się te symptomy na siebie nakładają i jak taki objaw jak *przygnębienie* może rzucać ponury cień na różne dziedziny życia.

Jakie są główne objawy lęku przed UTRATĄ OBIEKTU MIŁOŚCI?

Z____ść

Kł_______ść

H____d

Porównaj swe odpowiedzi z listą na str. 217. Wypisz symptomy LĘKU PRZED STAROŚCIĄ?

P_______e o_____e l_____w

U_______e się w_____m

Z_______e i_________y

U_____e m_____go

Porównaj swe odpowiedzi z listą na str. 218. A jakie są trzy objawy LĘKU PRZED ŚMIERCIĄ?

R_______e o ś_______i

P_______e z l_____m przed u_______m

P_______e z ch_____ą i u_______m

Porównaj swe odpowiedzi z listą na str. 220. Teraz przygotuj sobie sześć kartoników formatu 8x12 cm i przepisz te listy na poszczególne fiszki, każdą na osobnej fiszce. Rozłóż te kartoniki na stole i zestawiaj z sobą w różnych kombinacjach. Raz jeszcze zastanów się nad piętnem strachu, które może odcisnąć się na całym życiu człowieka i nad tym, jak poszczególne lęki łączą się z sobą i nachodzą na siebie. Stwierdzisz, że lęk główny może niejedno mieć imię i występować nie tylko pod jedną postacią. Wypatruj takich form lęku u siebie. Wpatruj się w fiszki i ich wzajemny układ, aż wypatrzysz takie spiętrzenie lęków. Wklej sobie te fiszki do notatnika.

Przygnębienie jest objawem lęku — jest stanem umysłu zrodzonym z lęku. Kiedy podejmujesz decyzję — uwalniasz się od lęku. Możesz też podjąć zasadnicze obejmujące całe twe życie postanowienie, że nic co życie ma do zaoferowania nie jest warte opłakiwania, jeśli się to straci.

Innym wielkim złem jest *podatność na negatywne wpływy.* Powinieneś dokonać wnikliwej samoanalizy, aby się przekonać, czy nie podlegasz takim wpływom. Materiał zawarty w Sprawdzianach dopomoże ci w tym. Jak powiada doktor Hill: „Najpowszechniejszą bez wątpienia słabością ludzką jest zwyczaj nakłaniania ucha na negatywne podszepty innych ludzi".

Zanim zaczniesz wypełniać kwestionariusz na str. 225, wypisz twoje Wnioski pod rozwagę. Porównaj je z Wnioskami pod rozwagę doktora Hilla. Sformułuj sześć pytań opartych na liście wykrętów i samousprawiedliwień ze str. 231. *Przepytuj się szczególnie ostro w związku z tymi wymówkami i usprawiedliwieniami, które podkreśliłeś.*

Teraz zasiądź nad kwestionariuszem ze str. 225. Potraktuj ten niezmiernej wagi kwestionariusz w szczególny sposób. Najpierw odpowiedz na pytania sformułowane w książce MYŚL I BOGAĆ SIĘ. Odczekaj trzy dni, a następnie odpowiedz na nie tutaj, w PORADNIKU PODRĘCZNYM, gdzie je powtórzono. Porównaj odpowiedzi wypisane uprzednio w książce z odpowiedziami wypisanymi w PORADNIKU PODRĘCZNYM. Niektóre będą się zapewne różnić. Zapytaj sam siebie, dlaczego się różnią. Zapytaj sam siebie, w jakim nastroju, w jakim stanie umysłu wpisywałeś odpowiedzi w książce MYŚL I BOGAĆ SIĘ , a w jakim wpisywałeś odpowiedzi w PORADNIKU PODRĘCZNYM i czy to usposobienie nie wpłynęło na twoje odpowiedzi?

Zabieraj się więc do dzieła. Najpierw odpowiedz na pytania zawarte w książce; powróć do nich po trzech dniach.

Pomyśl zanim odpowiesz

Czy często ci się zdarza, że się „źle czujesz" — a jeśli tak, to co to uczucie powoduje?

Czy wszczynasz kłótnie z innymi ludźmi przy najbłahszej sposobności?

Czy często popełniasz w pracy pomyłki, a jeśli tak, to dlaczego?

Czy w rozmowach bywasz sarkastyczny i agresywny?

Czy unikasz nawiązywania współpracy z innymi ludźmi, a jeśli tak, to dlaczego?

Czy często nawiedza cię niestrawność, a jeśli tak, to jakie są jej przyczyny?

Czy życie wydaje ci się męczące, a przyszłość pozbawiona nadziei?

Czy lubisz pracę, którą wykonujesz? Jeśli nie, to dlaczego?

Czy często miewasz poczucie winy, a jeśli tak, to z jakiego powodu?

Czy zazdrościsz tym, co nad tobą górują?

Czemu poświęcasz więcej czasu: rozmyślaniom o sukcesie, czy o klęsce?

Czy w miarę starzenia się umacniała się w tobie wiara w siebie, czy też słabła?

Czy wyciągnąłeś jakieś pożyteczne wnioski z porażek?

Czy pozwalasz na to, aby cię jacyś krewni czy bliscy ci ludzie zasmucali? A jeśli tak, to dlaczego?

Czy bywa, że niekiedy „bujasz w chmurach”, a innym razem spadasz na dno przygnębienia?

Co ma na ciebie najsilniejszy wpływ? Jaka jest tego przyczyna?

Czy poddajesz się negatywnym lub zniechęcającym wpływom, których byłbyś w stanie uniknąć?

Czy dbasz o swój wygląd zewnętrzny? Jeśli tak, to kiedy i w jaki sposób przejawia się ta dbałość?

Czy nauczyłeś się już opędzać przed kłopotami pogrążając się w pracy, by nie mieć czasu na kłopoty?

Czy skłonny byłbyś nazwać siebie „mięczakiem bez kręgosłupa” z tego powodu, że powierzasz innym przemyślenie jakichś spraw za ciebie?

Czy wiele spotkało cię w życiu kłopotów, których byłbyś w stanie uniknąć i dlaczego tego nie zrobiłeś?

Czy sięgasz po alkohol, narkotyki lub papierosy „dla uspokojenia nerwów”? Jeśli tak to dlaczego nie posługujesz się w tym celu siłą woli?

Czy ktoś ci kiedyś „dołożył”, a jeśli tak, to z jakiego powodu?

Czy masz określony cel nadrzędny, a jeśli tak, to jaki on jest i jaki plan opracowałeś, by go osiągnąć?

Czy ulegasz któremuś z sześciu głównych lęków? Jeśli tak, to któremu (lub którym)?

Czy wypracowałeś sobie sposób na zabezpieczenie się przed negatywnymi wpływami ze strony innych?

Czy czynisz wyraźny użytek z autosugestii, by nadać swemu myśleniu kierunek pozytywny?

Co ma dla ciebie największą wartość — dobra materialne, czy też przywilej kontrolowania własnych myśli?

Czy łatwo zmieniasz zdanie pod wpływem opinii innych ludzi?

Czy dzisiaj wzbogaciłeś swe zasoby wiedzy o jakąś wartość? Czy wsparłeś jakąś wartością stan swego umysłu?

Czy stawiasz czoła okolicznościom, które cię unieszczęśliwiają, czy też uchylasz się od odpowiedzialności za ich pokonanie?

Czy zwykłeś analizować wszystkie porażki i pomyłki, po to, by wyciągnąć z nich pożyteczne nauki, czy też przyjmujesz postawę wyniosłą, według której nie masz takiego obowiązku?

Czy możesz wymienić trzy swoje najbardziej szkodliwe słabości? Co robisz, żeby je przełamać?

Czy zachęcasz innych ludzi, aby ci się zwierzali ze swych trosk, w celu ich pocieszenia?

Czy z codziennych doświadczeń wyciągasz wnioski, które dopomagają ci w twym osobistym rozwoju?

Czy twoja obecność z zasady wywiera na innych negatywny wpływ?

Które z obyczajów innych ludzi są dla ciebie najdokuczliwsze?

Czy zwykłeś wyrabiać sobie własne zdanie, czy też poddajesz się wpływom innych ludzi?

Czy nauczyłeś się osiągać taki stan umysłu, w którym jesteś w stanie przeciwstawić się wszelkim zniechęcającym wpływom zewnętrznym?

Czy wykonywany przez ciebie zawód napawa cię wiarą i nadzieją?

Czy jesteś świadom tego, że posiadasz siły duchowe dostateczne do tego, by trwale chronić twój umysł przed wszelkimi formami lęku?

Czy religia, którą wyznajesz, dopomaga ci w pozytywnym ukierunkowaniu twego myślenia?

Czy uważasz za swój obowiązek zajmowanie się kłopotami innych ludzi? Jeśli tak, to dlaczego?

Czy sądzisz, że warto „trzymać się razem" z ludźmi sobie podobnymi i czy dowiedziałeś się czegoś o sobie obserwując przyjaciół, którzy lgną do ciebie?

Czy wytwarza się jakś więź między tobą a ludźmi, z którymi współpracujesz najbliżej, a jeśli tak to jaka? Czy doświadczasz w kontaktach z nimi jakichś przykrości?

Czy może jest tak, że jakiś człowiek, którego uważasz za przyjaciela, w istocie jest twym najgorszym wrogiem, ponieważ wywiera negatywny wpływ na twoje myślenie?

Wedle jakich zasad rozsądzasz, kto jest ci pomocny, a kto wyrządza ci szkody?

Czy twoi najbliżsi współpracownicy mają nad tobą umysłową przewagę, czy ci nie dorównują?

Ile czasu z całodobowej puli 24 godzin przeznaczasz na:

a. wykonywanie pracy,
b. sen,
c. zabawę i odpoczynek,
d. nabieranie pożytecznej wiedzy,
e. zbijanie bąków?

Kto z twoich znajomych

a. najbardziej cię zachęca,
b. najmocniej cię przestrzega,
c. najskuteczniej cię zniechęca?

Jakie masz największe zmartwienie? Dlaczego się na nie godzisz?

Jeśli ci ktoś zaproponuje bezinteresowną, bezpłatną radę, czy ją przyjmujesz, czy też zastanawiasz się nad motywami tej propozycji?

Czego najbardziej na świecie pożądasz? Czy zamierzasz to osiągnąć? Czy byłbyś skłonny podporządkować inne pragnienia temu głównemu? Ile czasu dziennie poświęcasz jego osiągnięciu?

Czy często zmieniasz zdanie? Jeśli tak, to dlaczego?

Czy zwykłeś kończyć to, co zacząłeś?

Czy łatwo podlegasz wrażeniu wywieranemu przez czyjąś pozycję, tytuł zawodowy lub stopień naukowy albo czyjś majątek?

Czy łatwo podlegasz wpływom tego, co inni ludzie o tobie mówią lub myślą?

Czy lgniesz do ludzi ze względu na ich status spoleczny lub majątkowy?

Kto jest według ciebie największym z żyjących? W czym upatrujesz przewagę tego kogoś nad tobą?

Ile czasu zajęło ci przeczytanie tych pytań i udzielenie na nie odpowiedzi? (Na wnikliwą analizę i rzetelną odpowiedź potrzeba przynajmniej całego dnia).

Jeśli prawdziwie odpowiadałeś na te pytania, wiesz o sobie więcej niż większość ludzi. Przestudiuj te pytania uważnie, przez kilka miesięcy.powracaj do nich przynajmniej raz na tydzień, a zadziwi cię obfitość dodatkowej i niezmiernie użytecznej wiedzy o sobie, jakiej nabędziesz w wyniku tej prostej metody zadawania sobie pytań i szczerej na nie odpowiedzi. Jeśli nie jesteś pewien odpowiedzi na niektóre z tych pytań, poszukaj sobie doradcy wśród ludzi, którzy cię dobrze znają, zwłaszcza wśród tych, którzy nie mają powodu cię okłamywać, i spójrz na siebie ich oczyma. Będzie to doświadczenie zaskakujące.

SPRAWDZIANY

Zbadaj swą siłę przebicia w dążeniu do bogactwa

1. Przeczytaj książkę MYŚL I BOGAĆ SIĘ w sposób przedstawiony w PORADNIKU PODRĘCZNYM, a następnie
2. Przeczytaj ją ponownie „opracowując" i robiąc notatki w sposób podany w PORADNIKU PODRĘCZNYM.

Dopiero kiedy ukończysz te czynności, będziesz przygotowany do przystąpienia do Sprawdzianów.

Wypełniaj kwestionariusze i inne materiały w takiej kolejności, w jakiej tu zostały podane. W kilku punktach stwierdzisz, że jest to materiał oparty na książce MYŚL I BOGAĆ SIĘ albo też zbieżny z tą książką. Postąpiono tak rozmyślnie, aby umocnić wiedzę, którą już nabyłeś. Odpowiadaj więc na te pytania w takim skupieniu, jakbyś je widział po raz pierwszy w życiu. Stosuj się do wszystkich zaleceń. Oceniaj sam siebie także według tych zaleceń.

Sprawdzian pierwszy

Przejrzyj, strona po stronie, książkę MYŚL I BOGAĆ SIĘ. Wszystkie te podtytuły, które podkreśliłeś, wypisz na przygotowanych kartonikach, każdy na osobnej fiszce.

Rozłóż te fiszki na stole. Przejrzyj je uważnie i szukaj klucza wedle którego dokonałeś tego wyboru podkreślając pewne podtytuły. Jedni kierowali się przy tym wyborze potrzebą natychmiastowego działania, inni — badania swego wnętrza, jeszcze inni — zaplanowanych działań. Odnajdź klucz, który TY stosowałeś. Jeśli w ciągu godziny nie uda ci się go odkryć, rozrzuć fiszki i spróbuj je ponownie ułożyć za kilka dni.

Jeśli i po paru dniach próba odszukania klucza ci się nie powiedzie, dołącz do fiszek z podtytułami przez ciebie podkreślonymi kartoniki z wypisanymi zdaniami, które podkreślałeś w tekście. Teraz już z pewnością klucz ten odnajdziesz.

Po odkryciu klucza, zapisz go w swym notesie. Fiszki zachowaj do przyszłego użytku.

Sprawdzian drugi

Poniższa tabelka wylicza ogólne przyczyny lęku. Nie obawiaj się „wstydu", jeśli podlegasz któremuś z tych lęków; sprawdź tylko, które z nich cię dotyczą. Oceniaj się wedle skali od 1 do 3, tak jak tu wskazano. Jeśli stwierdzasz odpowiedzialnie, że twój lęk sytuuje się pomiędzy poszczególnymi kategoriami, określaj go ułamkiem: 1,5, 2,5. Wypisuj te noty w ostatniej rubryce po prawej stronie. Po wypełnieniu całego kwestionariusza podsumuj swoje oceny.

ŹRÓDŁA LĘKU	OCEŃ SWÓJ LĘK			OCENA
	1	2	3	
1. Lęk przed rodzicami w dzieciństwie	Bałem się zawsze matki, ojca lub obojga	Bałem się rodziców niekiedy	Nie przypominam sobie, abym się kiedykolwiek bał rodziców	
2. Poczucie bezradności	Czuję się zupełnie bezsilny w obliczu problemów	Niekiedy w obliczu problemów czuję się bezradny	Prawie zawsze czuję się na siłach uporać z problemami	
3. Stosunek do pracy	Żyję w nieustannym lęku przed utratą pracy lub zarobku	Czasem niepokoję się o swe zawodowe zabezpieczenie	Nigdy nie wątpię w to, że zdołam zarobić na życie	
4. Co inni myślą o tobie	Zawsze się przejmuję opiniami innych ludzi o mnie	Czasem martwią mnie opinie innych ludzi o mnie	Nie przejmuję się tym co inni o mnie myślą	
5. Ludzie agresywni wobec ciebie	Agresywni ludzie zawsze mnie zatrważają i zasmucają	Trzymam się od takich ludzi z daleka	Nie boję się nikogo	
6. Groźne zwierzęta, psy itp.	Nie umiem opanować strachu przed psami i kotami	Psy i koty trochę mi przeszkadzają	Zwierzęta domowe nigdy nie budzą we mnie żadnego lęku	
7. Niepewność w miłości	Nieustannie obawiam się utraty osoby ukochanej	Czasem się lękam utraty obiektu miłości	Jestem całkowicie pewien trwałości mego związku miłosnego	
8. Zdrowie	Ciągle się boję, że zapadnę na groźną chorobę	Czasem spostrzegam objawy budzące obawę, że zachoruję	Nie przejmuję się swym zdrowiem	
9. Decyzje	Każdą decyzję opłacam męczarnią psychiczną	Denerwowałem się przed podjęciem kilku decyzji koniecznych	Nie mam żadnych kłopotów z przygotowaniem wewnętrznym do podjęcia decyzji	
10. Odpowiedzialność	Nie chcę przyjmować na siebie odpowiedzialności jeśli nie muszę	Podejmuję odpowiedzialność kiedy widzę, że mi to odpowiada	Spokojnie podejmuję odpowiedzialność, a nawet rozszerzam jej zakres.	

Sprawdzian trzeci

Poniższa tabelka obejmuje dziesięć znaczących przyczyn poczucia winy. Nie „wstydź" się, jeśli je u siebie znajdziesz; sprawdź czy, któraś z nich cię dotyczy. Oceniaj się wedle skali od 1 do 3, tak jak tu wskazano. Jeśli stwierdzasz odpowiedzialnie, że twoje poczucie winy sytuuje się pomiędzy poszczególnymi kategoriami, określaj je ułamkiem: 1,5, 2,5. Wypisuj te noty w ostatniej rubryce po prawej stronie. Po wypełnieniu całego kwestionariusza podsumuj swoje oceny.

KORZENIE POCZUCIA WINY	OCEŃ SWE POCZUCIE WINY			OCENA
	1	2	3	
1. Masz skłonność do oczerniania innych	Zmierzam wprost do zaszkodzenia opinii innych	Miałem skłonności do oczerniania innych, ale poniechałem tego	Nigdy nie skrzywdziłem nikogo oszczerstwem ani plotką	
2. Nie dotrzymujesz obietnic	Wydaje się nieuniknione to, że nie dotrzymuję obietnic	Tak się zachowywałem kiedyś, dziś moje obietnice coś znaczą	Zawsze skrupulatnie dotrzymywałem obietnic	
3. Kradniesz	No to co? Daje mi to trochę „oddechu", którego potrzebuję	Moje kradzieże były małe i nieznaczące teraz już nic nigdy nie kradnę	Nie kradnę w ogóle; nie kradnę też cudzego czasu	
4. Nigdy nie układały ci się sprawy seksualne	Nigdy nie układały się dobrze i nie będą układały seks i wina idą w parze	Czasem wydaje mi się, że seks jest czymś złym, ale nie zawsze	Uważam seks za zdrowy, naturalny i przyjemny	
5. Żyjesz na cmentarzysku planów	Nigdy nic tak mi się nie ułożyło, jak planowałem	Niektóre z mych ambicji życiowych spełniłem	Zawsze widzę przed sobą cel — i prawie zawsze go osiągam	
6. Czujesz, że zawiodłeś innych	Z pewnością inni ludzie gruntownie się na mnie zawiedli	Czasami mi się zdaje, że kogoś zawiodłem	Niezmiennie przerastam oczekiwania innych	

KORZENIE POCZUCIA WINY	OCEŃ SWE POCZUCIE WINY			OCE-NA
	1	2	3	
7. Zaniedbujesz swą rodzinę	Wstydzę się tego, ale wiem, że zaniedbuję tych co mnie kochają	Czasem nie wypełniam mych obowiązków wobec rodziny	Rodzina uważa mnie za niezawodnego i kochającego opiekuna	
8. Szanse zawodowe? stracone!	Dobre perspektywy? Przeciekły mi przez palce	Przynajmniej kilka dobrych zajęć uzyskałem	Zawsze i wszędzie rozglądam się za lepszą pracą	
9. Kłamiesz w słowach i uczynkach	Powiedziałbym, że nie mogę nic na to poradzić	Czasem zdarza mi się skłamać lub oszukać	Nigdy nie kłamię ani nie oszukuję niezależnie od konsekwencji	
10. Pozwoliłeś zmarnować się swemu wykształceniu	Odrzucam tezę jakoby wykształcenie popłacało	Mam na sumieniu kilka utraconych szans poszerzenia wiedzy	W pełni wykorzystałem możliwości wykształcenia formalnego i samokształcenia	

Sprawdzian czwarty

Poniższa tabelka obejmuje dziesięć najczęstszych przyczyn konfliktów. Przypatrz się sobie w możliwie najbardziej obiektywny sposób. Oceniaj się wedle skali od 1 do 3, tak jak tu wskazano. Jeśli stwierdzasz odpowiedzialnie, że twoja konfliktowość sytuuje się pomiędzy poszczególnymi kategoriami, określaj ją ułamkiem: 1,5, 2,5. Wypisuj te noty w ostatniej rubryce po prawej stronie. Po wypełnieniu całego kwestionariusza podsumuj swoje oceny.

KORZENIE KONFLIKTOWOŚCI	OCEŃ SWĄ KONFLIKTOWOŚĆ			OCE-NA
	1	2	3	
1. Zawiść wobec innych	Po prostu nienawidzę ludzi posiadających coś, czego nie mam	Jest trochę ludzi którym zazdroszczę	Nigdy nikomu niczego nie zazdrościłem	

KORZENIE KONFLIKTOWOŚCI	OCEŃ SWĄ KONFLIKTOWOŚĆ			OCENA
	1	2	3	
2. Zazdrość	Jeśli mi na kimś zależy, jestem o niego bardzo zazdrosny	Staram się zapanować nad małostkową zazdrością	Po co być zazdrosnym? Nie dopuszczam do siebie tego uczucia	
3. Głęboka niechęć	W niepokonalny sposób nie znoszę kogoś lub czegoś	Czasem dopuszczam do siebie uczucie niechęci	Bardzo rzadko, może nawet wcale nie doznaję uczucia niechęci	
4. Nadmierna wybuchowość	Strzeż się! Zawsze jestem gotów do awantury	Czasami tracę nad sobą panowanie	Bardzo trudno wyprowadzić mnie z równowagi	
5. Nietolerancja	Albo myślisz tak jak ja, albo nie chcę mieć z tobą do czynienia	Niektórzy z tych, co się ze mną nie zgadzają, mogą mieć swoje racje	Różnice zdań i postaw przydają życiu smaku	
6. Nieufność	Nikt mnie nie może zaskoczyć — nikomu nie ufam	Niektórym ufać nie wolno	Raczej jestem zbyt ufny	
7. Obmowa	Lubię rozprawiać o innych za ich plecami, by im zaszkodzić	Czasami rozpowszechniam plotki i pomówienia	Nie ma w moim życiu miejsca na podobne zachowanie	
8. Agresywny ton głosu i słów	Lubię być ostry w słowach, czy to się komu podoba czy nie	Mój ton głosu i słowa nabierają chwilami ostrości ujawniającej mój cierpki charakter	Panuję nad słowami i nadaję memu głosowi łagodne brzmienie	
9. Brak cierpliwości	Znany jestem jako osoba niecierpliwa i nie dbam o to	Czasem staję się niecierpliwy	Ludzie mogą liczyć zawsze na moją cierpliwość	
10. Postawa sarkastyczna	"Wynoszę się nad innych" moim sarkazmem	Czasem ulegam pokusie sarkazmu i objawiam go	Rzadko, tylko dla uwypuklenia czegoś, uciekam się do sarkazmu	

Sprawdzian piąty

Poniższa tabelka obejmuje dziesięć najczęstszych elementów wiary w siebie. Wnikliwie i sprawiedliwie oceń swoje odniesienia do każdego z nich. Oceniaj się wedle skali od 1 do 3, tak jak tu wskazano. Jeśli stwierdzasz odpowiedzialnie, że twoja wiara sytuuje się pomiędzy poszczególnymi kategoriami, określaj ją ułamkiem: 1,5, 2,5. Wypisuj te noty w ostatniej rubryce po prawej stronie. Po wypełnieniu całego kwestionariusza podsumuj swoje oceny. (Zauważyłeś z pewnością „nakładanie się" na siebie tych sprawdzianów, wykazujące wzajemną zależność różnych składników twej osobowości).

KORZENIE WIARY W SIEBIE	OCEŃ SWĄ WIARĘ W SIEBIE			OCENA
	1	2	3	
1. Wysokie zarobki	Coś mi nie pozwala zarabiać dostatecznie dużo	Staram się na ogół, ale mógłbym się bardziej przykładać	Zarabiam dobrze i lubię czynić z pieniędzy dobry użytek	
2. Dobre stosunki z ludźmi	Nie zapamiętuję ludzi i do niczego ich nie potrzebuję	Mam kilku przyjaciół	Mam więcej przyjaciół niż mógłbym zliczyć	
3. Twarz i wygląd zewnętrzny	Nazywają mnie "brzydalem", znoszę to	Uważam, że mam wygląd przeciętny	Mówi się, że wywieram bardzo dobre wrażenie swym wyglądem	
4. Ogólna inteligencja	Nie sądzę, żebym był ponadprzeciętnie inteligentny	Myślę, że jestem tak samo sprytny jak większość ludzi	Wiem, że jestem nieprzeciętnie inteligentny	
5. Akceptacja przez innych	Jestem pewien, że ludzie mnie unikają	Jakoś sobie układam życie z ludźmi	Ludzie lubią spędzać czas w moim towarzystwie	
6. Odwaga	Jestem płochliwą myszką	Kiedy jestem zmuszony, stawiam czoła ludziom i sytuacjom	Nic nie jest w stanie mnie przestraszyć	
7. Przemawianie publiczne	Za żadne skarby!	Nie kwapię się do tego, ale przemawiam przy różnych okazjach	Lubię przemawiać i „błyszczeć" przed publicznością	

KORZENIE WIARY W SIEBIE	OCEŃ SWĄ WIARĘ W SIEBIE			OCENA
	1	2	3	
8. Warunki fizyczne	Mam marne zdrowie ledwie się zwlekam z łóżka	Choruję od czasu do czasu	Czuję się silny i rzadko choruję	
9. Wiara w nieskończoność	Co to jest wiara? Na co to komu?	Czasem odczuwam wiarę; kiedy indziej odsuwam ją od siebie	Czuję, że jestem "dostrojony" do rozległych mocy, które mnie wspomagają	
10. Stabilność wewnętrzna	Nagłe sytuacje rozkładają mnie całkowicie	Bywa, że się załamuję pod wielkimi obciążeniami	Jestem zdolny spokojnie sprostać każdej sytuacji	

Sprawdzian szósty

Poniższa tabelka obejmuje czynniki negatywne, które nie pozwalają osiągnąć pełnej dojrzałości wewnętrznej. Oceń siebie jak poprzednio, włączając oceny ułamkowe, jeśli się to okaże potrzebne. Wypisuj te noty w ostatniej rubryce po prawej stronie. Po wypełnieniu całego kwestionariusza podsumuj swoje oceny.

KORZENIE NIEDOJRZAŁOŚCI	OCEŃ SWĄ DOJRZAŁOŚĆ			OCENA
	1	2	3	
1. Fałszywe pozory	Zawsze blefuję	Czasem osłaniam się jakimś blefem	Jestem taki, jakim mnie ludzie widzą	
2. Sobkostwo	Oczywiście, zawsze jestem nastawiony na siebie	Tak, od czasu do czasu bywam sobkiem	Jestem sobą zainteresowany, ale wystrzegam się sobkostwa	
3. Poczucie zagrożenia	Wiem, że wielu ludzi stara się mnie „dopaść"	Tu i ówdzie natykam się na kogoś, kto chce mi dopiec	Nie mam wrogów i nie ma powodów, bym ich miał	
4. Brak samokontroli	Byle głupstwo wyprowadza mnie z równowagi	Zdarzają się sytuacje, w których tracę nad sobą kontrolę	Zawsze jestem panem samego siebie	

KORZENIE NIEDOJRZAŁOŚCI	OCEŃ SWĄ DOJRZAŁOŚĆ			OCENA
	1	2	3	
5. Odkładanie spraw na bok	To cały ja — największy „odkładacz” spraw na później	Niekiedy odkładam działania, które powinienem podjąć	Podejmuję się wykonania tego, co powinienem i wykonuję	
6. Poniżanie	Bardzo lubię "wdeptać kogoś w błoto”	Rzadko kogoś poniżam, ale też i rzadko chwalę	Nigdy nikogo nie poniżam, wolę ludzi chwalić i opierać się na uznawaniu ich zalet	
7. Samochwalstwo	Posłuchaj jak się potrafię wychwalać	Jeśli zdarza mi się zrobić coś, czym się mogę pochwalić, to się chwalę	Każę moim uczynkom przemawiać za mną	
8. Okrucieństwo	Z lubością oddaję się okrutnym czynom	Pozwalam zaznać mego okrucieństwa temu, kto na nie zasłużył	Niemal zawsze oszczędzam innym okrutnych uwag	
9. Ciasnota umysłowa	Czy jestem bigotem? Wiem, że mam słuszne poglądy i to mi wystarcza	Nie podejmuję dyskusji na niektóre tematy	Mogę mieć własne poglądy, ale mogę je zmieniać pod wpływem przekonujących argumentów	
10. Samousprawiedliwianie się	Lista wymówek i wykrętów w książce MYŚL I BOGAĆ SIĘ to coś w sam raz dla mnie	Uciekam się do wymówek, jeśli jest to mi na rękę	Jeśli sięgam po jakieś alibi — musi być bardzo pewne i czynię to rzadko	

Podlicz wyniki sprawdzianów

A więc już przeszedłeś przez pięć sprawdzianów zawierających po dziesięć kwestii. Jak wypadły twoje oceny? Najwyższy wynik każdego sprawdzianu wynosi 50 punktów; ogólna ich suma — 250 punktów; przeciętny wynik każdego sprawdzianu — 25 punktów; przeciętny wynik całości — 125 punktów.

Jeśli osiągnąłeś znaczący wynik ogólny, ważna staje się analiza wyników poszczególnych sprawdzianów. Porównaj ją z wynikami (niekiedy nieformalnymi) jakie osiągnąłeś w podobnych quizach w książce MYŚL I BOGAĆ SIĘ. I nie uznawaj się nigdy za kogoś, kto przez sprawdziany *przeszedł* albo też od nich *odpadł*. Najważniejsze jest to, jak sam siebie widzisz.

Wykresy kontrolne

W Szóstym Kroku do Bogactwa przeszedłeś krótki sprawdzian twych kwalifikacji przywódczych, oceniając samego siebie w skali od 1 do 5 ze względu na różne kwalifikacje. Sięgnij po tę tabelkę i wykreśl na niej linie wiążące poszczególne oceny w taki sposób, by osiągnąć wykres wertykalny. Oto jego przykład:

	1	2	3	4	5
NIEZACHWIANA ODWAGA		o			
SAMOKONTROLA			o		
UGRUNTOWANE POCZUCIE SPRAWIEDLIWOŚCI			o		
STAŁOŚĆ DECYZJI				o	
KONKRETNE PLANY			o		

	1	2	3	4	5
WKŁAD PRACY WIĘKSZY OD WYNAGRODZENIA					o
OSOBISTY UROK	o				
ŻYCZLIWOŚĆ I ZDOLNOŚĆ ROZUMIENIA INNYCH		o			
MISTRZOSTWO W SZCZEGÓŁACH			o		
GOTOWOŚĆ PONOSZENIA PEŁNEJ ODPOWIEDZIALNOŚCI				o	
KOOPERATYWNOŚĆ					o

Sporządź teraz wykresy z wyników każdego z pięciu sprawdzianów, którym się poddałeś. Jeśli oceniłeś się w jakichś sprawdzianach na 1,5 i 2,5, postaw kropkę pomiędzy kolumnami. Narysuj linię łączącą kropki. Otrzymasz wykres dramatycznie pozałamywany — ale jeśli twoje wyniki usytuują cię pośrodku skali, w wykresie nie wyrazi się szczególne napięcie dramatyczne. Sprawdź i to! Jeśli sytuujesz się w zakresie przeciętności, oznacza to, że nie chcesz poznać samego siebie dokładnie i do głębi.

Powróć do tych wykresów po upływie miesiąca, potem — po pół roku. Poddawaj się ponownie wszystkim tym sprawdzianom. Z pewnością niektóre oceny będą się zmieniały. Za każdym razem sporządzaj nowy wykres. Używaj ołówków i długopisów w różnych kolorach; stosuj linie przerywane, kropkowane i inne. Na jednej kartce nie powinieneś umieszczać więcej niż sześć wykresów. Opracuj także klucz do rozpoznawania daty sporządzenia każdego wykresu. Bardzo wielu ludzi zafascynowało się tymi sprawdzianami i stwierdziło, że w tak wielkim stopniu są one im pomocne w rozwijaniu umiejętności zdobywania bogactwa, że powtarzają je i sporządzają wykresy regularnie co sześć miesięcy.

Kiedy się już „oswoisz” z tymi wykresami, nie będziesz już musiał oceniać siebie w punktach. Polegaj na wykresach. Tworzą one *obraz twej osobowości.*

Jak ukierunkować wykresy bardziej na prawo?

Spostrzegłeś z pewnością, że pozytywne, pożyteczne, zdrowe i służące twej pomyślności wskazania na każdym z wykresów lokują się po jego prawej stronie. Kiedy będziesz sporządzał kolejne wykresy, miesiąc po miesiącu, dostrzeżesz postęp w przesuwaniu się tych linii na prawo.

Co masz uczynić, aby zapewnić przesuwanie się tych linii w pożądaną stronę — jakie są wskazania dotyczące pracy nad rozwijaniem twej OSOBOWOŚCI, która jest odpowiedzialna w pełni i wyłącznie za zdobycie bogactwa przez ciebie?

Lista poniższa streszczająca całe setki konkretnych tematów, nie jest w swym zamierzeniu kluczem do żadnego szczególnego typu charakteru ludzkiego, możliwości fizycznych człowieka ani jego zdolności. Ma na celu pobudzenie cię do myślenia o każdej sprawie, z jaką się spotykasz, w taki oto sposób: *Czy to jest coś dla mnie? Dlaczego?* Każdy z punktów, który sprawdziłeś, zaznaczaj taką oto pochyłą kreską: /. Potem, kiedy się już upewniłeś, że opanowałeś dany rodzaj działalności zaznacz te punkty dodatkową kreską pochyłą w odwrotną stronę: \; Otrzymasz wtedy znak \/. Tym sposobem ilekroć będziesz powracał do sprawdzenia tej listy (a powinieneś czynić to za każdym razem, kiedy powracasz do wykresów), rzucą ci się w oczy punkty jeszcze do końca nie wypełnione.

Teraz uważnie i z namysłem przestudiuj tę listę, zaznaczając na razie tylko poszczególne punkty jedną pochyłą kreską.

Działanie poprawiające wykres

Będę analizował swoje lęki.

Będę przyjmował pomoc od kogoś, kto daje sobie radę z sytuacją dla mnie kłopotliwą i wzorował się na nim.

Udam się do dobrego doradcy.

Przestanę się trapić i przystąpię do działania.

Przyjmę do wiadomości możliwość złego obrotu sprawy i zaplanuję wyjście z impasu.

Będę wymagał od siebie wytrwałości.

Powstrzymam się od plotek, pomówień i oszczerstw.

Pozyskam przyjaciół wśród tych, z którymi się nie zgadzam.

Będę kontrolował swój temperament; zdobędę się na krytyczny dystans wobec siebie.

Wyzbędę się niechętnego rozgoryczenia.

Nie będę więcej zazdrościł innym tego, co posiadają.

Poskromię swą zazdrość.

Przestanę nienawidzić i postaram się zdobyć na życzliwość, a przynajmniej na zrozumienie dla tych, których nienawidziłem.

Nauczę się odpoczywać.

Będę ćwiczył zdolność wybaczania.

Będę dbał o formę fizyczną utrzymującą me ciało w dobrej kondycji.

Będę się modlił w sposób wyłożony w książce MYŚL I BOGAĆ SIĘ.

Będę przechodził okresowe badania lekarskie.

Nie będę wyolbrzymiał swych dolegliwości fizycznych i będę miał w pamięci tych, co się uporali z poważniejszymi od moich dolegliwościami.

Będę czytał publikacje z dziedziny mojej specjalności, a także będę czytał dla czystej przyjemności.

Będę korzystał z kursów dokształcających w celu wypełnienia luk w moim wykształceniu, aż do osiągnięcia pełnego sukcesu i będę uzupełniał wiedzę dla własnej satysfakcji.

Będę także korzystał z kursów dokształcających z zakresu wiedzy ogólnej, która może mi się przydać; na przykład z kursów krasomówstwa.

Będę przywiązywał większą uwagę do mego ubioru i sposobu zachowania.

Będę uczestniczył w zbiorowych dyskusjach i innych grupowych zajęciach.

Będę się starał w trakcie tych zajęć mówić do rzeczy.

Będę poszukiwał (i wiem, że je znajdę, podobnie jak je znalazło wielu ludzi) energii i zdolności pochodzących z kosmicznych źródeł.

Będę rozwijał swą wyobraźnię i używał jej po to, by ją dostroić do sił umysłowych innych ludzi.

Będę wykonywał czynności, które powinny być wykonane.

Będę dobrze wykonywał pracę.

Nie będę blefował i tym sposobem nie będę miał powodu do odczuwania wstydu za blefowanie.

Będę się starał raczej ludziom pomagać niż im ubliżać, będę unikał okrucieństw w słowach i uczynkach.

Nie będę nikogo zmuszał do przyjęcia mojego zdania.

Będę kończył to, co rozpocząłem.

Będę się szanował.

Będę szanował innych.

Będę sobie wytyczał wyraźne cele i będę opracowywał plany ich osiągnięcia.

Wyzbędę się poczucia winy z przyczyn seksualnych.

Wyzbędę się wszelkiego nieuzasadnionego poczucia winy.

Będę konsekwentnie uważał, że zasługuję na to, co w życiu najlepsze.

Specjalna lista dodatkowa: ogólne umiejętności, które mogą ci pomóc:

Wielu ludzi zatrzymuje się w swych dążeniach o krok od zwycięstwa, ponieważ brak im jakiejś umiejętności, którą powinni byli uprzednio opanować. Jeden z punktów poniżej podanej listy zwraca uwagę na umiejętności, które powinieneś posiadać. Zalicza się do nich umiejętność *szybkiego czytania i zapamiętywania tego, co przeczytałeś.* Umiejętność ta ma bezcenną wagę, bo *wiedza to potęga.* Tak jak inne umiejętności pokrótce tu przypomniane, umiejętność szybkiego czytania może ci się przydać w najbardziej nieoczekiwanej chwili i posłużyć za ważny, niezastąpiony *pomost.*

Oto główne elementy składające się na umiejętność szybkiego czytania. Wybrano je z różnych ujęć metodyki szybkiego czytania; może i ty zechcesz przejść w tym zakresie specjalny kurs.

Czytanie wstępne: uzyskałeś już pewne zalecenia dotyczące zwracania uwagi na sprawy, które autor uwypukla w swej książce: na spis treści, przedmowę, śródtytuły, skorowidz itd.

Podkreślanie: podkreślanie lub podobne zabiegi pomogą ci szybko uzyskiwać potrzebne informacje przy ponownym czytaniu książki. Podkreślając jakieś fakty lub zdania utrwalasz je zarazem w swej pamięci.

Nie poruszaj głową, palcami ani wargami w trakcie czytania: poruszaj tylko oczyma. Niech twoje oczy, a nie głowa czy palec — wędrują od linijki do linijki. Oczy poruszają się równie szybko jak myśl, a głowa, palce czy wargi są znacznie powolniejsze, opóźniają więc proces czytania, jeśli zdasz się na nie.

Odczytuj środki linijek: zależnie od tego, w jakim tempie chcesz sobie przyswoić czytany tekst, możesz odczytywać wyłącznie środek każdej wydrukowanej linijki tekstu, nie zwracając uwagi na żaden znak drukarski po prawej lub lewej stronie. Spróbuj tego sposobu, zdziwisz się, jak dobrze będziesz rozumiał cały tekst.

Wyczytuj poszczególne zdania: wymaga to praktyki. Kiedy ją zdobędziesz, stwierdzisz, że wielka część tego co czytasz, składa się ze znanych zdań, takich jak: *wymaga to praktyki.* Nie musisz takich zdań czytać, znasz je. Rozwijaj stopniowo umiejętność wydobywania treści istotnych, a w końcu dojdziesz do cztero-, pięciowyrazowych odcinków zdaniowych.

Czytaj początek i koniec: wedle własnego uznania. Weź pod uwagę fakt, że pierwszy i ostatni akapit jakiegoś listu lub sprawozdania często mówi ci to właśnie, czego się chciałeś dowiedzieć. W przeciętnym artykule pierwszy akapit — czasem dwa pierwsze akapity — zawiera istotę całej sprawy i odpowiada na stare, dobrze ci znajome pytania: KTO, DLACZEGO, CO, KIEDY, GDZIE i JAK. Pierwszy akapit artykułu redakcyjnego wyjawia, o co w nim chodzi; ostatni wykłada stanowisko redakcji.

Stawiaj pytania, poszukuj odpowiedzi: kiedy już masz za sobą wstępną lekturę książki, albo też kiedy już przeczytałeś pierwszy akapit artykułu w czasopiśmie, w umyśle zaczynają ci się rodzić pytania. Wtedy kondensując treść wydrukowanego tekstu, poszukuj w nim odpowiedzi na twoje pytania. Nie musisz ich poszukiwać, jeśli tego nie pragniesz; ale nie możesz uznać, że jakiś tekst naprawdę *przeczytałeś*, jeśli nie wyszukałeś w nim odpowiedzi na przynajmniej część twoich pytań.

Oczywiście, że sztuka szybkiego czytania wymaga praktyki. Jak w przypadku wielu innych umiejętności, odpowiada ona na potrzebę szybkiego dochodzenia do *wiedzy* na jakiś temat.

Inne umiejętności pomagają ci „radzić sobie" z różnymi zadaniami — i warte są niejednokrotnie milionów dolarów; są to:

Maszynopisanie
Podstawy rachunkowości
Podstawy psychologii
Podstawy wiedzy o finansach i bankowości
Orientacja w bieżących wydarzeniach
Sztuka przemawiania publicznego
Znajomość języków obcych
Podstawy wiedzy o sztuce
Podstawy wiedzy o muzyce
Znajomość przepisów celnych i handlowych
Podstawowe wiadomości o rozwoju techniki i technologii
Wyćwiczona pamięć
Umiejętność korzystania z bibliotek, encyklopedii i kompendiów.

Ostatnie zalecenie: PRZEGLĄD

Przeczytałeś więc książkę MYŚL I BOGAĆ SIĘ zgodnie z zaleceniami zawartymi w PORADNIKU PODRĘCZNYM. Skrupulatnie wykonywałeś wszystkie zalecenia. Poddałeś się sprawdzianom. Teraz pora na PRZEGLĄD.

Dowiedziono już, że wielkie sukcesy życiowe brały się z głębokiego przetworzenia ludzkiej osobowości, z jej nowego ukształtowania.

Niektórzy ludzie lekceważą przegląd, nie wracają do dawnych kwestionariuszy. Nie dają oni szansy działającemu cuda procesowi wewnętrznego przeobrażenia. Ci zaś, którzy samych siebie poddają regularnemu *przeglądowi*, za każdą poświęconą na jego dokonanie godzinę otrzymują wynagrodzenie wyliczane w tysiącach dolarów lub bezcennych dokonaniach życiowych.

Jesteś panem samego siebie.

TWOJE motywacje muszą powodować TWOIM dążeniem naprzód.

Nikt nie może za ciebie myśleć, nikt nie może za ciebie działać, nikt się nie może za ciebie rozwijać. Ciesz się tym, że tylko ty jesteś powołany do myślenia i działania dla twojego dobra.

Zapamiętaj sobie: myśl może osiągnąć wszystko, w co sama uwierzy.

Książka MYŚL I BOGAĆ SIĘ natchnęła do osiągnięcia życiowego sukcesu większą liczbę kobiet i mężczyzn niż jakakolwiek inna książka napisana przez współczesnego autora.

Wszystkie tajemnice MYŚLENIA I BOGACENIA SIĘ znalazły się już oto w twoich rękach.